ESPELHO ANTE ESPELHO

coleção de antropologia
movimentos religiosos no mundo contemporâneo

Bruno M. N. Reinhardt

ESPELHO ANTE ESPELHO

a troca e a guerra entre o neopentecostalismo e os cultos afro-brasileiros em Salvador

cnpq/pronex
attar editorial
2007

coleção de antropologia
MOVIMENTOS RELIGIOSOS NO MUNDO CONTEMPORÂNEO

Coordenador
José Jorge de Carvalho

Conselho Editorial
Otávio Velho
José Jorge de Carvalho
Regina Novaes
Rita Laura Segato
Ari Pedro Oro

Supervisão editorial
Sergio Rizek

Revisão
Percival de Carvalho

Diagramação e capa
Silvana Panzoldo

Dados Internacionais de Catalogação na Publicação (CIP)
(Câmara Brasileira do Livro, SP, Brasil)

Reinhardt, Bruno M. N.
Espelho ante espelho : a troca e a guerra entre o neopentecostalismo e os culto afro-brasileiros em Salvador / Bruno M. N. Reinhardt. -- São Paulo : Attar, 2007. -- (Coleção de antropologia : movimentos religiosos no mundo contemporâneo)

Apoio: CNPq, Pronex.
Bibliografia.

1. Afro-brasileiros - Bahia - Salvador - Religião 2. Antropologia 3. Neopentecostalismo - Bahia - Salvador I. Título. II. Título : A troca e a guerra entre o neopentecostalismo e os culto afro-brasileiros em Salvador. III. Série.

07-5438 CDD-306.69960981421

Índices para catálogo sistemático:

1. Salvador : Bahia : Cultos afro-brasileiros e neopentecostalismo : Antropologia cultural : Sociologia 306.69960981421

ATTAR EDITORIAL
rua Madre Mazzarello 336 05454-040 São Paulo – SP
fone/fax 11 3021 2199 attar@attar.com.br
www.attar.com.br

Para Letícia e Mathias, como um testemunho,
que faz presente (com) um tempo bom.

Para Salvador: cidade-troca, cidade-guerra.

O olho cheio sobe no ar, o globo d'água arrebentando, Narciso contempla narciso, no olho mesmo da água. Perdido em si, só para aí se dirige. Reflete e fica a vastidão, vidro de pé perante vidro, espelho ante espelho, nada a nada, ninguém olhando-se a vácuo. Pensamento é espelho diante do deserto de vidro da Extensão. Esta lente me veda vendo, me vela, me desvenda, me venda, me revela. Ver é uma fábula – é para não ver que estou vendo.

Paulo Leminski – "Catatau"

SUMÁRIO

INTRODUÇÃO
Jogos de espelhos: interpretando como a "guerra santa" interpreta 11

PARTE 1:
A "batalha espiritual" e o demônio afro-brasileiro: um mal libertador 29

Capítulo 1
Frente de libertação: performance ritual e micropolítica da pessoa na Sessão do Descarrego 33

Capítulo 2
Frente de ocupação: a disputa pelo cotidiano como "território inimigo" 60

PARTE 2
Hospedando o inimigo: a "batalha espiritual" e as velhas e novas configurações do candomblé baiano 109

Capítulo 3
Especulações mágico-religiosas: trânsito religioso e transferência de si 113

Capítulo 4
Especulações políticas: rompendo o campo do outro 142

CONCLUSÃO
Deuses-espelho: ficções eficazes sobre o contraste do individualismo 196

Bibliografia 230

Jogos de espelhos: interpretando como a "guerra santa" interpreta

> Se procurarmos contemplar o espelho em si mesmo, não descobrimos afinal nada além das coisas que aí se refletem. Se queremos apreender as coisas, não atingimos nada finalmente além do espelho. Essa é a história universal do conhecimento.
>
> Friedrich Nietzche (*Aurora*)

Quatorze de agosto de mil novecentos e oitenta e nove, centro de Salvador. Uma passeata evangélica desce a Avenida Sete, saindo do Campo Grande, e caminha rumo à Praça Castro Alves. Cerca de 500 pessoas carregam faixas e cartazes, guiadas por um grande carro de som, que serve de suporte para um grito de revolta que, àquela ocasião, ainda soava excêntrico e isolado, mas que demonstraria, no correr dos anos, uma grande capacidade de convencimento e de mobilização dentre a população da cidade. Em um dos cartazes lê-se a inscrição: "Triste... crianças servem de sacrifício na macumba! Queremos justiça".

O tom apelativo da manifestação continua. Logo atrás, um conjunto de crianças se destaca, carregando uma faixa com inusitado pedido em letras garrafais: "DEIXEM-NOS VIVER!". A súplica é precedida por um grupo de pastores, que, fazendo fundo às crianças, portam outros cartazes, esses mais técnicos, visando demonstrar estatisticamente como os cultos afro-brasileiros contribuiriam para as altas taxas de mortalidade infantil do país. [1]

O argumento central, que permeia toda a manifestação, é o de que o candomblé e a umbanda seriam cultos satânicos que, através de práticas sacrificiais cruéis, visariam agradar entidades espirituais maléficas com o objetivo de alcançar

1. Descrição baseada na reportagem "Evangélicos protestam atrás do Trio", do *Jornal da Bahia* de 15/08/89.

determinados favores materiais e espirituais. Esse seria um engano mortal, já que a única fonte saudável e legítima de poder sobrenatural seria o Deus cristão, e a única forma de salvar essas pessoas das terríveis conseqüências dos seus erros (assim como de salvar as crianças brasileiras de uma morte violenta) seria aproximá-las da "palavra de Deus" através do poder interventor do Espírito Santo.

O espetáculo acima descrito, prenhe de aspectos trágicos e cômicos, pode ser considerado a primeira de uma série de manifestações públicas organizadas pelo segmento evangélico baiano, eminentemente pelas denominações autodenominadas "neopentecostais", contra os cultos afro-brasileiros. Em sua recorrência no tempo e em sua crescente divulgação na opinião pública, esses eventos sinalizavam a processual instalação, justamente na "Cidade dos Orixás", dos ataques que, àquela época, já eclodiam em vários cantos do Brasil, e que continuariam até os dias de hoje, vindo a receber, por parte da imprensa e dos especialistas, a designação de "guerra religiosa", ou ainda de "guerra santa"[2] (Soares 1990; Soares 1994; Oro 1997).

De fato, o belicismo dessas atitudes tende a se acirrar, e o que antes eram apenas manifestações e acusações públicas logo se tornam, com o aquecimento das tensões, atos de violência explícita. É o que se observa entre o final da década de 1990 e a primeira metade da década atual em Salvador, quando foram registradas pelas autoridades policiais e pela mídia local uma série de agressões físicas e morais realizadas por evangélicos aos praticantes de cultos afro-brasileiros, que freqüentemente resultaram em revide e briga. Juntam-se a essas agressões pontuais, formas mais concatenadas de ação coletiva, como as contínuas invasões dos espaços de culto dessas religiões, os terreiros, com a finalidade de quebrar objetos litúrgicos e "tirar o diabo" das pessoas, lugares e coisas através do exorcismo, sempre acompanhado por muito sal grosso e enxofre.

A cabeça da manifestação de 1989 é reconhecidamente a Igreja Universal do Reino de Deus (IURD), que chegara à cidade havia pouco tempo e que já lotava estádios em seus "cultos de libertação", onde enfermos eram curados e demônios exorcizados a granel. Adentrando o campo religioso baiano de forma radicalmente inovadora, com a abundância de criações doutrinárias e litúrgicas que a caracterizam, a IURD passa a ser – intencionalmente ou não – também a representante de um grupo de insatisfeitos com a "Bahia dos feitiços e mistérios".

Quando classifico essa capacidade representativa como não necessariamente intencional, refiro-me às particularidades desta igreja, que se distinguiria dos grupos evangélicos mais tradicionais, como tentarei demonstrar, principalmente

---

2. De acordo com Giumbelli: "A expressão 'guerra santa' surgira nos jornais já no final da década de 1990 para fazer referência aos ataques de certas igrejas protestantes desferidos contra os cultos espíritas e afro-brasileiros" (2003:172).

pela sua ênfase na "libertação" ritual em detrimento da perene "salvação", administrada através do controle ético de si. Tal diferença, a princípio fundamental, não impede que a IURD se estabilize, graças ao seu proselitismo mais ativo e à sua presença pública mais ostensiva, como a inspiradora de um movimento que teria em vista reformular o universo simbólico e valorativo sobre o qual tem se assentado a identidade coletiva da cidade de Salvador, até então marcadamente católico e, sobretudo, afro-brasileiro.

Durante uma conversa sobre um dos pilares desta identidade coletiva, o Carnaval, um pastor da Assembléia de Deus uma vez me declarou, refletindo sobre a relação particular travada entre a Universal e a cena evangélica local:

> Nós temos hoje um testemunho numeroso de pessoas que eram do candomblé e hoje são evangélicas. Eu poderia lhe dizer que na Bahia pelo menos uns 20% dos evangélicos já foram candomblecistas. Outros foram católicos. Os evangélicos foram cooptando pessoas... Nós éramos aqui, há 50 anos atrás, menos de 2% da população, hoje nós somos mais de 15%, houve uma cooptação numerosa. E de onde foi que vieram essas pessoas? Do catolicismo, do candomblé, do espiritismo. Grande parte disso foi por causa da IURD. Eles nunca se encaixaram muito bem no que a gente concebe como evangélico, sabe? Mas a gente viu que ela podia contribuir. A idéia às vezes é partir da IURD, mas depois tentar adequar essas pessoas aos compromissos que guiam uma vida propriamente "evangélica", sabe? Mudar as práticas. Parar de beber, parar de fumar, parar de exercitar a poligamia e outras coisas desse tipo. É claro que se a maior parte da população se converter ao evangelho, o carnaval vai sentir, sem pensar duas vezes, né? Isso não quer dizer que o povo vai deixar de fazer festa, mas não terá o tom do carnaval, aquele tom... O carnaval é uma festa relativamente violenta, muito regada a sensualidade, e essas coisas, dentre os evangélicos, elas são desestimuladas. Poderíamos ter uma festa na época do carnaval, mas uma festa com características diferentes.

A fala evidencia a força tão instável quanto inevitável com que a presença da IURD se insere no universo das denominações evangélicas de Salvador, colocando em disputa o próprio sentido da categoria. Nela, a Universal é referida como um meio, não tão evangélico assim, para uma futura e derradeira disseminação deste *ethos* anti-carnavalesco dentre a população da cidade. A sua necessidade é evidente, assim como a sua incompatibilidade diante do resto do universo religioso em que se insere.

Grande parte desta incompatibilidade pode ser devida aos próprios vínculos que articulam a IURD aos cultos afro-brasileiros, sempre dotados de forte teor crítico, mas também de franca apropriação. Essa posição ambígua, que, como quase toda ambigüidade, dificilmente institui consensos prévios, acaba por se impor graças à sua eficácia na tarefa de atrair fiéis de outras religiões, fundamentalmente por apoiar-se em uma textualidade construída em constante diálogo com a totalidade conceitual definida por Sanchis (2001) como "a religião dos brasileiros", especialmente no que tange um dos seus mais importantes traços: o "espiritualismo" (26), uma concepção trágica de pessoa, onde o átomo individualista aparece sempre ameaçado ou mesmo habitado por forças ou entidades que o superam e com quem ele tece alianças.

Desse modo, a IURD parece atrair a suposta novidade do avanço do evangelismo no Brasil para um acordo com a sua tradição. Diante destas condições incontornáveis, as opções para as outras denominações evangélicas passam a ser: ou opor-se ao seu campo de influências, ou mimetizá-lo plenamente, ou ainda negociar contextualmente com os termos por ele impostos, como pormenoriza o pastor logo acima, estratégias que veremos serem exemplificadas ao longo deste trabalho.

Se a ancoragem da Universal em solo baiano implicou a desestruturação e a conseqüente reorganização semântica e política do universo "evangélico", isso não se torna menos evidente caso atentemos ao universo das religiões afro-brasileiras, os inimigos em questão. Uma informante do candomblé narrou a perplexidade com que recebeu o desenrolar da ofensiva neopentecostal:

> Começaram aqueles programas de televisão deles, falando que a gente fazia acordo com o diabo, que fazia trabalho pra matar gente e eu achava até engraçado. Quando começaram as invasões, eu olhava aquilo nos jornais e me assustava, parecia que a história estava andando ao contrário pra gente, parecia que aquela época de perseguição, que os antigos falavam, estava voltando. Mas quando eu fiquei sabendo que eles usavam banho de erva, descarrego e tudo mais, aí é que eu me assustei mesmo! O que era aquilo! O candomblé ficou um pouco sem chão mesmo depois que eles [a IURD] chegaram aqui, sabe.

Percebe-se que o fator desestabilizador destacado pela fala não é a simples demonização do candomblé, informação que não ofereceria nenhuma novidade para uma comunidade de culto já acostumada com as interpretações que, historicamente, têm associado as suas práticas ao mal. O que de fato "tira o chão" do candomblé de Salvador, segundo minha informante, são duas mudanças que acompanham essa nova versão de um velho problema. Primeiramente, a radicalidade e a organização com que essa captura textual das religiões de matriz africana é realizada, uma perseguição insistente e racionalizada, diferente dos preconceitos cotidianos e pontuais, já que guiada por uma ação visivelmente estratégica, assim como fora a repressão policial na "época dos antigos". Outro importante deslocamento é a inserção, nessa mesma estratégia, de uma lógica de estímulos contraditórios, uma espécie de *double-bind* (Bateson 1958) entre distanciamento demonizador e aproximação, e mesmo expropriação, ritual e cosmológica.

Nesses termos, o surgimento da IURD e a estabilização do seu estilo ambíguo e agonístico de inserção pública representaram a chegada de uma oposição incomum para o candomblé de Salvador, já que dotada de inédita intimidade com o seu domínio particular de ação e pensamento. No entanto, e apesar do estranhamento inicial, veremos como a guerra é lentamente aceita por setores do "povo de santo", passando a ser utilizada como uma via para a re-configuração política da sua comunidade. Visualizados sob esta ótica, os ataques evangélicos acabam servindo de suporte para a conformação de um amplo e intenso debate público acerca da "intolerância religiosa" na cidade, expressão que passa a fazer parte do seu vocabulário cotidiano. Obrigado a habitar o interior do campo inimigo desde a sua origem, produzindo com ele alianças, analogias e fusões, o candomblé vê na nova face dos seus algozes a chance de moldar uma nova face para si mesmo.

I. Quem guerreia?: a "guerra santa" como jogo

Na rápida introdução logo acima, tendo o objetivo de apresentar os principais atores que comporão a guerra que se desenrolará ao longo das páginas seguintes, acabei revelando que os efeitos da presença da IURD em Salvador não foram, sob vários aspectos, exatamente "destruidores", mas, sobretudo, "desestruturadores", no sentido de suscitarem, tanto no campo evangélico quanto no das religiões afro-brasileiras, releituras, revisões e reformas. A "guerra santa" seria então um fenômeno particular, uma espécie de jogo de espelhos, cuja ação colocaria em disputa a própria reflexividade dos atores em questão, ou a sua "ipseidade", nos termos de Ricoeur (1987), fazendo com que eles saiam do seu âmbito de tensões de modo diferente do que nele adentram.[3] Absorvidos por esta ótica, meus objetos de estudo tenderiam a se perder na trama das suas próprias representações.

Ao assumir o fato dos guerreiros não se situarem como uma presença prévia ao acontecimento da guerra, ou seja, como elementos "dados" que estruturariam a realização das suas disputas, minha intenção é destacar que o questionamento acerca de quem nela guerreia – a princípio externo, metalingüístico, científico – configura-se no motivo da guerra mesma. "Quem guerreia?" será, portanto, a pergunta antropológica desta investigação, mas também a pergunta nativa, da própria guerra, aquela que administra o seu desenrolar, o chão consensual mínimo para o salto do

3. A "ipseidade" é defendida por Ricoeur em detrimento do conceito de "identidade". Segundo ele, a ipseidade englobaria a identidade, de modo a inserir, como um dado interno à sua constituição, a instância da alteridade. Nesses termos, a alteridade (diferença em relação a si mesmo) seria intimamente associada à identidade (semelhança em relação a si mesmo), constituindo com ela uma simultaneidade composta e tencionada denominada "ipseidade": "Há traços do outro desde o início, mas é apenas ao curso do nosso desenvolvimento que esse 'outro' [empírico] se torna 'outrem' ['um outro', uma categoria], na medida em que o indivíduo se torna um ipse" (1987:56).

dissenso. "Quem guerreia?" é a pergunta-guerra. É ela que circulará entre os personagens deste livro, incluindo o seu autor, propiciando assim encontros não somente entre as "auto" e as "alter" caracterizações produzidas pelos dois grupos religiosos em questão, mas ainda o contato entre essas múltiplas "teorias nativas" e a teoria antropológica, em sua tentativa tenaz de produzir com elas algum vínculo de reciprocidade.[4]

Assim, se há estratégias e cálculo na captura interpretativa do outro, há também riscos e efeitos inesperados. Se há conflito e afastamento comunicativo, veremos que há também trocas e entrelaçamentos inesperados. É esta diversidade de vínculos e circuitos que tentarei descrever etnograficamente, interpretando a sua variedade fenomênica (ela mesma interpretativa) como rastros deixados pelo trabalho insistente e silencioso, mas nunca "subjacente", de duas instâncias da realidade social: a alteridade e o discurso,[5] ambas agregadas em um mesmo campo de batalhas e lá vividas enquanto jogo.

A) DIGRESSÃO SOBRE O JOGO E A SUA VERDADE

Ao longo de *Verdade e Método*, obra em que volta os seus esforços para a busca de uma alternativa epistemológica tanto para o modelo cientificista do "método" quanto para o modelo historicista e psicologizante da "empatia", o filósofo hermeneuta Hans Georg-Gadamer lança o seu olhar sobre o campo de fenômenos da arte. Contornando o subjetivismo inerente à noção kantiana hegemônica de "gosto", Gadamer lança a pergunta: "Será que não deve haver nenhum conhecimento na arte? Não há também na experiência da arte uma pretensão de verdade, diversa daquela das ciências, mas certamente não inferior?" (Gadamer 1997:149). Algumas páginas adiante, na trilha da resposta, e tendo rejeitado as posições que situam a verdade da arte exclusivamente na "consciência estética" ou na experiência da recepção, Gadamer afirma: "A obra de arte é jogo" (179).

Antes de chegar a esta reposta, no entanto, o filósofo mergulha analiticamente na temática do jogo, de modo a captar, através de um vai-e-vem reflexivo à empiria real-fictícia do "faz de conta" infantil, dos jogos de tabuleiro e de bola e mesmo

4. Pude fazer um debate epistemológico mais detalhado sobre o estatuto da representação no trabalho de campo e na escrita etnográfica em Reinhardt e Perez (2004). Por outro lado, desenvolvo melhor a proposta de utilizar a noção maussiana de "reciprocidade" para a análise da relação teoria antropológica/teoria nativa em Reinhardt (2006).

5. Baseando-me na terminologia de Émile Benveniste (1966b:130), assumirei aqui que "discurso" seria aquilo que coloca em circulação o ponto de segurança de uma "linguagem", ou seu caráter de virtualidade, movimento imanente que se realiza através de três deslocamentos simultâneos: i) a colocação desta linguagem no tempo; ii) a sua remissão a um locutor e a um estado de coisas; e iii) a sua constituição enquanto uma relação de troca com um interlocutor.

dos ritos religiosos, definidos por ele como "jogos sagrados", alguns elementos fundamentais que caracterizariam a verdade do jogo. Deste longo e complexo debate, gostaria de reter dois aspectos interdependentes que foram bastante úteis para a conformação da perspectiva a partir da qual interpretei e textualizei os conflitos entre evangélicos e cultos afro-brasileiros em Salvador: i) a relação entre jogo e ipseidae, presente na discussão acerca do modo como o jogo engendra os jogadores; e ii) a natureza particular da verdade do jogo, cujo acontecimento estaria vinculado a um modelo de mediação distinto da noção convencional de "representação".

O primeiro desses aspectos pode ser acessado pela seguinte questão: em que consiste a alienação de si que se presentifica no jogo, e que o instaura enquanto presença? Para que aconteça um jogo, não adianta a simples organização das suas condições materiais. Ele demanda um acontecimento específico da subjetividade, e por isso é uma atividade, e não um dado. Gadamer resume: "O jogo só cumpre a finalidade que lhe é própria quando aquele que joga entra no jogo" (1997:155). Em suma, o jogo acontece fora do espectro da consciência jogadora, já que o jogar implicaria um descentramento da subjetividade na relação dela consigo mesma.

Sendo assim, somente a entrada do jogador no jogo, na situação simultânea de agência doadora e de objeto penhorado, faz com que o último deixe de ser captado enquanto "objeto" e passe a ser, como destacamos acima, o ponto de partida mesmo da experiência. A partir de então, o verdadeiro sujeito do jogo passa a ser o jogo mesmo, fato que Gadamer define como "o primado do jogo face à consciência do jogador" (158).

Tal característica torna-se ainda mais evidente quando atentamos ao fato de que, para que haja jogo, não é imprescindível a existência de um outro humano. Quando um garoto joga uma bola na parede e a recolhe, repetindo esse movimento de modo insistente, e produzindo, na sua decorrência, pequenos desafios, vitórias e derrotas, não há outro, mas há uma posição de alteridade, portanto há jogo. O fundamental aqui é a abertura de um círculo de troca, a entrada de um terceiro termo na relação reflexiva entre o eu e o *self*, instância capaz de deslocar o equilíbrio da auto-referência do jogador.

O jogo é feito, sobretudo, de lances e contra-lances, que articulam de modo particular a liberdade de decisão, as restrições impostas pelas regras (não há jogo sem lei, sem redundância) e o risco de empenhar a si mesmo na troca. Chega-se, assim, a uma espécie de fórmula postulada por Gadamer, que considero sintetizar de forma magistral a profundidade da relação entre jogo e ipseidade: "Todo jogar é um ser jogado" (160).

No entanto, se aquilo que se joga no jogo é sempre um "si mesmo" diante de outrem, resta a pergunta: onde deve assentar-se a representação do jogo, se não mais no sujeito jogador, ele mesmo descentrado pela ação do jogo? A questão introduz o segundo aspecto que gostaria de destacar, abordado por Gadamer em sua defesa do "sentido medial do jogo", que seria consumado no momento em que este tomaria a forma de "configuração" (165). Apesar de o jogo abarcar também o movimento designativo de representar algo para alguém, pode-se dizer que seu modo fundamental de ser estaria de fato no movimento transfigurador de "representar-se".

A "auto-representação" seria, portanto, um modo de levar a representação ao paroxismo, dissolvendo-se qualquer possibilidade de um ser-em-si, ou de uma "presença" subjetiva a ser "re-apresentada" de forma inócua, intelectualista e não-transformadora no acontecer do jogo.[6] Tal situação faz com que o jogo passe a repousar sobre si mesmo, ou seja, passe a não estar mais "no lugar" de um outro nível de realidade, mas que seja inteiro e imanente em seus circuitos, mesmo estando intimamente ligado ao movimento de apontar para um "fora-jogo". Essa seria a idéia central contida no projeto de pensar o jogo enquanto configuração:

> Essa tese significa: a despeito de sua dependência do ser representado, trata-se de um todo significativo, que como tal pode ser representado e entendido em seu sentido repetidas vezes. Mas também a configuração é jogo porque, a despeito dessa unidade ideal somente alcança o seu ser pleno a cada vez que é representada (173).

Percebe-se que o jogo seria composto por uma representação integrada ao seu objeto de modo indissociável. Ser e representar passam, no acontecer do jogo, a não estarem mais vinculados de forma lúdica, mimética ou arbitrária, mas necessariamente transformacional e ostensiva, produzindo referência em vez de designá-la. Essa seria a verdade do jogo, baseada em um movimento diferente daquele que visaria alçar uma presença dada, e que teria na mediação um palco para a sua "expressão". Estaríamos lidando, antes de tudo, com um fenômeno que seria fruto de uma situação de "mediação total" (177), capaz de levar à ocorrência e ao desvelamento de uma "transformação no verdadeiro" (167).

Sob essa ótica, pode-se dizer que, assim como os eventos discursivos que analisarei neste livro, o jogo estaria enquadrado por uma lógica de mediação de ordem muito mais "performativa" do que "constatativa", de acordo com a terminologia de Austin (1975). Tal situação, devida principalmente ao fato de esses eventos serem constituídos por atos comunicativos concernentes acima de tudo à produção de determinados efeitos no mundo, implica que um julgamento apropriado da sua realização seja balizado antes pelo critério pragmático de "felicidade" ou "infelicidade" do ato comunicativo do que pelo dualismo cognitivista entre a sua "veracidade" ou "falsidade".

6. A idéia de uma "auto-representação" é encontrada por Dilthey também na música, talvez a menos representacionalista das linguagens. Segundo ele, por estar existencialmente associada à instância da execução, ou seja, à sua realização no/enquanto tempo, "a música só representa a si mesma" (1976:235).

Haveria, portanto, algo de inusitado no acontecimento da verdade no jogo, que entendo poder ser estendido a uma série de âmbitos da interação social. Nele, e como em um passe de mágica, a "presença", que asseguraria e autorizaria a sua significação, tenderia a realizar-se enquanto um *a posteriori* da sua própria re-apresentação, o seu ser constando como um *a posteriori* adiado dos rastros que supostamente teria deixado. Trata-se de uma inversão desconcertante, caso seja comparada à noção convencional de verdade. É como se insistissem em nos provar que a fumaça vista no horizonte fosse anterior ao fogo cuja existência ela mesma apontaria na condição de efeito. Essa seria a magia do jogo, que conteria sempre algo de sagrado e miraculoso, mas também de político: "Na representação do jogo surge o que é" (Gadamer 1997:167).

B) SUJEITOS-GUERRA: JOGOS DE ESPELHO

O paralelismo entre a "guerra santa" e o jogo servirá, portanto, como uma saída analítica para que eu consiga interpretá-la sem ter que resolvê-la em uma estrutura identitária prévia à sua ocorrência. Assim como o jogo, os conflitos entre evangélicos e afro-brasileiros preservam-se, enquanto fenômeno social, no desenrolar dos lances e contra-lances que os constituem, a sua existência e a sua verdade se sustentando na rede de efeitos da qual eles mesmos seriam a causa, mas que acaba, como no passe de mágica acima descrito, por prescindir da existência dos sujeitos que a constituem enquanto presença original e auto-evidente. O teatro da "guerra santa" faz seus próprios atores, levando-os sempre um pouco além de onde eles antes se encontravam

A noção gadameriana de "jogo" fornece, portanto, uma saída interessante e alternativa para a questão-chave colocada por Latour (2002), em sua proposta de uma antropologia simétrica: Como produzimos aquilo que nos supera?

> O ator comum afirma, diretamente, aquilo que é a evidência mesmo, a saber, que ele é ligeiramente superado por aquilo que construiu. "Somos manipulados por forças que nos superam". Ele poderia dizer, cansado de ser sacudido de todos os lados e de ser acusado de ingenuidade. "Pouco importa se as chamamos divindades, genes, neurônios, economias, sociedades ou emoções. Nós nos enganamos talvez sobre a palavra que designaria tais forças, mas não sobre o fato de que elas são mais importantes que nós" (45).

O antropólogo sublinha com extrema felicidade a validade de uma postura epistemológica que levaria a sério o regime enunciativo nativo, sem resolvê-lo apressadamente, através de uma tradução metafórica do seu corpo de enunciados, em um discurso científico apartado da literalidade englobadora da existência cotidiana, aquilo que Marcel Mauss (2003b) definira como o "concreto" da vida social.[7] Esta seria a instância por excelência em que se efetuaria o fenômeno de imersão e de perda de si do humano no mar das suas próprias construções, no qual entendo se inserirem de modo paradigmático o jogo e de modo histórico a "guerra santa".

No entanto, me parece que é René Magritte quem descreve com maior riqueza algumas condições deste mesmo mecanismo de construção e supressão de si apontado por Latour, fazendo uso magistral daquele que seria o fundamento da comunicação poética: a sua avassaladora capacidade de síntese.

Na pintura reproduzida na página ao lado, Magritte nos apresenta a uma cena fascinante, que me parece desvelar de modo privilegiado algumas questões suscitadas pelo meu contato direto com a "guerra santa" em Salvador. Nela, um homem busca a si mesmo no espelho, desejando encontrar-se consigo mesmo em meio às coisas que o refletem, ou que deveriam refleti-lo, em parcialidade ou inteireza. Contudo, e como anuncia o título do quadro, a reprodução parece estar interditada, o sujeito real "dando de costas" com o sujeito refletido.

Tal situação surrealista tende a inserir na obra um problema fundamental: Quantos personagens compõem esta cena? Quantos jogam o seu jogo? Diferente de uma situação onde um sujeito olha a si mesmo de costas, passa a ser lícito supor que estaríamos aqui diante de uma situação em que um sujeito encontra a si mesmo em um espelho que o reflete de um modo que um observador ausente o vê. Mais especificamente, diria que o homem se vê do mesmo modo que, neste exato momento, nós, espectadores supostamente externos à cena, o vemos. Sob esta nova ótica, estaríamos aqui imersos em uma situação composta não por duas, mas por três agências interdependentes. Elas seriam: um eu (o sujeito que deseja refletir-se), um *self* (o sujeito refletido) e um outro (o espectador).

Antes de interditada, a idéia defendida por Magritte seria, portanto, a de que a reprodução estaria, neste caso particular, ou mesmo que seria, de um modo geral, inter-dita. O pintor destaca, avançando na questão aberta logo acima por Latour, que não somente estamos fadados a construir aquilo que, a seguir, nos superará, mas que, simultaneamente, produzimos a nós mesmos através desses mesmos meios excedentes, e que nos excedem principalmente por carregar em si a qualidade de Outro, de estrangeiro.[8]

7. Mauss defende que esta instância da socialidade seria dotada de uma "vantagem de realidade": "Consegue-se assim ver as próprias coisas sociais, no concreto, como são. Nas sociedades, apreendemos mais que idéias ou regras, apreendemos homens, grupos e seus comportamentos. Vemo-los moverem-se como em mecânica se movem massas e sistemas, ou como no mar vemos polvos e anêmonas. Percebemos quantidades nos homens, forças móveis, que flutuam em seu ambiente e em seus sentimentos" (Mauss 2003b:311).

8. É a essa estrutura triádica, sobre a qual se sustenta a pessoa, que me referi com a noção de ipseidade, de Ricoeur, e que seguirei tratando através da noção de terceiro (*third*), de Vincent Crapanzano (1999a).

René Magritte
La reproduction interdite (Portrait d'Edward James)
1937 Óleo sobre tela,
79 x 65,5 cm – Roterdam,
Museum Boymans-van Beuningen

A pintura desvela ainda um segundo aspecto desta espécie de economia da reflexividade, que articula internamente o problema da representação (ou da auto-representação) ao da alteridade: o seu espaço de "fora", ocupado na cena pelo fluxo eventual dos espectadores que observam o quadro, é internamente circunscrito, o que tende a amenizar a chegada a princípio arrebatadora do estrangeiro enquadrando-a em uma expectativa prévia. Assim, o estatuto do espectador passa a ser interno ao quadro, constando como uma parte construída e exteriorizada pela obra mesma. A produção de uma posição dentro-fora da cena possibilita, do mesmo modo, a sua abertura controlada para a instabilidade do mundo no qual ela se insere.[9]

Nesse sentido, e apesar de sempre desestruturadora, entendo (e "La reproduction interdite" tende a corroborar) que a alteridade deva ser pensada também como parte de uma gramática, tida não somente como aquilo que "seleciona, classifica e exprime os diversos aspectos da experiência" (Jakobson 1987b:95), mas também, e fundamentalmente, como aquilo que aponta o que deve ser calado,

9. Uma bela e bem mais exaustiva análise da obra de Magritte no que esta tange a problemática do vinculamento aos objetos e, conseqüentemente, a significação encontra-se em Santos (2006)

qual silêncio, qual perda deve se dar, para que o sentido aconteça. Retenho de Magritte, portanto, o fato de toda gramática levar a marca perene do sacrifício.

Assim, se antes atestei que minha intenção seria pensar o fenômeno "guerra santa" através dos seus efeitos, nesse momento posso afirmar que um segundo aspecto particular da minha abordagem seria a intenção de pensá-la como um choque de alteridade, processando esses efeitos sob a sua incidência nas identidades e/ou auto-representações dos coletivos por ela envolvidos. Os sujeitos em guerra passam, conseqüentemente, a ser entendidos como agências interpeladoras, que afetam de forma gramatical a economia identitária do inimigo, operando como terceiros termos, vértices, assim como o fora-interno do quadro de Magritte, que ocultam e revelam traços enquanto incidem sobre a estrutura triádica que abriga a reflexividade desses grupos, que seja, a relação deles consigo mesmos. Aqui, mais uma vez, a "guerra santa" é jogo, e o jogo, como demonstra Gadmer, é sempre jogo de espelhos quando observado pela perspectiva dos seus participantes.

Assentados esses pressupostos, tornou-se imperativa a textualização dos sujeitos-guerra que a mim se apresentavam através de uma espécie de exegese recíproca, em que tentaria reconstituir as estratégias de englobamento significativo da interpelação inimiga em ambos os grupos. Antes de interpretar os eventos de conflitos, fez-se então necessário e mais interessante estabelecer previamente os sacrifícios realizados por cada gramática em luta, os mesmos que possibilitam a interpretação do outro-enquanto-inimigo. O resultado desta proposta é uma escrita estruturada em duas partes distintas e espelhadas, onde, em "Parte 1", pretendo reconstruir o olhar e as ações projetadas pelos grupos neopentecostais sobre os cultos afro-brasileiros, enquanto em "Parte 2" inverto a via de reflexo e reflexão, reconstituindo, desta vez, os modos de recepção e afecção dos cultos afro-brasileiros de Salvador, mais especificamente do candomblé, diante da ofensiva neopentecostal.

Veremos que tal estratégia impõe-se de modo especial em uma ocasião onde o antropólogo, agindo enquanto autor, se esforça por lidar interpretativamente e textualmente com eventos de conflito e luta onde o poder aplicado e disputado é, justamente, o poder de interpretar e textualizar. Enquadrado por este desejo comum, o texto desenrola-se como um verdadeiro campo de batalhas, semelhante ao configurado pelos fenômenos por ele narrados, personagens e autor comungando no desejo de reter o poder de textualizar o outro, de textualizar-se através do outro ou de livrar-se discursivamente da captura de si pelo outro, vindo, ao longo desta fuga, a "encontrar-se" em estado de verdade.

"Quem guerreia?", essa forma agonística de perguntar "Quem é você?", formará, portanto, o pano de fundo da narrativa atual, constando como a instância crítica que agregará as múltiplas vozes que a compõe, e a que elas recorrem tendo em vista interpelar a si mesmas e aos seus outros com interpretações que circulam na forma de remédios ou venenos. São essas interpelações que tentarei captar etnograficamente ao reconstituir cenas, falas e ações, os modos discursivos particulares com que elas vêm a incidir no universo sempre gramatical dos vínculos, enredando pessoas, coisas e deuses em um concreto social e significativo dotado de carne, em suma, de "textura".

II. Textualizando as pontes e os saltos gramaticais: guerra/troca, metafórico/metonímico

Por fim, e como o último dos aspectos introdutórios, gostaria de apresentar de forma sintética algumas categorias que utilizarei tendo em vista narrar as ligações e os entrelaçamentos produzidos pelas gramáticas desses dois grupos, categorias que serão mais bem esclarecidas no próprio decorrer das análises. Para isso, faço, logo a seguir, rápida referência ao modo como me apropriarei, daqui em diante, das oposições conceituais guerra/troca e metafórico/metonímico.

A idéia de ler a "guerra santa" como uma guerra de espelhos está diretamente associada à suposição de uma guerra-troca, ou seja, de um fenômeno social onde o conflito associa-se internamente a um movimento de identificação. Antes de constituírem entre si um vínculo dicotômico, veremos que, no caso de Salvador, os neopentecostais, o seu campo de influência dentro do evangelismo e o "povo de santo"[10] acabam por se associar através de uma relação de oposição, permeada por vínculos que estabelecem diferenças ao mesmo tempo que as articulam em uma totalidade interdependente.

Um excelente exemplo etnográfico desse tipo de fenômeno é fornecido por Marcel Mauss (2003b) em suas análises do *potlach*, instituição dos índios do noroeste da América do Norte. Ao longo do *potlach*, a relação entre tribos rivais é renovada e dramatizada através da disputa pela destruição de bens, atos definidos por Mauss como "prestações totais de tipo agonístico" (192). Neste caso, o valor circulante não é mais a generosidade ritualizada, observada pelo mesmo Mauss no *kula* melanésio, mas o desprendimento improdutivo e mesmo violento de determinados objetos-signos em grandes fogueiras. Esses eventos de destruição mostram-se fortemente paradoxais, já que, ao se desfazerem dos signos em torno dos quais ocorre a batalha, os indígenas desprezam o ato mesmo de vincular-se, atitude que colocaria as partes que rivalizam no *potlach* em uma relação ambígua, pois fundada na própria negação da relação.[11]

---

10. Termo utilizado dentre os praticantes de candomblé dos diversos terreiros de Salvador para designar a sua pertença a uma comunidade comum.

11. Outro conceito maussiano que será apropriado por mim tendo em vista sublinhar o caráter ambíguo, ou seja, destrutivo e produtivo, desagregador e agregador, da relação construída entre

Através da manifestação empírica do *potlach*, Mauss destaca, portanto, a articulação estreita que existiria entre a dádiva e o sacrifício, funcionando como suporte para uma crítica à dicotomia excessiva que coordenaria as noções de troca e de guerra no Ocidente. O *potlach*, e aqui entendo estar o ponto de coincidência entre ele e os fenômenos tematizados por este livro, é uma instituição que supõe a possibilidade de um conflito vinculante.[12]

No entanto, se "troca" e "guerra" aparecem agora como dois modos de designar vínculos, e não mais como indicadores de uma possível dicotomia entre o vínculo e a sua ausência, as noções de "metáfora" e "metonímia" me servirão como modos de designar a atualização discursiva desses mesmos vínculos de identificação e conflito. Através delas, pude textualizar os intervalos estabelecidos entre a gramática neopentecostal e a do candomblé, me aproveitando da sua natureza de signos de relação, ou seja, signos de signo (um outro nome para "relação"), para a construção de uma metalinguagem teórica capaz de captar discursivamente os eventos discursivos que compõem a "guerra santa" sem ter que retirá-los da sua própria órbita.

As discussões acerca do estatuto da metáfora e da metonímia, termos que hoje fazem parte do senso comum da antropologia, remetem a Ferdinand de Saussure (1972), e incidem sobre a sua distinção analítica entre os dois modos básicos com os quais coordenamos signos: a seleção e a combinação. Articulados, esses modos corresponderiam, sucessivamente, aos dois eixos que compõem a enunciação: o eixo paradigmático, uma virtualidade dentro da qual seriam selecionadas as unidades das cadeias enunciativas, e o eixo sintagmático, a organização serial resultante da combinatória concreta e temporal dessas unidades antes selecionadas.[13] Nesse sentido, enquanto o primeiro eixo funcionaria a partir da produção de vínculos de analogia, o segundo operaria através da produção de vínculos de contigüidade. Foi justamente a articulação entre metáfora e analogia,

---

os neopentecostais e os cultos afro-brasileiros em Salvador é o de "dádiva-veneno" (Mauss 1999b). A noção de "dádiva-veneno", retirada das investigações de Mauss acerca do interessante fato lingüístico de a mesma palavra designar, em uma série de línguas indo-européias, tanto "presente" quanto "veneno", é utilizada também com a finalidade de evitar a associação hoje costumeira entre reciprocidade e generosidade, ou gratuidade, que tenderia a resolver as ambigüidades que estruturariam a dádiva enquanto guerra e troca, desafio e comunhão, em apenas um dos seus pólos.

12. Essa mesma crítica à dicotomia troca/guerra, aliança/conflito, que se dá como uma constante no pensamento ocidental (de Clausewitz a Lévi-Strauss), é continuada e aprofundada etnograficamente por Pierre Clastres (2004). Em seus estudos sobre as sociedades ameríndias, Clastres encontra povos que, em seu desejo de dispersão, tomariam a fragmentação social resultante das guerras como uma positividade, vindo a instaurá-las como um elemento fundante da sua organização social e não como uma ameaça à integração social.

13. Associado, para Saussure, à suposição do caráter linear do significante.

metonímia e contigüidade, bastante útil aos seus estudos sobre a afasia, que fez com que Roman Jakobson (1987a) realizasse aquilo que Paul Ricoeur classificou como um "golpe de gênio": o resgate dessas "figuras de linguagem" do campo de debates mais estrito da poética e a sua conseqüente elevação ao status de operações fundamentais da significação.[14] "O metafórico e o metonímico, não contentes em qualificar as figuras e os tropos, qualificam doravante os processo gerais da linguagem" (Ricoeur 2000:269).

Na trilha da tipologia das magias de Frazer (1993), e avançando no *insight* de Jakobson, Lévi-Strauss parece desenvolver de modo mais refinado o paralelismo entre metáfora e metonímia e alguns tipos de fenômenos sociais-discursivos. Em *Totemismo Hoje*, uma tentativa de desconstrução crítica do campo semântico denominado "totemismo" pela antropologia de até então, Lévi-Strauss defende, corroborando Jakobson, que "a metáfora não é um tardio embelezamento da linguagem, mas um de seus modos fundamentais" (1976:182). Desse modo, o antropólogo parece não encontrar traços empíricos em comum que sustentariam adequadamente a unidade do fenômeno totêmico, remetendo-o, por outro lado, a uma espécie de constância gramatical, que apontaria naqueles costumes fragmentários o trabalho insistente da metáfora enquanto uma "forma primeira do pensamento discursivo" (182).

A compreensão do totemismo como um fenômeno metafórico seria uma condição epistemológica para o seu regate do universo de estudos da "antropologia religiosa", tido como redutor para Lévi-Strauss. Através desse deslocamento, que teria a finalidade de enquadrá-lo como "qualquer outro sistema conceitual" (1976:184), o estudo do totemismo evitaria o particularismo da equação durkheimiana entre "sagrado" e "extraordinário", passando a ser abordado como um meio empírico cuja função seria "dar acesso aos mecanismos do pensamento" (idem). Essa mesma postura rotinizadora é aprofundada em *O Pensamento Selvagem*, onde a análise comparativa do totemismo tem como a sua contraparte, o seu simétrico inverso, a ciência, e não o cristianismo. Assim como a ciência moderna, o totemismo seria um modo gramatical de os povos ditos primitivos lidarem com o problema da relação natureza/cultura, e não necessariamente corresponderia ao que percebemos como uma "religião": "O totemismo repousa em uma homologia postulada entre duas séries paralelas – a das espécies naturais e as dos grupos sociais – das quais, não o esqueçamos, os termos respectivos não se assemelham dois a dois (...)" (1997:250).

Por outro lado, se o totemismo estaria associado aos modos analógicos, ou seja, "metafóricos", de associação de séries discursivas (sistemas de diferenças)

---

14. Tal deslocamento pode ser lido, alternativamente, como o próprio avanço da poética para o cerne mesmo da atividade lingüística, como entendo querer o próprio Lévi-Strauss.

entre si, o sacrifício serviria como meio empírico para o acesso a um outro campo de fenômenos, estes definidos por Lévi-Strauss como "metonímicos":

> No sacrifício, a série (contínua e não mais descontínua, orientada e não mais reversível) das espécies naturais desempenha o papel de intermediário entre dois termos polares, dos quais um é o sacrificador e o outro a divindade e entre os quais, no início, não existe homologia nem sequer uma relação de qualquer tipo; o objetivo do sacrifício é precisamente instaurar uma relação, que não é de semelhança mas de contigüidade, por meio de uma série de identificações sucessivas que podem se fazer nos dois sentidos, conforme o sacrifício seja expiatório ou represente um rito de comunhão; seja, pois, do sacrificante ao sacrificador, do sacrificador à vítima, da vítima consagrada à divindade ou na ordem inversa (Lévi-Strauss 1997:250-1).

A citação esclarece que o sacrifício estaria fora do campo intelectualista da "homologia", ou seja, da colocação em paralelo de diferenças classificatórias, movimento conservador que, nos termos de Roland Barthes, "coloca na língua uma eternidade" (2001:170). Seu problema central seria a produção de contigüidades temporais, assim como a transferência de qualidades através da troca e a constituição de circuitos transformacionais. Esse seria um espaço triádico, como destaca a frase de Lévi-Strauss, sobre cuja influência dar-se-ia a desestabilização e a reconstrução de vínculos duais a partir do aparecimento do outro, do estrangeiro, seja enquanto um meio para a expiação, seja enquanto um convite à comunhão. Sob esse âmbito de fenômenos, valeria a máxima lacaniana: "Se é necessário, ao homem, de tal forma, usar a palavra para encontrar algo ou para se encontrar, é em função de sua propensão natural a se decompor na presença do outro" (Lacan 1991b:261).

Raciocinando a partir desses pólos meta-discursivos, tentarei textualizar as relações tecidas entre o neopentecostalismo e o candomblé a partir da localização, dentre elas, de pontes metonímicas e de saltos metafóricos. Veremos que é através de pontes metonímicas que o neopentecostalismo engloba os cultos afro-brasileiros como um dado interno à sua gramática (capítulos 1 e 2). Por sua vez, é corroborando essas mesmas pontes, e mantendo-se no mesmo sintagma, que parte do candomblé especula acerca das especificidades do poder neopentecostal a partir do trânsito de filhos de santo para as suas frentes (capítulo 3). Central para a construção e manutenção dessas pontes é a corroboração da capacidade performativa da linguagem do outro, movimento que se dá sobre a instância da eficácia mágica inimiga.

Por outro lado, veremos que é através de um salto metafórico que os novos setores do candomblé da cidade rompem a sua continuidade com o neopentecostalismo e, desse modo, conseguem retirar da presença inimiga um *telos* para uma inédita politização da religião (capítulo 4). Central para esse salto, um salto utópico, é a fuga do sintagma "religioso" aberto pelos neopentecostais através de uma textualização metafórica dos ataques, que passam a ser entendidos sob o registro da raça e da etnicidade.

De um modo geral, ao longo de "guerras" e "trocas", "saltos" e "pontes", tentarei desenhar etnograficamente economias da alteridade associadas a determinados padrões de inserção pública reforçados e amenizados em ambos os grupos em questão. Através de uma espécie de paroxismo da representação, onde ela é questionada sobre os seus fundamentos, politizada, demonizada, mas sempre multiplicada, tentarei mostrar como, espelho ante espelho, esses grupos colocam em jogo a existência um do outro em um dado contexto histórico e espacial.

PARTE 1

A "batalha espiritual" e o demônio afro-brasileiro: um mal libertador

> O espelho é um ser em oposição. E é como tal que funciona. É um ser que assumiu uma posição que é oposição: uma posição negativa. É um ser que nega. É por isto que reflete. Não permite que aquilo que sobre ele incide passe por ele. Refletir é negar, e isto é a sua estrutura. Não pode haver uma reflexão positiva. As respostas que o espelho articula são todas negativas. São inversões das perguntas que o demandam. As equações da ótica confirmaram esta afirmativa. E também o confirmarão as analises do pensamento reflexivo. Diz essa analise que todas as sentenças do pensamento podem ser reduzidas à negação formalmente. Não deve portanto surpreender que o fundamento do espelho seja o nada, essa fonte de toda negação possível. O espelho é um ser em oposição justamente porque o seu fundo é o nada do nitrato de prata. (...) Essa descoberta é, como disse, chã e rotineira. Basta virar o espelho para fazê-la.
>
> Vilém Flusser (*Ficções filosóficas*)

O "neopentecostalismo", ou a terceira onda pentecostal brasileira (Freston 1994), é um importante movimento religioso originado nos anos 70 e que se expande fortemente nas décadas seguintes do século XX, tendo o Rio de Janeiro como seu centro e a Igreja Universal do Reino de Deus (IURD), criada pelo Bispo Edir Macedo, como a sua ponta-de-lança. A nomenclatura "pentecostalismo autônomo", adotada por Bittencourt (1989), também é adequada aos particularismos observados no pentecostalismo brasileiro pós-1970, que se distingue dos "pentecostais clássicos", associados ao movimento missionário norte-americano, principalmente por inserir em seu modelo de gestão, sua liturgia e sua visão de mundo cores bastante autóctones.

De acordo com Mariano (1999), as principais características do neopentecostalismo são: i) a influência da "teologia da prosperidade", que potencializa as dimensões econômicas não-ascéticas do cristianismo pela ênfase na realização cotidiana de milagres tendo em vista "uma vida abundante";[15] ii) a liberalização dos "usos e costumes", que desmonta o controle estrito do comportamento, que antes distinguia os pentecostais clássicos como um grupo "à parte" ante a sociedade envolvente (fato geralmente ratificado pela aparência pessoal, pela moralização da esfera sexual e pelas restrições de lazer desses indivíduos); e iii) o papel central ocupado em sua cosmologia pelas entidades demoníacas, de onde resulta o freqüente recurso ritual ao exorcismo e os intensos conflitos com as religiões mediúnicas, principalmente as afro-brasileiras, como o candomblé, a umbanda e a quimbanda.

A partir dos três fios acima descritos, a IURD, assim como outros grupos do seu universo de influências, consegue tecer uma textualidade religiosa bastante eficiente na tarefa de dar conta significativamente do campo fenomênico de uma importante fatia da sociedade brasileira, rompendo, desse modo, com o sectarismo e o ascetismo típicos do *ethos* evangélico e pentecostal mais tradicional. Tal abertura para as questões intra-mundanas possibilita a ocupação material e discursiva, por parte desses grupos religiosos, de esferas a princípio "extra-eclesiásticas", como a política partidária, os meios de comunicação de massa e o mercado de consumo. Esse proselitismo bem-sucedido se vê fortemente atrelado a uma espécie de democratização hedônica da graça operada pelo neopentecostalismo: "o crente está destinado a ser próspero, saudável e feliz neste mundo (...) o principal sacrifício que Deus exige de seus servos é ser fiel nos dízimos e dar generosas ofertas com alegria, amor e desprendimento" (Mariano 1999:44).

Por outro lado, chama a atenção o fato de esse movimento de integração religiosa com o senso comum (Geertz 1989), associado à ruptura mágica com os alicerces teológicos da "rejeição do mundo" e da "eleição", ser acompanhado pela contra-face fortemente belicosa da relação entre o neopentecostalismo e outras religiões. A tendência desse grupo a alimentar um ambiente inter-religioso tenso e exclusivista, atitude rotulada por diversos setores da opinião pública brasileira como "intolerante", pode ser entendida se atentarmos ao terceiro dos aspectos antes destacados: a função gramatical ocupada pelo mal em sua cosmologia, em que se assentaria a noção de "batalha espiritual".

A "batalha espiritual" pode ser definida como uma meta-narrativa construída através da bricolagem de elementos clássicos da narrativa bíblica, como o

---

15. Apesar da origem norte-americana da "teologia da prosperidade", veremos, ao longo do primeiro capítulo, como a IURD insere em sua aplicação ritual a contra-parte de uma lógica de reciprocidade em que o dízimo dos fiéis passa a ocupar a função de meio intra-religioso dinamizador das trocas com o pólo sobrenatural, viabilizando-se assim uma espécie de troca sacrificial mediada pelo dinheiro.

maniqueísmo e a existência do diabo e das suas hordas, e modos de explicação de infortúnios tidos como "arcaicos", como a feitiçaria, a possessão e a transferência do mal através do contato.[16] Unidos em uma espécie de "drama bélico", esses elementos textuais teriam a finalidade de encenar metonimicamente a subjetividade e o cotidiano dos fiéis neopentecostais como um perene campo de batalhas entre forças "do bem" e "do mal". Trata-se de uma espécie de padrão hermenêutico, formalmente semelhante ao estudado por Crapanzano (2000), que parte da esfera "religiosa", mas que tenderia a projetar-se em outras áreas da sociedade, colocando em jogo a própria definição intimista e individualista em que teria se assentado a "religião" na modernidade.

Cabe aqui destacar que o debate sobre o grau de legitimidade do discurso e das práticas das igrejas neopentecostais, principalmente a IURD, vai muito além do caso de Salvador. Giumbelli (2002), após um cuidadoso resgate dos argumentos e da repercussão da série de ações jurídicas movidas contra a Universal desde a sua aparição,[17] que resultaram inclusive na prisão de Edir Macedo em maio de 1992, define o modo de inserção paradoxal desse grupo na opinião pública brasileira como de "culpa sem condenação" (313). Um dos casos de maior impacto, uma espécie de marco desta entrada pouco legitimada da IURD na esfera pública nacional se viu no famoso episódio do "chute da santa", de 1995, analisado de forma detalhada pelo mesmo Giumbelli em uma outra ocasião (2003).

Enquadrada por um campo religioso caracterizado pela intensa circulação de fiéis, pelas fracas adesões e pela "suspeita generalizada" (Carvalho 1991:15), a IURD parece mesmo ter optado por uma estratégia explícita de crescimento sem legitimação pública. Vislumbrando as suas rivais como um exército uno e maléfico, a igreja de Edir Macedo capitaliza com extrema habilidade essa lógica da suspeita inter-religiosa, não suspeitando de ninguém, ou seja, dotando todos de eficácia, mesmo que de uma eficácia negativa, e, por isso, constituindo-se no alvo preferencial da suspeita de todos.

Talvez aí esteja a causa da radical polaridade das opiniões que têm se voltado para esta instituição, que tende a relacionar-se negativamente (apesar de organicamente) com o idioma da "pluralidade de busca" (Carvalho, 1999:12), retirando a alteridade religiosa do registro metafórico hegemônico da "fraude", do "falso",

---

16. Mariano (1999) aponta que o verdadeiro demiurgo da batalha espiritual no Brasil seria o missionário canadense Walter Robert McAlister, fundador da Igreja Pentecostal de Nova Vida, nos anos 1960. Tal fato pode ser confirmado pela evidente aproximação entre as idéias e práticas defendidas pela IURD e o livro "Mãe de Santo", de McAlister, como destaca Silva (2007). Não por acaso os dois grandes líderes do movimento neopentecostal, Edir Macedo e Roberto Romildo Soares, da Igreja Internacional da Graça de Deus, são dissidentes da Nova Vida.

17. Essas ações judiciais se referem a acusações de estelionato, charlatanismo e curandeirismo, respectivamente artigos 171, 283 e 284 do Código Penal Brasileiro.

do "inautêntico", enquanto a sobre-codifica a partir do registro metonímico, mas maniqueísta, do "bem" e do "mal". Resulta desta atitude polarizadora o fato de que, no Brasil de hoje, ou se está na IURD ou se está contra ela, já que o seu próprio proselitismo anularia qualquer possibilidade de neutralidade. Veremos que é por potencializar o conflito que a IURD tem se tornado bem-sucedida, e, talvez por isso, o seu crescimento numérico até hoje nunca tenha sido acompanhado por um aumento de legitimidade.

Ao longo do meu trabalho de campo, realizado entre setembro e novembro de 2005, pude voltar as minhas atenções para o processo de instalação desta estratégia discursiva em Salvador, cidade que tem nas religiões de matriz africana a principal fonte a que tem recorrido, ao longo das últimas quatro ou cinco décadas, a sua arte, costumes, imaginário, economia e até a sua política, e onde a "guerra santa" parece reverberar sociologicamente de modo mais intenso. Minha porta de entrada neste universo de questões se deu a partir de um conjunto de relatos, recolhidos diferencialmente através de observações diretas, entrevistas e pesquisas em arquivos jurídicos, policiais e jornalísticos. É importante também destacar que, como parte do clima litigioso que envolve o tema, nenhum representante da IURD ou de outros grupos mais diretamente envolvidos na "guerra santa" quiseram aqui se manifestar oficialmente.

Consegui distinguir, dentre este material empírico, duas frentes principais da ofensiva neopentecostal: a ofensiva ritual, que chamarei neste trabalho de "frente de libertação", e a ofensiva territorial, ou "frente de ocupação", que será desdobrada em três frentes secundárias: os ataques pela mídia impressa e televisiva, as invasões de terreiros e as disputas pelos bens simbólicos representativos da identidade da cidade. Apesar de analisar cada elemento acima descrito de modo separado, vale destacar que estas duas frentes se desenrolam de modo integrado e simultâneo, operando como dimensões que se retro-alimentam, e constituindo, desse modo, a mesma estratégia de combate.

Tendo como base o desenho descritivo e analítico dessas duas dimensões do conflito, a minha intenção passa a ser, como conclusão parcial, compreender a função desempenhada pelo "demônio afro-brasileiro" no padrão discursivo defendido e divulgado pela IURD e aceito por seus fiéis. Enfatizando analiticamente uma das dimensões específicas deste movimento religioso, a sua concepção de mal, tentarei demonstrar como que, dissolvendo-se e se encontrando nessas novas teias textuais, o fiel neopentecostal acaba por visualizar, espelhado em um candomblé que ele mesmo constrói, o seu "mal libertador", fazendo da violência um ato sagrado e religioso de libertação e de ocupação da fonte geradora dos malefícios.

Frente de libertação: performance ritual e micropolítica da pessoa na Sessão do Descarrego

> Em muitas de nossas reuniões, efetivamente, vemos um quadro assombroso; uma verdadeira amostra do inferno. Se alguém chegar à igreja no momento em que as pessoas estão sendo libertas, poderá até pensar que está em um centro de macumba, e parece mesmo. Temos a impressão, muitas vezes, de que aquelas pessoas ficaram loucas; entretanto, após alguns momentos, quando fazemos a limpeza em suas vidas, quando os demônios são expelidos e levam com eles todo o mal, aí vem a bonança, a paz.
>
> É como se um furacão tivesse passado. Nessas reuniões, milhares de pessoas têm se libertado dos exus, caboclo, orixás, erês e outros demônios. Após a libertação, vem a sensação de bem-estar. Aquelas pessoas, antes oprimidas, passam a glorificar a Deus e em seus rostos transparece a alegria da libertação! Alguém poderá pensar: "Como podem baixar esses espíritos em uma igreja, uma casa de Deus?" é importante, antes de mais nada, termos ciência de que os espíritos infernais manifestados nas pessoas não foram encontrados na igreja: estavam dentro delas."
>
> Bispo Edir Macedo (*Orixás, caboclo e guias: deuses ou demônios?*)

A visita a um dos cultos da Igreja Universal do Reino de Deus (IURD) pode ser uma forma fascinante de observar em ação uma das facetas mais contemporâneas da espiritualidade no Brasil. Diante de uma situação de contato vivido com a diversidade comunicativa das suas técnicas rituais, tornam-se claros, como nunca, os limites da concepção clássica de "religião", que ainda informa o olhar do antropólogo sobre os seus objetos-sujeitos. As combinações e misturas prevalecem, fato que tende a se sobressair, principalmente em uma situação de imersão no universo institucional do sagrado, que em sua etimologia – assim como na tese basilar de Durkheim (1996) – já conteria o caráter de coisa ou ação "separada".[18] À "religião" ordenadora e representante da tradição, opõe-se um fluxo complexo e multifacetado de fé, emoção, sacrifício e, por que não?, cálculo utilitário.

18. Segundo Durkheim (1996): "(...) uma religião é um sistema solidário de crenças e de práticas relativas a coisas sagradas, isto é, separadas, proibidas, crenças e práticas que reúnem numa mesma comunidade moral, chamada igreja, todos que a ela aderem" (32).

De fato, a IURD parece fazer ruir grande parte do edifício durkheimiano, todo ele fundado na oposição entre vínculos duráveis e utilitários, religiosos e mágicos. Capitalizando as misturas, a IURD cresce nas brechas e, assim, multiplica os seus pontos de fala enquanto oscila, em sua inserção na esfera pública nacional, entre a ambigüidade e a ambivalência: igreja e/ou empresa, religião e/ou mercado, tenda dos milagres e/ou partido político, legítima e/ou ilegítima. Graças a essa característica, "a existência da IURD provoca tanto a visibilização do 'religioso' quanto a impressão de que ele está 'fora de lugar' na sociedade brasileira atual" (Giumbelli 2002:412).

Sendo assim, pode-se afirmar que a atuação da IURD retira sua potência e sucesso justamente dos tabus de nosso senso comum e da nossa *doxa* acadêmica, esses últimos personificados, na situação acima descrita, pelo olhar perplexo do antropólogo. Refiro-me aqui ao sentido com que parte da tradição antropológica tem designado o termo "tabu" (Leach 2000; Douglas 1976), ou seja, aquilo que estranhamente re-liga os pólos apartados pelas classificações, destacando, não sem algum estranhamento, o contínuo que subjaze aos quadros rígidos de uma linguagem. Tabu seria, portanto, aquilo que coloca "em jogo" (Gadamer 1997) uma classificação, desvelando-se assim a sua natureza arbitrária a partir de um contato desestruturador e inesperado com o campo do eventual.

É um constante desafio para qualquer categorização, essa Igreja-tabu, que articula e desarticula as esferas weberianas (supostamente dotadas de "autonomia funcional") como um malabarista brinca diante da platéia paralisada. Daí resulta o fato de a IURD nunca estar onde o antropólogo, a imprensa, os outros segmentos religiosos, o judiciário ou o Estado pensam que ela está. A Igreja-tabu é uma presa difícil de ser capturada.

Ao longo das cerimônias citadas, salta aos olhos o uso em profusão de elementos a princípio profanos, que vão desde a iluminação, a música pop, o clima jocoso de algumas pregações, até a tão comentada e criticada presença do dinheiro como fundamento cosmológico, seja na forma da oferta e do dízimo, seja como índex[19] da transformação ritual, representante causal da sua eficácia. Trazendo o

---

19. A tipologia de signos utilizada ao longo deste livro encontra-se em Peirce (2000). Segundo ele, "um signo é um ícone, um índice (índex) ou um símbolo. Um ícone é um sigo que possuiria o caráter que o torna significante, mesmo que seu objeto não existisse, tal como um risco feito a lápis representando uma linha geométrica. Um índice é um signo que de repente perderia seu caráter que o torna um signo se seu objeto fosse removido, mas que não perderia esse caráter se não houvesse interpretante. Um símbolo é um signo que perderia o caráter que o torna signo se não houvesse um interpretante" (74). Pode-se dizer que enquanto o ícone e o índex teriam um fundamento concreto (territorializado), sendo constituídos respectivamente por uma associação de semelhança e por uma associação de contigüidade, o símbolo teria um fundamento arbitrário, sendo constituído por operações analógicas e intelectuais.

universo profano de "fora" de nosso campo religioso, a IURD, assim como vários dos outros grupos do chamado neopentecostalismo, enriquecem radicalmente o seu léxico de mediações com o sobrenatural, abundando o mundo com sinais, entidades encantadas, "fetiches" e milagres cotidianos e rompendo, desse modo, com o Deus silenciado e a crítica do significante na doutrina protestante histórica.

Uma das formas clássicas de defender esta cosmologia de mediação[20] seriam as chamadas "curas espirituais", um dos tipos de serviço mais procurados pelos clientes[21] da Universal, que evidenciam o caráter fortemente pragmático da sua proposta discursivo-religiosa. Tais curas acontecem nas chamadas Sessões do Descarrego, que ocorrem toda terça-feira em qualquer um de seus milhares de templos espalhados pelo país. Nelas, percebe-se como a abertura neopentecostal para a salvação intra-mudana aproxima-se bem da urgência dos problemas da vida cotidiana, das questões prosaicas que costumam escapar das escatologias religiosas e dos grandes discussões existenciais por elas suscitadas. Por outro lado, e talvez por causa dessa perspectiva, nota-se uma submissão da estrutura simbólico-metafórica da doutrina ao vivido pragmático-metonímico do ritual, processo que é habilmente conduzido pelo discurso do pastor, palavra mediadora, que fala pelo outro e o constitui enquanto um "eu" centrado e, por isso, "abençoado".

Na Sessão do Descarrego, observa-se, como uma vez disse um pastor, a "fé em ato".[22] A fé que faz, mais do que especula (e que, assim, resiste a ser simples "crença"); a fé que transgride, mais do que justifica; e, talvez por isso, a fé sinuosa e persuasiva, mais do que esclarecedora e reverente diante do "mistério".

No capítulo presente, pretendo analisar a Sessão do Descarrego como um evento comunicativo performativo, tentando destacar alguns aspectos de sua organização serial (ou sintagmática) e cosmológica (ou paradigmática). Para isso,

---

20. Com a noção de "cosmologia de mediação" refiro-me não somente à mediação objetal e ao conseqüente imanentismo do sagrado na IURD, mas a uma concepção, também defendida em Birman (2001), que compreende a IURD como uma instituição fundada numa ampla lógica de negociações, ou de "produção de conexões". Essas conexões tenderiam a englobar não somente outras cosmologias religiosas, como no caso da afro-brasileira, mas também o Estado, a família, a mídia e o mercado. Tratar-se-ia, portanto, mais de uma máquina de sobre-codificação de textualidades outras (estas já estabelecidas) do que de produção de um universo textual radicalmente novo. Nesse sentido, sua força estaria mais na formulação de uma metalinguagem porosa e circuladora do que na produção de uma linguagem totalizante.

21. Com o termo "clientes", refiro-me aqui tanto a convertidos, ou seja, aqueles que completaram o seu trânsito através do "batismo do espírito santo", quanto aos não-convertidos e praticantes de outras religiões, ampla maioria, que buscam essas sessões ou como forma de testar a eficácia do ritual de cura antes de realizar o trânsito religioso ou para resolverem problemas pontuais, que não implicarão necessariamente um trânsito posterior.

22. O pastor aqui parece ecoar, à moda nativa, a declaração de Bruno Latour: "Elas [as divindades] são todas ação" (2002:83).

realizei uma série de visitas ao culto na Catedral da Fé da cidade de Salvador, tentando captar de forma vivida a gramática dessa espécie de guerra ritual travada pela IURD tendo em vista a libertação dos seus fiéis contra o julgo dos "encostos", entidades maléficas geralmente mediadas pelos cultos afro-brasileiros.

Com o termo "guerra ritual", quero destacar que a "Sessão" seria uma máquina comunicativa de subjetivação construída para realizar em seus participantes de forma mais explícita e intencional aquilo que Bateson (1958:293) denominou "meta-aprendizado" ("meta" ou "deutero-learning"), ou seja, a produção de eventos comunicativos que se desenrolam no tempo visando atingir simultaneamente dois planos cognitivos (e valorativos) dos seus receptores: o lingüístico e o metalingüístico. Trata-se de uma aprendizagem gramatical, e não apenas conceitual, que interfere tanto nas "variáveis" quanto nos "parâmetros" (Bateson, 1958:292) de nossa apreensão do mundo. Neste caso, não estaríamos lidando apenas com uma situação em que alguém aprende algo novo. Em um nível de abstração mais alto (meta-discursivo), diria que se trata de uma situação em que o sujeito aprende uma nova forma de aprender, de apreender o mundo (o "ele"), o outro (o "tu") e o si mesmo (o "eu") e de se posicionar diante destes a partir de uma nova economia de vínculos.

Pensar a Sessão do Descarrego enquanto um "meta-aprendizado" significa, portanto, concebê-la tanto como uma experiência pessoal e significativa de libertação dos fiéis pela construção de uma relação indexical entre texto e pessoa, quanto como a fonte propositora de um modelo geral de alteridade, de cunho fortemente belicoso, que viria a se realizar de forma plena nos atos cotidianos de violência praticados por seus seguidores contra os objetos, os templos e os praticantes dos cultos afro-brasileiros na cidade de Salvador. Resulta daí o fato de ter começado o trabalho de campo e a escrita deste livro pela análise desse ritual, pois foi nele que eu pude captar de forma mais explícita e estereotipada a linguagem que viria a ordenar e guiar o meu olhar sobre a multiplicidade de eventos com que tive contato em campo. Assistindo aos rituais, pude aprender, juntamente com os fiéis da IURD, a capturar esse outro afro-brasileiro em uma dada textualidade, e com eles fui posteriormente às ruas, e pude dotar as suas ações de sentido e compreender as suas motivações à luz de alguma forma autorizada pelos meus "objetos".

A construção textual deste capítulo se dividirá em duas etapas. A primeira, escrita em uma perspectiva "horizontal", descreverá a série e os cortes temporais que compõem o rito em sua totalidade, contendo a cura como ponto-ápice, de maior intensidade ritual. Neste estágio, pensarei o processo de cura como um mecanismo comunicativo-pragmático de tipo espiralado em que a linearidade de seu decurso é afetada pela natureza circular das trocas que o constituem. A segunda etapa, escrita em uma perspectiva "vertical", tratará da forma como tais práticas rituais tocam a cosmologia religiosa neopentecostal, fazendo-a eficaz, concreta e vivida ao longo do culto. Defenderei, neste segundo momento do texto, a centralidade da noção de "posse" enquanto "signo dominante" (Turner 1967) deste sistema simbólico "nativo", entendendo a cura agora como um processo de re-centramento do "eu" do fiel, antes descentrado pelas inúmeras entidades afro-brasileiras que habitam o panteão da Universal.

III. A Sessão do Descarrego enquanto série: o espiral das trocas

É difícil captar regularidades rígidas em um culto da IURD. A particularidade de cada visita que fiz foi, com certeza, a característica que mais me chamou a atenção em campo. Talvez esta dificuldade em se deixar tomar pelas intenções teorizadoras de um antropólogo, com seus quadros abstratos e seu ascetismo intelectualista, pronto a reduzir formas a significados, revele uma qualidade propositiva deste grupo, amplamente preocupado em constituir uma fé imediatamente correspondida pela contra-dádiva do bem viver e, por isso, bastante aberta ao desejo mutante do cliente. Talvez deste fato tenha surgido, também, a tentação de apelar a determinadas noções do senso comum, que têm se constituído como *doxa* acadêmica, para desvendar o mistério do sucesso de seu proselitismo no "maior país católico do mundo". A liberdade dos pastores, que criam e invertem etapas e procedimentos como um *bricoleur*, demonstra que as chamadas "ações tradicionalizantes" (Tambiah 1985a) deste ritual estão sempre convivendo com a forte unicidade de um modelo de pregação bastante inventivo, já que espelhado no carisma, na retórica e até mesmo nas técnicas corporais de sua liderança maior, o bispo Edir Macedo.[23]

Destaco, portanto, que a primeira característica regular observada no ritual estudado seria a sua própria fluidez, fruto de uma abertura estrutural aos interesses individuais dos participantes envolvidos. Tal fato é gerador de uma grande e diversificada circulação de objetos e de sentidos em sua recorrência no tempo, afastando, assim, juntamente com a possibilidade de ele se solidificar enquanto "tradição" (fundada no valor dado às coisas perenes), a mínima probabilidade de "ossificação"[24] de seus mecanismos. Mais do que fundar a autoridade de suas

---

23. A relação entre carisma e instituição é muito bem analisada por Oro (2003) no que se refere à atuação da IURD no campo político.

24. Segundo Tambiah, "idéias cosmológicas, porque refletem a compreensão epistemológica e ontológica de uma era particular em que se originaram, e porque são sujeitas à necessidade de serem acuradas e invariáveis, são condenadas a se tornarem datadas com o tempo e cada vez mais incapazes de falar para as mentes e os corações de gerações sucedâneas, que encararam a mudança e a transformação" (1985a:165). A dialética entre a ossificação e o revitalismo no ritual acompanha a polarização entre forma e sentido, força simbólica e força indexical, semântica e pragmática e, por que não?, indivíduo e sociedade.

cerimônias em uma resistência sagrada diante do tempo comum, a IURD entrega-se com facilidade e sem traumas ao perecível e ao desenraizado e, por isso, aumenta sempre a "vida útil" (outra forma de tempo) de seus ritos. Esse anti-tradicionalismo aparece de modo teologicamente justificado em um interessante trecho de um dos livros de Edir Macedo, onde ele declara, apelando mais uma vez para a figura onipresente dos demônios: "Creio que há um demônio chamado 'exu tradição', que penetra sorrateiramente, obrigando os membros da Igreja a atentarem tão-somente aos usos, costumes e normas eclesiásticas, de modo que entra a fraqueza espiritual na comunidade e esta se esquece dos princípios elementares da fé" (Macedo 2005:121-122).

Tendo destacado o caráter intrínseco da dificuldade de análise com que me deparei, e demonstrando-se, através dela, que elementos tidos, a princípio, como "residuais" acabam por desvelar para o antropólogo em campo traços estruturantes dos fenômenos com que ele se encontra, pretendo agora passar à descrição etnográfica daquilo que considero uma "Sessão do Descarrego Ideal", fortemente criticável, caso referida ou comparada a qualquer caso empírico particular. Sem mais delongas, vamos a ela.

C) ANTES DO CULTO:

Com a denominação "antes do culto" refiro-me ao estágio preparatório da "Sessão", aquele que se dá com as luzes plenamente ligadas e com a presença observadora de poucos fiéis, que aguardam o início do evento já assentados na platéia. Tudo isso ocorre em meio a um clima relaxante, composto por música instrumental ambiente, estilo "new age". Os assistentes de palco testam os sistemas de som e luz, mídias que veremos ter um papel forte no desenrolar do evento. As pessoas começam a chegar lentamente e de forma bastante fragmentada. Vestem-se de modo bastante variado e despojado. Ao fundo, um imenso painel com uma fotografia do Monte Sinai, contendo em si a representação de uma fogueira, enquadra o púlpito de madeira, marcado por uma grande cruz. No alto, um grande *banner* alerta: "E, se alguém me servir, o Pai o honrará – João 12: 26".

O altar pode ser entendido como um palco, onde o pastor tem ampla mobilidade e liberdade criativa: canta, dança, grita e conta piadas, em um espetáculo de comunicação e carisma. Ao lado do púlpito, um teclado, onde o músico acompanhante irá tocar as canções (juntamente com o pastor e os fiéis) e realizar as intervenções instrumentais que acompanham o clima variado da Sessão. Compõem ainda o palco: um cálice, uma taça de vinho, um candelabro e quatro grandes poltronas, que nunca tiveram uso enquanto eu estive presente.

Algumas preces individuais são realizadas. Na frente, alguns fiéis convertidos tecem comentários sobre a fé e sobre benfeitorias conquistadas no passado, enquanto especulam sobre a resolução de determinados casos ou sobre a origem de novos problemas. Percebe-se que os indivíduos não-convertidos costumam ficar mais distantes do altar e distribuídos de uma forma mais dispersa, demonstrando uma atitude de estranhamento ou dúvida ante a situação. Já os convertidos sentam-se mais à frente e de forma mais concentrada.

Alguns fiéis tocam o altar enquanto oram, um procedimento comum ao longo do culto. Por outro lado, alguns "obreiros", que na maioria das vezes são pastores em formação, realizam orações individuais, tocando a cabeça das pessoas e rezando alto e intensamente. Essas curas individuais acontecem em pequeno número, e não fazem com que as pessoas desistam da Sessão propriamente dita, tratando-se de um remédio paliativo. Os obreiros e as obreiras destacam-se dos participantes pelo modo de se vestirem, os primeiros com roupas brancas, como a dos pastores, reproduzindo curiosamente a vestimenta de líderes espíritas ou pais-de-santo, as segundas com uniformes que lembram aeromoças, profissão cuja função de organização e recepção também se assemelha à delas.

D) O INÍCIO DO CULTO:

A partir desta situação ainda "fria" em relações comunicativas, dá-se início ao culto com a entrada do pastor. Ele sobe ao palco, cumprimenta sua platéia e logo se põe a cantar uma canção de tom alegre e com tempo rápido, que narra cenas bíblicas em que ocorrem milagres e curas espirituais. "Eu vim buscar minha libertação...". Mãos para o céu. O pastor diz e os fiéis repetem juntos: "Sr. Jesus, vem para a minha vida, faz um milagre. Eu entrego em suas mãos a minha vida". Música, canto, palmas: "O Espírito Santo está nesse lugar. O mal sai agora, sai agora, desse corpo que não é seu". Encerrada a canção, ocorre o tradicional "paz de Cristo", momento em que as pessoas se cumprimentam, quebrando-se, assim, a frieza inicial e abrindo-se o canal comunicativo entre os indivíduos ali presentes.

Nesse estágio inicial, é bastante comum a referência ao Velho Testamento, principalmente ao chamado "Povo de Israel", judeus escravos do faraó do Egito, que foram libertos por Deus através de Moisés e migraram para a "Terra Prometida" no Monte Sinai. As categorias "escravidão" e "libertação" funcionam aqui como pólos discursivos centrais, assim como a noção de "povo escolhido", destinado ao sucesso e à salvação, e constituem uma base narrativa que insere aqueles indivíduos dispersos em uma textualidade comum. Para a IURD, curar-se é sempre "libertar-se" de algo e a sua apropriação da textualidade Bíblica, tanto nas músicas quanto nas pregações, visa sempre à produção de uma aproximação metonímica entre a narrativa sagrada e o vivido cotidiano dos seus fiéis.[25]

25. Essa atitude difere de uma abordagem que eu chamaria de metafórica do texto bíblico, que de forma mais convencional teria como objetivo a retirada de um modelo de conduta universalista a ser transmitido de forma intelectualista aos seus seguidores no decorrer do culto.

Após alguns rápidos comentários, o pastor põe fim a esta etapa inicial testando o seu canal comunicativo recém formado. Diz ele: "Amém, pessoal?". Enquanto o público de súbito responde: "Amém".

E) A PRESENTIFICAÇÃO DO ESPÍRITO SANTO:

Enquanto as mãos se mantêm estendidas, o pastor começa uma oração, clamando pela presença de Deus, que deve acontecer através do Espírito Santo. O tema da presentificação de Deus, este Deus que não é mais o protestante silenciado, mas aquele que faz e que se comunica por meio de seus atos, permanece como o tema central de toda esta fase inicial do culto. Trata-se de um estágio de concentração de energia, de preparação espiritual e início de efervescência coletiva, o que se vê representar claramente pelos obreiros que, de pé, ao lado do altar, agitam-se repentinamente, rezando efusivamente com os olhos fechados.

O clima, antes alegre, torna-se sério e respeitoso, enquanto a música de fundo ajuda a compor um quadro bastante emotivo. "O poder vai chegar". O pastor desafia, usando de um tom bastante pessoal: "Se você está aí, Jesus, nós te chamamos". É comum que as pessoas orem individualmente em voz alta, ao mesmo tempo que fala o pastor, enchendo o ambiente com palavras entrecortadas que endossam o desafio lançado. Alguns gritam "Aleluia!", índex verbal que indica que algo já está acontecendo.

Nesse momento, os indivíduos antes dispersos do fundo da platéia formam um grande aglomerado em frente ao altar, olhos fechados e braços abertos como antenas, atraídos pela força que está por se manifestar. As mãos estendidas são consagradas, pois é através delas que se dará o poder da cura. Constituído o "nós" desejoso dos fiéis enquanto agente coletivo, passa-se a considerar o canal comunicativo plenamente criado e aberto. Deuses e demônios já podem falar. Mas antes, os pastores.

F) A OFERTA:

A primeira característica interessante que percebi neste estágio é o fato de ele não se suceder como uma ruptura em relação ao estágio anterior. O tema do dinheiro, convencionalmente evitado no decorrer dos momentos mais solenes dos cultos cristãos, aparece justamente em uma fase de alta sacralidade, o que ratifica o caráter intrínseco da oferta e da "posse" no sistema simbólico que conforma a visão de mundo defendida por este grupo. Ao longo das minhas visitas, percebi que o dinheiro tomava três funções diferentes nos cultos da Universal, e para cada uma recebia uma denominação diferenciada. O "dízimo" é o dinheiro devido à instituição mediadora; a "oferta" é a doação interna ao ritual e, nesse sentido, seria parte interna ao domínio do sagrado, como tentarei demonstrar aqui; o "desafio", geralmente entregue em envelopes, também é parte do "dinheiro sagrado", mas é utilizado em pedidos maiores e mais demorados e, portanto, geralmente são quantias maiores. Como afirmam freqüentemente os pastores: "o dizimista e o ofertante são os fiéis de verdade".

Criado e confirmado o triplo canal comunicativo, entre os indivíduos ali presentes, entre estes e o pastor e entre os dois e o supra-natural, torna-se agora necessário o início da troca, que se realiza mais pela oferta da coisa do que pelas palavras, que passam a exercer uma função meramente justificadora. Funcionando no interior do sintagma ritual, o dinheiro aqui deixa de ter a sua função profana de anulamento do vínculo inter-pessoal, de anulamento da troca, e passa a funcionar como sinal do desejo de comunicação com o deus, embora indique também a possibilidade de um envolvimento parcial com este, que deixaria o universo ético da ação quase intocado pela negociação ali aberta. Através do dinheiro entra-se na relação, mas se adquire do mesmo modo a possibilidade de não se empenhar plenamente nela, como fazem os "crentes" mais convencionais. Como a "lança mística" de Simmel (2005), a ação do dinheiro enquanto equivalente geral das relações, tradutor universal do valor, parece aqui adentrar o universo a princípio mais protegido à sua circulação.[26]

O discurso do pastor trabalha ainda em um registro metafórico, utilizando-se da hermenêutica bíblica e de casos cotidianos na tentativa de dar sentido à oferta do dinheiro como um sacrifício, como perda que visa um ganho futuro. Se Deus foi desafiado a mostrar-se e a expor-nos à presença da sua graça, não podemos passar ilesos a tamanha concessão.[27]

Como exemplo do modo argumentativo oferta-sacrifício, posso citar uma situação em que o pastor compara a oferta com o sacrifício dos hebreus acuados no Monte Sinai, que deram "água" e não "sangue", e por isso não tiveram seu pedido de proteção concedido. Entramos em um jogo de risco, aquele que, sendo parte de um ciclo de troca, dá-se de forma proporcional: quanto mais se está

---

26. Quanto mais o conhecimento se aproxima daquela raiz, tanto mais se perfilam as relações da economia do dinheiro não só com os aspectos escuros como também com os mais altos e com os mais fino da nossa cultura, com efeito de que o dinheiro, comportando-se como todas as grandes forças históricas, pode parecer-se com a lança mística que pode curar com as sua própria força as feridas causadas por ela (Simmel 2005:40).

27. De acordo com Birman, esse modo específico de mediar a presentificação de Deus indicaria um importante ponto de ruptura com a tradição do catolicismo popular: "O oferecimento de dinheiro na igreja efetivamente antecede o recebimento de milagres, e nisto destoa da tradição católica, em que a troca com santos é paga *a posterirori*" (2001:74). Esse seria um modo de produzir o dízimo através da sobre-codificação de uma instituição clássica – um novo circuito de trocas, definido por ela, de acordo com a tradição maussiana, como um vínculo de reciprocidade.

disposto a sacrificar, mais se pode ganhar. Já no modo argumentativo oferta-prosperidade, posso me referir a uma pregação em que o pastor conta um caso sobre duas fazendas, uma pobre e improdutiva, a outra rica e produtiva. O proprietário da primeira, incomodado com a situação inusitada, vai em visita ao proprietário da segunda. Tendo encontrado um homem, pergunta se ele poderia levá-lo ao "dono". Este homem responde que é difícil levá-lo ao "dono", mas graças à insistência do primeiro leva-o a uma árvore e pede que ele se ajoelhe. Depois disso, diz: "Põe-se a rezar, pois este é o verdadeiro 'dono'". Na segunda parte do texto, tentarei desenvolver melhor a centralidade da categoria de "posse" nesse modelo cosmológico.

Finalizado o discurso metafórico, ordenador e legitimador do pastor, as pessoas passam a ofertar (algumas vão à frente, a maioria) e são abençoadas com um líquido distribuído pelos obreiros e passado na testa dos fiéis. Todos gritam imperativamente, já que agora podem cobrar: "Tira o mal de mim Jesus!". Acabada esta etapa de doação e consagração, resta agora receber a retribuição de Deus, e é isso que eles desejam.

G) INÍCIO DA CURA ESPIRITUAL:

A partir de então, a iluminação abaixa repentinamente. A música, arrastada e triste, indica que estamos em um outro estágio do culto: a cura vai começar. Amontoados em frente ao palco, os fiéis repetem as frases ditas pelo pastor, afirmam que querem a libertação, que agora estão "abertos" para que Deus possa banir seus problemas afetivos, financeiros, familiares ou de saúde. O pastor e os obreiros tocam a cabeça das pessoas, alguns fiéis repetem este gesto exemplar em seus companheiros, enquanto repetidamente falam para o mal "sair". Chegamos a um momento metonímico do rito, quando ele alcança seu maior nível de realismo e a linguagem deixa de funcionar em um registro descritivo, envolvendo e unindo as pessoas em uma narrativa comum, e passa a fazer, a transformar, a produzir uma temporalidade "vivida", não mais "narrada".

Problemas dos mais díspares são citados pelo discurso do pastor: dor de cabeça, doenças, depressão, tristeza, fracasso, suicídio, ódio, frieza sexual, problemas maritais etc. A causa, porém, é sempre monossilábica: a possessão pelos "encostos", significante amplo, que engloba um cabedal místico eminentemente afro-brasileiro ("exu da morte", "Maria Padilha", alguns orixás etc.), e que invadem a vida das pessoas através de uma extensa série de "trabalhos" ("peça íntima na geladeira", "trabalho com champanhe", "trabalho com pipoca", "vela vermelha").[28]

---

28. De acordo com Edir Macedo: "Um demônio é uma personalidade; um espírito desencarnado desejando se expressar, pois anda errante procurando corpos que possa possuir para, através deles, cumprir sua missão maligna. Os orixás, caboclos e guias, na realidade, nunca fazem bem em favor do seu 'cavalo'. Exigem obediência irrestrita e ameaçam de punição aquele que não estiver andando 'na linha'" (2005:16).

Chama a atenção, de imediato, o vasto conhecimento que têm os pastores do repertório mágico afro-brasileiro, cujos termos são repetidos com uma fluência e uma redundância impressionantes, vindas de uma voz agressiva e gutural, que dificilmente lembra aquela do início do culto.

Choro, gritos, tensão. O pastor avisa: "Vai saindo, vai queimando!". Com as duas mãos na cabeça, as pessoas rezam e pedem, em um fluxo aparentemente caótico de desespero. Terminada esta primeira onda extática, os fiéis (ainda com as duas mãos na cabeça) acompanham o pastor e berram: "Sai daí, encosto!", abrindo os braços, em um movimento físico que indica a retirada de alguma coisa. As ordens continuam, assim como o gestual indéxico: "Sai! Sai! Sai!".

H) O "SANTUÁRIO DO DESCARREGO":

Finalizada a primeira fase da cura, inicia-se a passagem pelo "Santuário do Descarrego", tipo de portal branco, feito de plástico, em estilo neoclássico, que neste momento é trazido para frente do altar. As luzes se apagam completamente, restando apenas o santuário como foco iluminado, o que dá a ele um caráter bastante esotérico. É chegada a hora da chamada "oração forte". Devem estar preparados, pois, segundo um dos pastores: "Ela não é bonita não! É oração de guerra!". Cercados pela mais profunda treva, os fiéis devem caminhar para a luz. Luz que, até então, havia sido um elemento responsável pela concepção e mudança da ambiência, e que passa agora a ser um objeto-alvo a ser alcançado, símbolo clássico da salvação e da pureza.

O pastor declara que o portal separa o bem do mal, a luz da escuridão, pois é um "lugar consagrado", "onde há o sacrifício", constituindo-se em um tipo de "filtro espiritual". Os fiéis passam por ele orando, com os braços levantados, muitos com bolsas e carteiras nas mãos, ícones que remetem objetivamente à crise financeira pela qual estão passando. "O teu povo vai passar, Senhor!". Enquanto isso, repete-se exaustivamente: "Ele passa, o sofrimento não! Ele passa, o sofrimento não!". E volta ao tema da "saída" do mal: "Sai daí...!".

I) A MANIFESTAÇÃO:

A partir da produção ritual deste ambiente tenso e extático, várias entidades tidas como maléficas passam a se manifestar. O pastor as chama, desafia a Pomba Gira, o Exu, a Maria Padilha. "Eu quero fogo! Manifesta!". "Você que entrou nele pela comida oferecida, por um presente estranho, por um trabalho maléfico, apareça!". "Espírito da insônia, da depressão, Oxóssi, Obaluaê".[29]

---

29. É interessante destacar que em outra cidade onde assisti às Sessões do Descarrego, Brasília, os orixás não se manifestavam no decorrer do culto, ficando esse papel exclusivo às entidades típicas da umbanda e da quimbanda.

Elas são facilmente identificáveis pelos gritos roucos e desesperados que emitem algumas das pessoas possuídas. Esse é o caso mais radical de "doença". O portal consegue apenas tornar tais entidades manifestas, não chegando a expulsá-las. Agora, quem controla abertamente o corpo daqueles indivíduos é um outro, uma entidade que deve ser exorcizada de imediato pelo pastor. Esse exorcismo pode se dar de duas formas, como uma continuidade desta mesma etapa ritual ou como um novo estágio. No primeiro caso, o pastor desce do palco e, apertando fortemente a cabeça do possesso, evoca o poder divino e ordena a saída do espírito, gritando coisas incompreensíveis.

Em um crescendo de intensidade, a palavra se perde em sua força material e emotiva até chegar ao "sai!", repetido inúmeras vezes. Mãos para o alto, elas são ungidas e colocadas pelos fiéis onde há o problema. Uma música alegre passa a ser entoada: "Sai, sai, sai..." (palmas). "É guerra sim! A boca do leão eu vou amarrar!". Cantando e dançando uma surpreendente coreografia carnavalesca, os fiéis afirmam: "Tô amarrado na mão de Jesus!".

J) INTERROGATÓRIO E TORTURA DO DEMÔNIO:

No segundo caso, o mais comum, o pastor separa os indivíduos possessos do resto dos fiéis, leva-os para cima do palco e realiza a famosa "entrevista com o demônio", evento típico da IURD. Trata-se de uma forma específica e inovadora de realizar a etapa ritual que tentarei destacar a seguir, o chamado "testemunho". Nela, o demônio é sabatinado sobre como e por que passou a interferir na vida daquela pessoa, o que quase sempre resulta na confissão de que ele fora enviado por alguém (seu nome é mencionado) e que esse fato se deu pelos meios mágicos e rituais das religiões afro-brasileiras. Os encostos também podem ser transmitidos de forma hereditária, e o momento do contágio é então descrito nesse momento. Observa-se que o motivo que desencadeia o mal, em sua ampla maioria, são conflitos pessoais reverberados pela ação mágica.

O pastor entrevista "a desgraça", que colocou um menino de 7 anos no hospital. "Quem mandou o trabalho pra ele?" A sua vizinha. "Ela só quer destruir." Depois, entrevista o segundo encosto, que tenta resistir, mas é torturado até confessar. É Obaluaê, tido pelo candomblé como o orixá da saúde e da doença, que se vê, nesse contexto de captura, reduzido ao segundo aspecto. "Vai queimando esse povo, Jesus. Vou queimar ele até virar chuvisco!" Tortura a entidade espiritualmente, com extrema violência. O clima desafiador do discurso agora se volta para a platéia: "Eu vou dar a minha vida por vocês, mas vocês vão ter que me dar as suas e estar aqui na próxima terça. Vão receber um cordão e vão colocar em cada sessão uma letra da palavra 'felicidade'. Isso é uma bijuteria, mas é do Senhor. Se você quebrar vai ficar sem Deus".[30] Exorciza o demônio: "Vai queimando... Deus de fogo, transforma o meu corpo em brasa viva!". Antes de finalizá-lo, no entanto, obriga-o a repetir: "Eu, Obaluaê, sou um pinico!". Coloca-o para andar de joelhos e "fura" o seu corpo lenta e prazerosamente, em um sadismo bastante inusitado para uma cerimônia cristã: "Eu quero, Jesus, um anjo furando ele, fazendo ele sofrer".

Exorcizado o demônio, o pastor pede "palmas para Jesus". É euforicamente correspondido. No entanto, ele ameaça: "Se vocês não buscarem Deus, o diabo vai atrás de vocês!". Distribui os colares abençoados e chama a Bíblia para falar do dízimo. "E olha que lá fora pensam que a gente é macumbeiro", diz ele, em um desfecho que não podia ser mais perfeito.

K) O TESTEMUNHO:

O testemunho pode ser definido como um estágio que teria a função de verificação verbal da "felicidade" do culto, segundo a terminologia de Austin (1975), que oporia os enunciados constatativos aos enunciados performativos. Sendo assim, pode-se qualificar a entrevista com o demônio, descrita acima, como um "testemunho negativo". Como se pode perceber, o modo discursivo mais utilizado ao longo do culto é o imperativo, tipo de ato de fala que se qualifica como absolutamente não-referencial. Sua execução teria como contrapartida imediata a geração de uma expectativa de realização, de transformação no real. Por isso, um imperativo não pode ser polarizado como "verdadeiro" ou "falso", mas apenas como "feliz" ou "infeliz", a partir da verificação empírica de seus "efeitos perlocucionários".[31]

Uma sentença como "Sai daí, encosto!" só pode ser verificada caso tenha sido atendida, ou seja, caso tenha interferido eficazmente no fluxo dos acontecimentos. Assim, se, de acordo com Austin, a promessa seria um modo verbal centrado em um sujeito que empenha o seu "eu" de forma responsável e duradoura no tempo diante de um outro, o imperativo seria uma forma de empenhar a eficácia e o poder imediato do ato de fala de um sujeito diante da sua platéia.

---

30. O cordão serve aqui como exemplo das chamadas "correntes", modo de produzir assiduidade no culto através do envolvimento dos fieis através de mediadores materiais implicados com a repetição de visitas, uma espécie de leitura neopentecostal do hábito católico e popular das "promessas".

31. Segundo Austin (1975), os atos de fala (*speech acts*) conteriam três dimensões desigualmente articuladas, a depender do seu uso concreto: a dimensão "locucionária", de cunho descritivo-referencial, a dimensão "ilocucionária" (destacada em nomeações, ordens, promessas, declarações, perguntas etc.), que visaria uma transformação no estado de coisas, e a dimensão "perlocucionária", que englobaria os efeitos gerados no ouvinte, como ofensa, estímulo, convencimento etc. Enquanto a dimensão locucionária envolveria os aspectos semânticos e sintáticos da linguagem e a dimensão ilocucionária destacaria seu aspecto pragmático, os efeitos perlocucionários apontariam um fora-texto, alcançando os termos convencionais da ação social.

Tal verificação, que ocorre de início no plano da ação e da sensibilidade pessoal do fiel, é corroborada no chamado "testemunho" por uma confirmação discursiva, em que os fiéis vão ao microfone e descrevem a ocorrência da cura tendo em vista legitimá-la ante a coletividade.[32]

A prática do testemunho também revela o modelo "político" do culto com que estamos aqui lidando, tratando-se de uma reunião igualitária de indivíduos que, por livre iniciativa, resolvem expor determinadas experiências pessoais. A partir de uma origem privada e única, tais experiências convergem em seu fim, qual seja, a vivência direta da salvação através do Espírito Santo (Sanchis 1994). Como na sociedade política moderna, o grupo parte sempre de átomos individuais, representados como se fossem livres subjetivamente para se relacionarem ou não.[33]

Por fim, e como forma de estender as benesses do culto para o mundo "externo", o pastor pede para que as pessoas apontem suas mãos (ainda consagradas pelo poder divino) para as suas casas, e que peçam por pessoas ali ausentes.[34] A partir de então, depois de afirmadas, confirmadas e transferidas as curas, por que não mais algumas "palmas para Jesus!"?

L) A PREGAÇÃO:

Terminados os testemunhos, a luz é novamente acesa, ao mesmo tempo que uma música alegre e animada passa a ser cantada pelo pastor. Logo os fiéis juntam-se a ele, entoando festivamente a letra, que descreve situações bíblicas em que ocorreram salvações pelos milagres de Cristo. Finalizada a canção e utilizando um outro mecanismo típico de teste do canal comunicativo, ou de execução da "função fática" da linguagem (Jakobson 1971), diz o pastor: "Tá ligado?". Os fiéis respondem prontamente, com uma palma seca, destacando assim o fato de que ainda estão na mesma sintonia. Feitas, verbalizadas e, agora, celebradas as curas, resta ao pastor domesticar (mesmo que parcialmente) a sua natureza pragmática através da pregação, tentativa de migrar do pólo da magia e das técnicas rituais para o da moralidade e dos costumes.

---

32. A frase clássica de Durkheim, que afirma não existirem religiões falsas, poderia ser aqui reformulada, pois mesmo que elas sejam todas falsas, ainda assim não se pode negar que sejam "felizes", já que geram efeitos concretos e esperados, mesmo após a tão falada/escrita "morte de Deus".

33. O problema da "liberdade subjetiva" como fundamento da categoria moderna de pessoa será mais bem desenvolvido na conclusão deste trabalho, onde produzirei um deslocamento em relação a essa continuidade tranqüila entre "modernos" e "neopentecostais".

34. Birman (2001) destaca bem essa estratégia que transforma o fiel mesmo em mediador do poder representado pela IURD, tornando-o meio e fim da graça que ali é ritualmente negociada: "Assim, cada fiel é, em princípio, um mediador que vai atuar, 'bricolando' segundo instruções de seu pastor, sobre seus próximos, nas situações de vida que eles enfrentam" (72). Esse seria o seu modo clássico de se disseminar na esfera familiar.

Não adianta só o descarrego, o diabo não deve conseguir voltar mais, e, para isso, temos que construir barreiras pessoais que nos tornem "fechados" à sua influência. Nesse estágio ritual, o discurso volta a um registro metafórico, como destaca bem o silogismo operado por um pastor: "Como Jesus venceu o Diabo? Com um 38, com uma espada? Não. Com a palavra. Já que somos a imagem e semelhança de Deus, logo...". Responde a platéia: "Temos o poder da palavra". Palavra que cura, que ordena e que controla.

O estilo discursivo que sobressai nesse momento da oração é aquele em que o pastor afirma "Repita assim: Eu...". E é correspondido pelos "eus" de sua platéia. Recebe-se e passa-se adiante a dádiva pronominal do "eu", mas quem administra a sua circulação discursiva é sempre o pastor. As mensagens visam o reforço da auto-estima dos fiéis, incentivados a serem "vitoriosos", "guerreiros", em uma lógica que lembra explicitamente o discurso laico e individualista da auto-ajuda. Essa oração ocorre em um clima já bastante amenizado, enquadrado por uma música lenta e emotiva. Os fiéis estendem as mãos para o santuário, para a representação icônica da "fogueira santa do Monte Sinai", onde são queimados todos os "encostos". Agradecem. Uma frase exemplar, colhida de um dos pastores, pode ser aqui citada como síntese desse momento: "Que fique sabido que o senhor funciona! Amém?". "Amém." "Tá ligado?" Palmas.

M) DÍZIMO E FIM DO CULTO:

Começa então a oferta de produtos (jornal, revistas, a Bíblia, fotos do Monte Sinai), que são trocados pelo dízimo, um dinheiro não mais referente ao Deus, mas à instituição. Afinal de contas, como afirma um pastor: "É dando que recebe". Retorna a música, cantam juntos e batem palmas. "Amém?" "Amém." Com um sentimento de alívio e tranqüilidade, saem os fiéis, e na saída se deparam com a entrega dos objetos consagrados, como a água para o "banho do descarrego", o "xampu abençoado", o "óleo de Israel" etc. Objetos que mantêm o modelo da cura pelo toque, pelo contágio, posição que no culto é ocupada pelas mãos dos pastores e do seu público, mas que pela transmissão ao objeto consegue entrar magicamente no cotidiano das pessoas.

O pastor fala do "banho do descarrego", que começa a ser distribuído no final do ano, e é feito de "7 elementos bíblicos vindos de Israel". Ele será bastante útil nesta época, pois começa a temporada das festas, quando os encostos estão em polvorosa: "O que dá de comida amaldiçoada, de feitiço de ano novo, de agora (outubro) até o carnaval é uma coisa. Vocês vão precisar dele...".

N) SÍNTESE PARCIAL:

Tentei descrever o desenvolvimento linear daquilo que denominei uma "Sessão do Descarrego Ideal" com base em 11 fases distintas, que julgo ter observado em campo. Percebe-se que o "aquecimento" do ritual deu-se de forma gradual, sendo que o "Santuário do Descarrego" e a "Manifestação" (estágios f e g) podem ser tidos como o ápice, o fim último da cerimônia, apesar de não constarem como sua última fase. Trata-se de um *turning point*, eventos cuja ocorrência transforma os estágios anteriores e posteriores ou em uma prévia necessária para a produção de sua eficácia ou em uma desaceleração gradual, que capitaliza lentamente os efeitos neles realizados.

Como tentei destacar ao longo da descrição etnográfica, cada estágio do culto é delimitado por determinados comportamentos, expressões lingüísticas e efeitos de luz e som. Logo abaixo, no esquema 1, tentei destacar de forma sintética o ordenamento da série ritual, que deve ser lido da esquerda para a direita, além do nível de sua intensidade, que é expresso pela altura das letras que rotulam cada fase.

ESQUEMA 1

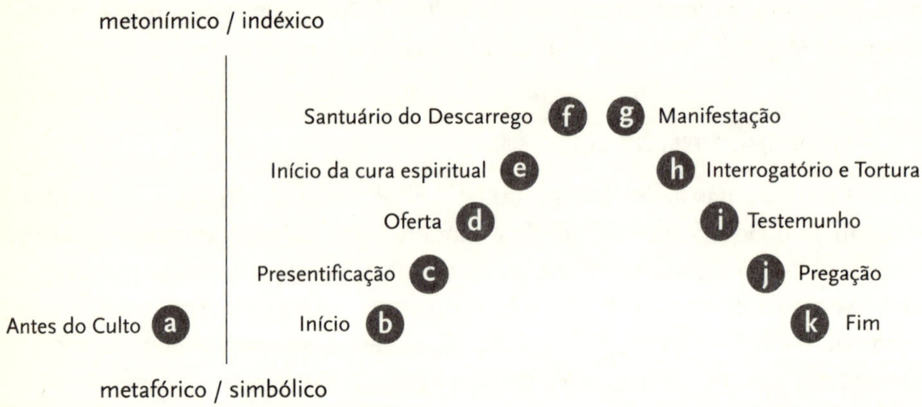

Assim como a magia Trobriand, estudada por Malinowski e revisitada por Tambiah (1985b), a Sessão do Descarrego tem seus eventos comunicativos construídos com base em três procedimentos elementares: ações (o que inclui a manipulação de objetos e os "atos de fala"),[35] associações metafóricas (analogias) e associações metonímicas (transferências). Mecanismos que tendem a caminhar juntos e a se

[35] Como defendem Tambiah (1985) e Silverstein (1997), as ações rituais e as palavras rituais não devem ser diferenciadas *a priori* pelo pesquisador, visto que podem, em contextos específicos, realizar as mesmas funções. Devemos, portanto, estar abertos para captar em campo uma "teoria nativa da significação", que pode ir além da dicotomia comunicação/ação proposta pela "falácia descritiva" que move a concepção de linguagem no ocidente.

sobrepor de forma bastante variada ao longo do rito, a depender da posição e função de suas etapas.

Tentei demonstrar que nos momentos de maior intensidade ritual, o modo comunicativo preponderante foi de tipo metonímico e indéxico, ligado à analogia por contigüidade, a um entrelaçamento profundo entre mensagem e redundância, entre conteúdo e forma, que acaba por se retirar do universo arbitrário do signo lingüístico. Nos estágios que compõem este bloco ritual é sublinhada a utilização daquilo que Jakobson (1971) chamou de funções "poética" e "emotiva" da comunicação – ambas seriam parte de uma estratégia que visa o envolvimento do remetente pelo auto-centramento do discurso ou pela expressividade, seja pela ênfase no encadeamento formal dos significantes, seja pela ênfase emotiva não-mediada na recepção. Tal característica indicaria, de acordo com Mariano (1994), uma importante ruptura com a corrente histórica do protestantismo: "A IURD quebra a dependência protestante da palavra, fazendo uso amplo da visão, do tato e dos gestos" (138).

Por outro lado, nos momentos de maior esfriamento, tornava-se preponderante o recurso a um modelo comunicativo metafórico e simbólico, ligado à analogia por substituição, ao uso reflexivo e abstrato dos signos. O uso recorrente na pregação dos pastores da IURD da chamada "função metalingüística" (exemplo: vocês sabem o que é... ?), que teria como finalidade esclarecer o uso do código e abrir o discurso a uma referência explícita, revela a intenção de produzir o envolvimento dos fiéis a partir de uma comunhão compreensiva. A analogia entre o pastor e o professor primário ou o mestre da auto-ajuda foi inevitável enquanto presenciei em campo o estágio da pregação.

Tais variações gramaticais diferenciam os momentos do culto em que seria enfatizada a produção de determinados efeitos, alcançando-se um ponto máximo de realismo, daqueles em que seria visada a organização narrativa dos eventos, assim como a abstração reflexiva de determinados princípios a partir da sua ocorrência empírica. Em determinados estágios (e, f, g, h), observa-se que as analogias são orientadas para o controle da realidade, e assim se conformam enquanto "transferências". Em outros estágios (i, j, k), no entanto, as analogias ritualmente construídas são orientadas para a produção de uma explicação ou de uma justificação para determinados eventos, o que as constitui enquanto "metáforas". A dosagem dessas duas técnicas discursivas na linearidade temporal do culto é a função dos pastores, tarefa realizada sempre muito bem: "Essa gestão de ritmos corporais, essa administração de transições emocionais, é a grande arte dos pastores da Universal" (Mary 2002:471).

Como tentei destacar no próprio título desta subseção, a linearidade temporal da série ritual torna-se possível graças a um círculo de troca que a acompanha, bem ao estilo maussiano, envolvendo o fiel e seu Deus e tendo como mediador-catalisador o pastor. Após a construção do canal comunicativo com o sobrenatural através da prece (estágio c), realiza-se o momento de doação, ou de sacrifício,[36] que é representado pela oferta como ato de abnegação e proposição da troca comunicativa (estágio d). Tentei descrevê-lo, a partir da própria textualidade nativa, como um jogo de azar, onde maior a aposta, maior o risco, mas também maior o prêmio em caso de sucesso. O momento de contra-dádiva ocorre nos estágios propriamente envolvidos com a cura (e, f, g, h), quando Deus, através do Espírito Santo, consagra as mãos do pastor e dos fiéis, que tocam e transferem seu poder curador para si mesmos ou para outros. A autoridade com que o pastor se refere aos espíritos, mandando-os agressivamente "aparecer", "sair" ou "queimar", destaca seu papel de simples canal da vontade divina, este último a verdadeira fonte legitimadora deste momento de superioridade humana diante das entidades maléficas: "Quando você ordena a um demônio que saia de um corpo, o Espírito Santo confirma a autoridade de que você está investido. Pode chamar o chefe dos demônios que está dominando aquele corpo; o que está na casa da pessoa, dos parentes ou quem quer que seja, que eles têm de obedecer!" (Macedo 2005:130).[37]

Os estágios posteriores, principalmente o testemunho (i) e a pregação (j), restam como formas de retribuir e capitalizar moral-verbalmente a "felicidade" dos estágios anteriores, de tipo mágico-pragmático, legitimando-se o culto através da exposição pública daquela série de experiências íntimas que o constituem. Sua finalidade é traduzir uma etapa performativa em termos constatativos. Esse mecanismo é de suma importância, pois graças ao tônus experiencial e emotivo da IURD, a sua dimensão institucional encontra dificuldades em se firmar *a priori* como algo que ultrapassa a soma das experiências concretas dos indivíduos ali presentes. O todo, neste caso, nunca ultrapassa a soma de suas partes, e se faz uno somente a partir da confirmação e comunicação cotidiana de sua eficácia.[38]

Segundo o dicionário *Aurélio*, um espiral define-se como uma "curva plana gerada por um ponto móvel que gira em torno dum ponto fixo, ao mesmo tempo

---

36. Cabe lembrar aqui o conceito de sacrifício tal como em Mauss, processo que consiste em "estabelecer uma comunicação entre o mundo sagrado e o mundo profano por intermédio de uma vítima, isto é, de uma coisa destruída no decurso da cerimônia" (1999a:223).

37. Percebe-se que a "descida" do sagrado através do Espírito Santo, a saída de Deus do registro da "re-presentação", tendo como justificação bíblica o Livro de Atos 10:44, coloca o discurso da IURD numa gramaticalidade radicalmente imanentista. Não é por acaso que, no decorrer do culto, é a sua entrada em cena que empurra as ações comunicativas dos fiéis e do pastor para um registro definitivamente metonímico e indéxico.

38. Diferente do todo durkheimiano, experiência extática que é prontamente domesticada e transformada em "categorias" e "instituições", os grupos que compõem os cultos da IURD são formados e se fragmentam sem deixar rastros.

que dele se afasta ou se aproxima segundo uma lei determinada". Essa figura me serviu bem como modelo para a compreensão e visualização da "Sessão", pois nela observa-se uma correspondência entre dois movimentos: um progressivo e um circular. Estes movimentos ocorrem a partir de uma referência fixa, cuja aproximação ou distanciamento resulta na produção de determinados efeitos globais no circuito. A situação móvel do sujeito ritual, de aproximação dadivosa ou de afastamento sem troca em relação ao sagrado, abre ou não a possibilidade da ameaça possessiva vinda das entidades maléficas. A configuração dramática em que se situa o sujeito nesse sistema cosmológico, sempre ameaçado pelo mal e, por isso, sempre impelido para a troca, é o que tentarei desenvolver melhor na etapa seguinte do trabalho. Reconhecida a série linear que compõe o espiral, resta agora descrever a lei de sua circulação.

IV. A troca e a guerra com o "terceiro"

Pois Eu é um Outro. [*Je est un autre.*]
Arthur Rimbaud

Na seção anterior, observou-se a existência de uma mútua alimentação entre os canais de comunicação do rito analisado. A constituição processual dos fiéis enquanto um "nós", aquilo que, segundo Durkheim (1996), seria o meio e o fim da ação comunicativa total do culto, aparece como um processo gradual, eventual e interdependente. Nesse processo, torna-se destacada a importância da função fática[39] da troca lingüística para o ritual religioso, que exerceria o papel de indicativo de existência das partes que nele trocam. Em uma dada situação, como a da Sessão do Descarrego, em que o fiel visa a emissão de uma mensagem para um receptor a princípio ausente (já que de caráter supra-natural), o teste do canal comunicativo implica diretamente a comprovação ou não da existência das partes que se comunicam. Doando, desprendendo-se proficuamente do seu dinheiro, o indivíduo indica seu desejo de troca, de alteridade. Por outro lado, correspondendo eficazmente a tal desejo, o Deus não apenas confirma a sua existência, pois, como diz Mauss, "os deuses também têm necessidade dos profanos" (1999:225), mas também constitui os seus sacrificantes enquanto um agente coletivo.

Segundo Benveniste (1966a), o NÓS, essa junção entre o "eu" e o "não-eu", pode ser construído com base em duas relações específicas: entre o EU e o ELES, o

39. De acordo com Jakobson (1971), a função fática da linguagem teria a finalidade de abrir, fechar ou testar o canal comunicativo. Com ela, não se comunica uma informação acerca do mundo; comunica-se o desejo do emissor em se comunicar, transmite-se uma abertura do sujeito ao outro (o choro do bebê pode ser definido como um belo exemplo de uso desta função).

"plural exclusivo", e entre o EU e o VÓS, o "plural inclusivo". Enquanto o primeiro se constituiria em oposição ao TU ou ao VÓS, resultando em uma junção de formas opostas, o segundo se constituiria em oposição ao ELE ou ao ELES, resultando em uma reunião de pessoas que exerceriam uma "correlação de subjetividade". Em um plural exclusivo, o EU sobressai, enquanto que em um plural inclusivo é o TU que se destaca.[40] É somente referindo-se a um ELE, a um terceiro ausente que ocupa a posição de "não-pessoa", que os fiéis, enquanto um conjunto de "eus", podem se conformar como um grupo corporado desejoso de troca.

Na parte final deste capítulo, tentarei pensar o "nós inclusivo" que se presentifica na Sessão a partir das unidades relacionais concretas que o constituem: o EU (o seu *self*) e o TU unidos em oposição ao ELE. Segundo Crapanzano (1992a:72), a caracterização do *self* acontece como um momento de captura em um movimento contínuo e simultâneo que liga o sujeito ao outro e ao si mesmo, captura fundada em determinadas tipificações convencionais que necessariamente passam por um "terceiro" (*third*), doador e garantidor de seu significado. Nesse caso, o "terceiro" seria aquilo que autoriza, que estabiliza, é o poder e a palavra de ordem, capaz de enraizar o sujeito em si mesmo (ou de desenraizá-lo definitivamente) agindo como um princípio textual que se esconde, vindo a ocupar a função de "fora-texto", de fundamento externo, de um determinado texto do qual, na verdade, é parte constituinte.[41]

De Crapanzano, reterei para essa análise a informação de que o sujeito é sempre habitado, em sua aparente dualidade, por uma estrutura triádica de alteridade, que o condena à eterna externalidade em relação a si mesmo e ao eterno vínculo (cognitivo e moral) com o outro. No caso da "Sessão", veremos como a função[42] de "terceiro" é ocupada de forma variante e dramática por dois pólos opostos, que interferem de modo alternante na inserção do fiel na textualidade ritual.

De Benveniste, por sua vez, reterei que essa estrutura triádica que compõe o sujeito realiza-se como um movimento de designação, não de referencialidade. O "eu" é um dêitico, um índex, e não um substantivo; portanto, a relação significativa entre o *self* e o "eu" se dá como um apontamento, um dedo em riste, assim como a fumaça indica a existência do fogo (mesmo quando este não é visto).

40. É importante destacar que, para Benveniste, somente os indexes "eu" e "tu" apontam para pessoas, enquanto que a terceira pessoa (o "ele") seria uma forma verbal com a função de exprimir a "não-pessoa". Em suma, o "eu" é a pessoa que fala e que, ao falar, refere-se a si (coloca-se na terceira pessoa) e a outro (o "tu"); o "tu" é uma pessoa que não pode ser pensada fora da proposição de um "eu"; o "ele", por sua vez, é "aquele que está ausente" (Benveniste 1966:250), forma excetuada da relação através da qual o "eu" e o "tu" se especificam.

41. Afinal de contas, como diria Jacques Derrida (1999) e como não cessa de corroborar o pensamento antropológico: "Il n'y a pas hors-texte" (194).

42. "O terceiro não é nem real, nem imaginário, mas uma função que pode ser incorporada em seres reais e imaginários" (Crapanzano 1992b:93).

Os pronomes pessoais são sempre palavras-evento. Através deles, o sujeito constitui-se no interior da linguagem como um apontar-se para si mesmo gerador de conseqüências práticas nesse objeto apontado, que seja, a estabilização de si como um "si-Mesmo", uma coincidência e uma identidade em relação a si.

A finalidade desta reflexão será a de dar acesso à concepção de pessoa defendida pelo ritual de cura da IURD. No entanto, a utilização desses autores servirá como impedimento à tentação de construir apenas mais um "desenho da pessoa humana" (Segato 2003:93), ou uma "categoria" espacializada, como na tradição inaugurada por Mauss, que tem se mostrado ineficaz na tarefa de pensar o sujeito no tempo vivido, palco onde acontece o inevitável do seu encontro com o outro que o constitui e que o descentra, e que tende a transformá-lo em um processo incessante de perda e de captura de si.[43] Respeitando a etimologia do termo *sujeito*, *subject* ou *sujet*, a minha intenção é abordar o problema do acontecimento coletivo da subjetividade sob duas óticas interdependentes: i) a de um ente que é "tema" para si (e por isso não é mais ente entre entes), indicando-se a dimensão cognitiva da reflexividade, e ii) a de um ente que é fruto de uma "sujeição", conseqüência de um poder que o constrange "de fora", mas que é intrínseco à sua estabilidade (Foucault 1983).

ESQUEMA 2

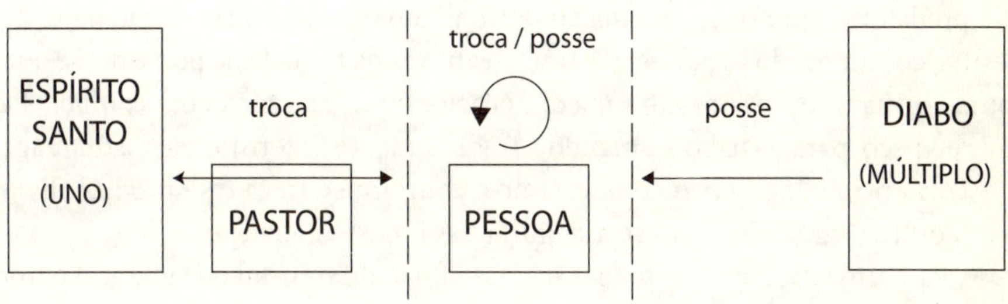

No esquema 2, logo acima, tentei dispor sistematicamente algumas informações sobre as partes envolvidas nas trocas comunicativas que constituem o ritual de cura analisado. Nele, observa-se a situação liminar do fiel diante de uma cosmologia polarizada em duas entidades morais-mágicas: o "Espírito Santo" (terceira face de Deus, termo doador da graça da presença divina) e o "Diabo" (termo utilizado aqui como definidor de uma categoria, de uma posição que é ocupada,

43. Veremos, por sua vez, que a solução para os problemas do tratamento maussiano da "categoria de pessoa" tentarão aqui ser sanados a partir da produção de um cruzamento entre este e outro campo de questões que também julgo ter sido aberto pelo mesmo autor: a perspectiva do vínculo enquanto aquilo que engendra o que é vinculado (Reinhardt 2006). Aqui, onde Mauss falha, ele mesmo vem e socorre.

como demonstrei, por inúmeros "espíritos", na maioria das vezes de origem afro-brasileira). Como tentei destacar na descrição do ritual, o indivíduo articula-se com esses dois "terceiros", que poderiam ser definidos como o Uno (idêntico a si) e o Múltiplo (incompleto e por isso predatório) a partir de dois modos bastante móveis de relação: a posse e a troca. Ambos constam como signos-chave da narrativa a partir da qual o sujeito se captura e se exterioriza na Universal, estando, em uma linguagem típica dos cultos afro-brasileiros, com o corpo "aberto" ou "fechado" para relacionar-se.

Todavia, os movimentos de vinculação acima descritos se sucedem sempre de modo variante e interdependente. Relacionando-se com o Espírito Santo, o fiel troca ritualmente coisas e palavras pela graça, o que ocorre sempre através do intermédio do pastor. Relacionando-se com o diabo, essa força anti-social, o fiel acaba sempre dando mais do que recebendo, estando apto a vir a ser plenamente tomado por sua multiplicidade a partir do estado em que se encontra o seu vínculo de troca com o sagrado, pólo hierarquicamente superior. "Com rituais, danças e oferendas, o diabo induz o ser humano a abrir a sua vida às forças do inferno, de sorte que este fica escravo dos espíritos, pagando um preço incrivelmente alto pelos pequenos favores recebidos" (Macedo 2005:16). A afirmação do bispo Macedo descreve bem como estaríamos lidando aqui com uma dualidade hierárquica entre um pólo dadivoso, doador de si (mediante uma retribuição sacrifical) e um pólo predatório, que só se vincula ao outro tendo em vista o consumo da relação mesma, confundindo as partes que trocam através da tomada de posse desse outro. Como afirmara um pastor em uma das ocasiões que presenciei em campo: "Para Deus eu peço, para o Diabo eu mando". Traduzindo esses termos para a linguagem da escola antropológica francesa teríamos: com um se troca e se produz aliança, contra outro se guerreia para se assegurar essa mesma aliança.

Para uma melhor compreensão desse fluxo diferencial de violência e troca, torna-se necessário o desvelamento de algumas categorias-chave da cosmologia em questão, dentre elas as de "doença", "cura" e "salvação", o que nos levará, ao fim do capítulo, a uma nova percepção da noção de "posse". Não mais restrita ao movimento de tomada do sujeito pelo outro (a possessão), veremos como a noção de "posse" exerce sua centralidade nessa cosmologia a partir de um sentido amplo, ordenando uma situação em que a propriedade sobre as coisas e a propriedade sobre si articulam-se a partir de uma interdependência ontológica.

Na descrição do culto, observou-se que a categoria nativa de doença envolve um vasto campo de problemas: doenças físicas (como deficiências, situações crônicas e dores), doenças emocionais (como depressão, ansiedade, tensão, instintos suicidas, compulsão etc.), situações sócio-emocionais (como problemas com os filhos, tensões maritais) e situações sócio-econômicas (desemprego, baixo salário, pobreza). Trata-se de um tipo de "significante flutuante", que se aplica a qualquer tipo de desordem, e refere-se a uma concepção holista de "saúde", envolvendo elementos físicos, espirituais e sociais. O mal "entra" e "sai" da pessoa a partir do momento em que ela se encontra "aberta" ou "fechada" para trocar com o Bem ou ser possuída pelo Mal. No primeiro caso, declara-se que ela está "abençoada", enquanto que no segundo caso, declara-se que ela está "amarrada". Essas foram as duas categorias excludentes utilizadas para descrever o estado da pessoa nos cultos presenciados. Não há meio-termo, ou se está com Deus, ou se está com o Diabo, mesmo que ainda não saibamos disso.

A categoria de cura, por sua vez, diferente de outros grupos evangélicos e pentecostais clássicos, é amplamente dissolvida pela IURD. Em seus cultos, não é gerada ou defendida uma "ética da saúde", ou da vida como santificação. Migra-se de uma teologia que tem o "pecado" e a "tentação" como modos de intervenção indireta (leia-se ética) do mal em nossas vidas, para uma demonologia fundada nos mecanismos da "possessão" e do "contágio", modos arcaicos do tornar-se outro religioso. Um outro aspecto em que se percebe bem essa guinada pragmática é a forma de utilização da figura de Jesus Cristo, não mais tido como um modelo de ação exemplar, mas como um médico ou um curandeiro, capaz de operar milagres quotidianamente.

O pastor opera discursivamente no culto através de um duplo movimento ritualizado: primeiramente, estabelecendo determinados eventos da vida dos fiéis enquanto sinais de doença e, posteriormente, submetendo-os a uma realização performática da cura. Constrói-se a doença, impõe-se dedutivamente o desejo de cura, pratica-se a cura e, assim, legitima-se a gramática que a fundamenta.

As noções de cura e de doença são subordinadas pela fala do pregador, por sua vez, a uma determinada concepção de salvação, de cunho econômico e radicalmente intra-mundano. Salvar-se, para a IURD e para a maioria dos grupos neopentecostais, é conformar-se com a vontade divina, é estar em harmonia com ela e, assim, realizar o seu destino individual, que é a felicidade espiritual e material (Gomes 1994). Inserida nessa salvação, a posse, no sentido estrito, que seja, a detenção de bens materiais (a saúde incluída) tendo como fim a sua fruição, constitui-se como uma vocação teológica do neopentecostal, constando simultaneamente enquanto sinal e finalidade da escolha divina.

No entanto, uma questão básica tende a surgir a partir do choque entre a realidade que circunda o fiel e a narrativa salvacionista acima descrita: se a posse é o nosso destino, como chegamos a romper com ele? Como a pobreza/mal entra em uma vida destinada à riqueza/bem? Nesse momento de tensão lógica, o panteão das entidades maléficas encontra a sua função, preenchendo um universo antes estático e inexorável com uma dramaticidade que garante a sua felicidade enquanto meta-narrativa existencial. A presença dessas entidades faz com que aconteça um deslocamento discursivo nos termo da salvação. Desse modo, ela deixa de acontecer como um movimento na direção da graça e passa a ser compreendia como um movimento de ataque aos impedimentos, às barreiras, que interceptariam nosso fluir natural para o bem. Ao mesmo tempo que explica os desvios de percurso e a presença do mal no mundo, a ocorrência dessas entidades desestabilizadoras consegue retirar do sujeito a responsabilidade pela fuga de seu *telos* hedônico. Acaba-se, assim, com a noção clássica, bastante destacada nos episcopais, que compreende a dor como fonte de aprendizado, como teste divino da crença e da moralidade de seus fiéis.

O fechamento semântico que define a dor como signo exclusivamente do mal resolve uma forte ambigüidade que se origina no próprio seio do cristianismo, sendo amplificada por seu mito de fundação: a dor que mata e que salva, a cruz que nos liberta, mas que universaliza e torna impagável nossa dívida com Deus. Nietzsche, em sua *Genealogia da Moral*, qualifica a morte do deus cristão como um "golpe de gênio". Diz ele: "Deus mesmo, oferecendo-se em sacrifício para pagar as dívidas do homem, Deus pagando-se a si mesmo, o credor oferecendo-se pelo devedor, por amor ao devedor, quem o acreditaria" (1976:42). O sacrifício do filho de deus é o último dos sacrifícios, é o erro fundante, que transforma a religião em um simples modo de capitalizar moralmente esse evento crítico. Através da noção de "dívida", o filósofo desenvolve a tese de que o cristianismo seria, a princípio, uma espécie de política do sujeito, capaz de exercer seu domínio a partir da proposição universalista e individualista de uma relação íntima, hierárquica e impagável entre o fiel e a divindade: a culpa. Esse fato, por sua vez, seria gerador de uma reflexividade e de um modo de ser-no-mundo bastante específico, batizado por ele de "consciência endividada".

Herrenschmidt (1982), em um belíssimo artigo, descreve o processo histórico de dissociação, no interior do cristianismo, entre as dimensões da lei e do cosmos e aquela do sacrifício eficaz, que tenderia a se tornar cada vez mais "simbólico", em vez de "indexical", em termos peirceanos. Assim, diferente das religiões de sacrifício, o cristianismo seria fundado em um "pacto", ou seja, em uma troca definitiva e irrevogável que abre a possibilidade de um Deus que administre o mundo à distância. O sacrifício mais radical (o do filho de deus que é deus, ou seja, do deus mesmo) seria, portanto, o sacrifício final. Migra-se, desse modo, de uma economia sacrifical (indexical) para uma economia da culpa (simbólica), avessa aos mecanismos do tabu e do ritual.

No caso da Universal, percebe-se que a dívida abstrata e universalista da cruz, constituintes da máquina de subjetivação da culpa, volta a tomar um tom concreto e particular, servindo como base textual para a abertura do sujeito a Cristo.

Desse modo, o "golpe de gênio" da IURD me parece ser recolocar o cristianismo novamente em um registro sacrificial, retirando-o, em boa medida, do registro da culpa. Com isso, ela continua administrando uma "política do sujeito", mas que é expressa de forma hiper-ritualizada e expiatória.[44] Diante do impasse entre um destino divinamente determinado e uma frustração humanamente construída – cabendo lembrar que os demônios entram na vida dos indivíduos ou através de um contágio (por toque ou ingestão) ou através do "trabalho" encomendado por seus inimigos – a oferta, como sacrifício da posse, dispêndio daquilo que se deseja ao despender, institui um universo de ação para o sujeito através da troca com Deus. A doação (de si e das coisas) é o âmbito mesmo da liberdade humana sadia para a IURD, pois é o espaço aonde se possibilita ao sujeito a retomada das rédeas de seu destino através da recriação de seus vínculos com o sagrado. Doando, o fiel chama o "terceiro" ausente (o deus silenciado) da teologia protestante para o jogo profano das trocas, para o dinamismo de uma narrativa que enquadra o cotidiano como uma luta perene e irresoluta entre o bem e o mal.

O exorcismo e as curas se sucedem, nesses termos, como mecanismos de supressão das influências maléficas da vida dos indivíduos, deixando o seu destino desimpedido em seu fluir natural para a felicidade, que se dá enquanto tomada de "posse de si", de acordo com a terminologia nativa. A "manifestação" das entidades perturbadoras, a presença explícita delas ao longo do culto, serve como um contra-modelo que abre uma outra dimensão da noção de posse. Assim como o "testemunho", a "manifestação" teria uma finalidade pedagógica, que seja, confirmar a felicidade da cerimônia e defender, através de uma linguagem dramática, o caráter degradado da ambigüidade no nível da construção da pessoa.

O ser-múltiplo, esse ponto em que o pentecostalismo toca as fontes ancestrais da religiosidade,[45] é posto no ritual tendo em vista o reforço performativo do ser-uno. No entanto, de um ser-uno resultante de um dar-se do sujeito, que abre mão de si mesmo e se abre para as forças do bem. Utilizando-se da linguagem do inimigo (que também é a sua) Macedo descreve as opções em jogo: "O homem tem toda a liberdade para escolher entre servir a Deus e servir ao diabo. O homem pode

44. Anulando a relação clássica entre Cristo/culpa afirma Macedo: "Tais pessoas precisam aprender e crer que Jesus Cristo já fez, por toda humanidade, um sacrifício que lhes dá o direito de adquirir todas as bênçãos do cristianismo (...) O que Ele espera de nós, é apenas que Lhes entreguemos totalmente as nossas vidas" (109). Nesse caso, o sacrifício de Deus nos dota de direitos, não de deveres. Uma boa análise da dimensão reivindicativa do discurso da IURD, que se justificaria pela colocação da teologia da prosperidade no registro dos direitos adquiridos é feita em Birman (2001).

45. "Num certo sentido, o pentecostalismo reencontra as linhas de força do campo religioso brasileiro tradicional, onde a multiplicidade, alteração e/ou alternativa de identidades manifesta-se de modo privilegiado pela possessão e o transe" (Sanchis 1994:49).

ser 'templo do Espírito Santo' ou 'cavalo', 'burrinho', 'aparelho', 'porteira' de um exu, um caboclo ou demônios semelhantes" (Macedo 2005:32). A serpente do livre arbítrio, da liberdade mundana e laica, permanece biblicamente como o ponto pelo qual se infiltra o mal nessa criatura feita à imagem e semelhança de Deus. O homem é um ser livre, mas que habita um universo de alianças inevitáveis, por isso é sempre "livre para dar-se": ou dar-se em um ciclo de troca que respeita a distinção entre as partes dadas, constituindo-se em "templo", ou dar-se em um ciclo que, iniciando-se como troca, acaba consumindo a relação em escravização e tomada de posse.

Com a manifestação dos encostos, destaca-se dramaticamente no ritual a luta do pastor com o terceiro múltiplo que nos possui, que nos descentra, e que é derrotado e humilhado pela posse de si, tomada pela intervenção da unicidade sagrada de Deus através do Espírito Santo, o único capaz de toca o ambíguo sem o risco de contaminar-se. É interessante notar aqui o caráter simbiótico da relação entre a IURD (o uno) e as religiões afro-brasileiras (o múltiplo), pois mesmo codificando as entidades ambíguas da segunda como sendo moralmente maléficas, a IURD não deixa de confirmar a eficácia de sua *práxis* mística, expondo uma série de efeitos concretos alcançados pelos "trabalhos". Em forte contraste estaria a visão católica, que permitiria a convivência com esses cultos, mas somente sob a condição de reduzi-los a "crendices" e "superstições" populares inócuas, e por isso inocentes.

Assumir a eficácia dessas forças do mal é a primeira atitude de uma estratégia que, trazendo eficazmente esse outro para dentro da sua textualidade (a função da "manifestação"), consegue ritualizar o próprio embate entre essas religiões e as visões de mundo que elas sustentam. Englobando a "manifestação" no seu território sagrado, recebendo os deuses inimigos no interior dos seus templos, a IURD consegue criar a sensação viva de que o cristianismo é capaz de derrotar os seus supostos opositores em seu próprio campo de combate, aquele dos espíritos, do invisível, dos objetos encantados e da possessão. No entanto, como demonstra Almeida (2003), essa atitude de confrontação não se dá sem a produção de pontos de continuidade, deixando como saldo de guerra uma espécie de pentecostalismo "à brasileira", marcado pela "imanência do sagrado, ausência de responsabilidade e perda da consciência" (337).

Percebe-se, dessa forma, que "possessão" e "exorcismo" são termos que indicam, nesse contexto, movimentos de subjetivação centrados em uma noção ampla de "posse", uma categoria de origem econômica, mas que aqui remete mais a uma determinada atitude diante da natureza, do outro e de si do que ao seu sentido estrito de "conjunto de bens". Trata-se antes de uma "economia vinculante", teia textual que administra ritualmente a presença e a escassez da graça de modo performativo.

No culto, a "posse" é desdobrada em três dimensões complementares, englobando tanto i) a "posse de bens" (saúde ou dinheiro), sinal e fim da salvação, quanto ii) a "posse de si", meio da salvação, e iii) a "posse pelo outro", predação e impedimento da salvação. Articulando como um móbile essas três dimensões, a "tomada de posse" como atitude fundamental prescrita pela narrativa ritual vincularia i) a economia (o bem desejado como objeto do "eu"), ii) a subjetividade (o "eu" como objeto reflexivo do "si mesmo") e iii) a alteridade (o "eu" como objeto do "outro").

No primeiro sentido (i), a "posse" é uma forma de o sujeito neopentecostal encontrar-se no mundo material, observando na fruição hedônica das coisas o sinal da sua graça. No entanto, a ameaça do outro ambíguo, que toma o sujeito vindo de fora, nunca está plenamente afastada. É o que se vê previsto na terceira noção de "posse" (iii), representada pela "possessão". Esse fato insere o sujeito em um dilema cosmológico que o impele para um "outro outro", para um Deus que expõe a salvação não somente nas coisas (riqueza física e material adquirida), mas também pelas coisas (riqueza despendida), abrindo-se o ciclo de trocas. A questão da posse de si (ii), o segundo sentido da categoria, aquilo que mantêm o sujeito "fechado" para o mal, torna-se possível pela abertura da relação sujeito/mundo, onde o protestante clássico funda o seu ascetismo intra-mundano, para um "terceiro" presente e circulador, cuja função mágica é ocupada por Deus e principalmente pelo Espírito Santo. O tema da liberdade subjetiva, esse mote moderno, adentra aqui o campo religioso, mas de forma sempre trágica e dinâmica, ou seja, anti-naturalista e anti-filosófica. O fiel "chega a si", a esse eu autêntico, somente através de um árduo caminho ritual que o leva a outrem, a um terceiro uno e legitimador que, por fim, acaba por fazê-lo não tão autêntico assim.

Conclui-se que a construção ritual da pessoa na Universal implica, a princípio, uma atitude ativa prescrita pela "posse de si", individualismo que, por sua vez, é amenizado pela necessidade dessa posse dar-se sempre através de um outro com quem se troca, e por isso, com quem não se confunde. No entanto, encantando o mundo com sinais e forças mágicas anti-sociais, a IURD produz uma narrativa repleta de riscos ontológicos. A ameaça de descentramento pelo outro com quem não se troca e, por isso, com quem nos confundimos pela "possessão", deve ser respondida pela alienação consciente, pelo sacrifício da liberdade monádica de um individualismo profano. Sugiro que, quando dá a Deus, o fiel esteja de fato se dando, ou seja, sacrificando, em um gesto sintético, um projeto civilizatório que passa por uma concepção específica de pessoa, e rejeitando, desse modo, as benesses modernas da autonomia individual em detrimento de alguma segurança ontológica. Em suma: dar-se para quem pode retribuir e, assim, fechar-se para quem pode tomá-la, esse seria o drama da pessoa narrado por esta "Frente de Libertação".

CAPÍTULO 2

Frente de ocupação: a disputa pelo cotidiano como "território inimigo"

> É hora de ação; é chegado o momento do desfecho da grande batalha; não fomos levantados para retroagir ou para ficarmos entrincheirados, mas para atacar, combater e vencer.
>
> Temos que sair por aí, dizendo que Jesus Cristo salva, que batiza com o Espírito Santo, mas também, e antes de tudo, liberta as pessoas oprimidas pelo diabo e seus anjos.
>
> Bispo Edir Macedo (*Orixás, Caboclos e Guias: deuses ou demônios?*)

No capítulo anterior, tentei recolher, ao longo da análise do ritual de libertação, algumas categorias centrais à gramática que fundamentaria a narrativa religiosa defendida pela Universal, assim como os mecanismos de inserção e construção pontual do sujeito em suas teias textuais. A idéia de definir a Sessão do Descarrego como uma "guerra ritual" de modo algum implica a negação do caráter profundamente ritualizado das outras dimensões da ofensiva neopentecostal, que aqui passo a apresentar.[46] Diferente de "realistas" (geralmente em sua versão funcionalista) que localizam nos ritos uma estratégia de mascaramento de uma outra ordem de eventos (essa somente acessada pelo antropólogo), abordei o rito de cura de forma imanente, ou seja, levando a sério o seu universo de enunciações ao não referir o discurso nativo a uma realidade tida como mais profunda e apartada da realização concreta do fenômeno que ela supostamente estruturaria.

---

46. O antropólogo britânico Edmund Leach me parece ter sido o primeiro a apontar para a necessidade de desconstruir o caráter extraordinário dado à "ação ritual" pela teoria antropológica, transformando-a agora numa perspectiva, num ponto de vista particular a partir do qual se constitui um discurso sobre o social: "(...) técnica e ritual, profano e sagrado, não denotam tipos de ação, mas aspectos de virtualmente qualquer tipo de ação. A técnica tem conseqüências materiais econômicas que são mensuráveis e predizíveis; o ritual, por outro lado, é uma declaração simbólica que 'diz' alguma coisa sobre os indivíduos envolvidos na ação" (Leach, 1996:76). Rompe, assim, com a longa tradição durkheimiana, que tendia a engessar o ritual como um tipo específico de ação, referente ao universo do sagrado.

Com isso, não pretendi de forma nenhuma despolitizar o meu olhar sobre o ritual em questão, mas, pelo contrário, visei entendê-lo como um universo concatenado de eventos comunicativos intrinsecamente performativos, e, em função disso, sempre políticos. Como destacam Deleuze e Guattari (1995), dando a sua leitura particular à tradição analítica dos atos de fala: "A relação entre o enunciado e o ato é interior, imanente, mas não existe identidade. A relação é, antes, de redundância (...). Os jornais, as notícias, procedem por redundância, pelo fato de nos dizerem o que é "necessário" pensar, reter, esperar etc." (Deleuze e Guattari 1995:17). O vínculo necessário entre ordem e redundância defendido pela citação corrobora a existência de um fundamento ritualizado em todo poder, que se disseminaria como uma espécie de enunciado poético, onde forma e conteúdo se encontram e são ancorados indissociavelmente.

Essa é uma visão que os filósofos e a IURD parecem compartilhar. Assim como os atos de fala, a força ritualmente administrada pela Sessão do Descarrego, que tem como suporte cosmológico a "infusão do Espírito Santo", supõe um constante entrecruzamento entre o falar e o fazer, que, como tentei demonstrar, não cessa de transformar a significação simbólica, metafórica e arbitrária em indéxica, metonímica e necessária. A natureza radicalmente performativa do agenciamento religioso analisado no capítulo anterior serviu bem para apresentar a atitude prescrita por essa concepção nativa de palavra, que simultaneamente veicula e atualiza a força que nela é veiculada: "Se na igreja o poder de Deus sobre os demônios não for exercitado, ela se transformará em um clube ou uma escola bíblica. Evangelho é poder, e poder tem de ser exercido para a derrota de satanás e glória de Deus!" (Macedo 2005:126).

Com a Sessão do Descarrego, observamos a face "libertadora" desse poder, capaz de invadir o campo inóspito da possessão e resgatar, através de uma negociação ritualizada, aqueles fiéis dispostos a entregar contratualmente as suas vidas (e parte dos seus bens) a Deus. Encerrada essa fase, resta aos libertos a necessidade de preservar o seu fechamento ritual diante das outras forças que habitam o mundo, ou seja, a força do outro, plenamente reconhecida em sua eficácia maléfica. Cabe a eles agora buscar no mundo não mais os velhos e seletivos sinais da graça, já que como vimos, a IURD declara democraticamente que estamos todos fadados à felicidade (e essa seria a face por excelência da sua graça intra-mundana), mas sim sair às ruas à caça desse outro que é fonte do mal.

Desta teodicéia guerreira resulta, portanto, não o ascetismo ativo, típico dos protestantes históricos, que os articula ao mundo e ao si mesmo através da ética do trabalho e da vigilância moral, mas uma forte motivação à predação do outro e a tudo que com ele faz contigüidade, compondo um campo externo à sua aliança, e cujo contato insere o risco no cosmos contratual do sujeito religioso neopentecostal.

Ocupando a "Cidade dos Orixás" animados por essa atitude fundamental, esses fiéis deixam o campo seguro da sua territorialidade ritualmente consagrada[47] e passam à cena pública como um "território inimigo". Esta seria a instância onde o mal e os seus intermináveis ciclos de contágio instituem a insuportável presença do outro no silêncio da intimidade, no burburinho das ruas, nos batuques dos terreiros, nas imagens das praças e das lojas, no sabor sedutor das comidas, assim como nas profundezas do si mesmo. Invadindo terreiros, pregando nas ruas, quebrando "ídolos", sempre munidos de Bíblia, sal grosso e enxofre, esses indivíduos saem da insuficiente "frente de libertação" rumo à "frente de ocupação", partindo da luta ritual pelo território do corpo, onde os fiéis retomam a posse-de-si doando-se a Deus, para uma explícita disputa pela cidade, onde o objetivo passa a ser a tomada de posse do outro-como-mal, um outro que "toma posse".

A "frente de ocupação" neopentecostal será aqui vislumbrada a partir de três de suas fileiras: i) a fileira midiática, onde se dá a entrada de um novo personagem em cena, o feiticeiro, assim como a divulgação em massa dos rumores de feitiçaria; ii) a fileira responsável pelos atos individuais de violência e pelas invasões de terreiros visando o exorcismo no território inimigo; e iii) a fileira responsável pela retirada do mal do espaço público através da disputa político-religiosa por determinados elementos da cultura material da cidade, habitando-se a fala silenciosa das coisas como mais uma arena de disputas.

V. "Guerra de informação": a produção confessional do inimigo e a disseminação rumorosa do risco

Ao longo de seus 30 anos de existência, a IURD tem registrado um crescimento espantoso em seu número de seguidores, espalhando curas, demônios e polêmicas ao redor do globo.[48] Registrou, conjuntamente, o não menos espantoso aumento do seu patrimônio material, vindo a constituir-se hoje em um imenso império político e midiático. Tal gigantismo material transforma a disputa aqui analisada em uma luta infinitamente desigual. Além de seus mais de 2000 templos

---

47. Refiro-me aqui aos templos ou, nos termos utilizados por Macedo na epígrafe deste capítulo, às "trincheiras". A relação dentro/fora, templo/rua é constantemente atualizada por várias instâncias discursivas da IURD como sendo uma oposição entre trincheira/campo de batalha, ou seja, entre uma série delimitada de pontos consagrados (dotados de segurança) cercados por um imenso universo de riscos.

48. Um excelente apanhado das estratégias de expansão da IURD pelo mundo encontra-se na coletânea organizada por Oro, Corten e Dozon (2003).

espalhados por 39 países (estando mais de 80% deles no Brasil), a IURD é dona da Rede Record de Televisão, da Rede Mulher (UHF) e de um grande número de jornais e revistas religiosos e comerciais, além de uma gravadora de música e uma série de estações de rádio (Fonseca 2003). Além disso, ela é possuidora de uma editora, responsável pela publicação dos livros escritos por Edir Macedo e por outros bispos da organização. Em 2005, é dado um imenso passo tendo em vista a ocupação, por parte da igreja, também da esfera política, com a fundação do PMR, "Partido Municipalista Renovador".

A utilização de meios de comunicação de massa por parte dos evangélicos no Brasil não é nenhuma novidade. Já nos anos 60, observa-se um inventário extenso sobre a ocupação evangélica das emissoras de rádio (Souza 1969). No entanto, somente na década de 1980 este segmento religioso começa também a disputar com os programas comerciais os horários das redes de televisão, provavelmente influenciados direta ou indiretamente pelo avanço do "tele-evangelismo" norte-americano, avaliado em suas dimensões e implicações por Carvalho (1997), que demonstra como a processual instalação do mercado livre no campo das comunicações nos EUA se deu de fato como a tentativa de estabilização de um monopólio da direita cristã na mediação e na codificação da opinião pública deste país.

Assim como ocorre em outras dimensões da esfera pública brasileira, a entrada da IURD no campo das telecomunicações ocorre de forma radicalmente inovadora, incidindo mais uma vez gramaticalmente, e não pontualmente, no seu universo de relações. Pois se de início a organização adota a estratégia então comum em denominações evangélicas de alugar determinados horários na programação dos canais comerciais, com o passar do tempo, a sua faceta comunicadora passa a aparecer de modo mais incisivo, culminando na polêmica compra da TV Record, fortemente questionada na época pela justiça e por outros meios de comunicação. Esse evento-chave fez com que a Universal passasse a cumprir a dupla função de objeto e de parte estruturante da opinião pública brasileira, de notícia e de noticiário, explorando em seus canais de rádio e de televisão uma programação ao mesmo tempo laica e religiosa.

Se, sob o aspecto formal da ocupação dos aparelhos de comunicação de massa, a IURD adequa-se ao movimento transnacional de evangelização-americanização,[49] do ponto de vista das estratégias comunicativas, diria que esse grupo teria desenvolvido um idioma bastante autóctone, e que viria a ser apropriado por uma série de outras denominações do evangelismo brasileiro. Diferente do modelo dos

49. "(...) há uma complexa relação entre essa forma de religiosidade que se expande através de um marketing poderoso e um ethos específico do capitalismo que se desenvolveu nos Estados Unidos ao longo deste século e que agora assume proporções mundiais" (Carvalho 1997:2).

"pregadores eletrônicos", tipicamente norte-americano, e representado no Brasil pela figura do bispo R.R. Soares (Igreja da Graça), os programas religiosos produzidos e veiculados pela IURD se desenrolam a partir de uma lógica menos personalista, além de menos focada no modelo comunicativo da pregação. Com isso, a Universal consegue estender aos seus programas de televisão o pragmatismo da sua estratégia discursiva, apesar da relação ultra mediada entre emissores e receptores postulada por esse tipo de suporte comunicativo. Juíza de uma série de acordos inusitados, a IURD parece aqui ter conseguido articular mundos tão díspares como o simulacro televisivo (a mediação e o adiamento ao infinito) e o presentismo sagrado da experiência religiosa.

Quando designo o caráter pragmático, mais do que informativo, desses programas de televisão, refiro-me especificamente a dois aspectos centrais. Primeiramente, ao aspecto da eficácia ritual, pois ao longo deles, abre-se a possibilidade de ocorrência de uma série de transferências de ordem mágica, como no exemplo já famoso do "copo d'água", que é consagrado pelo pastor através das ondas de transmissão e ingerido pelo fiel em casa de modo a purificar-se.[50] No entanto, esses eventos sempre se dão em número reduzido, servindo como um tipo de "amostra" do poder que se realiza em toda sua plenitude nos rituais da igreja, e sempre são precedidos pela divulgação dos horários e funções dos cultos: "Se você se sentiu bem com esse copo d'água, telespectadora, compareça às Reuniões da Felicidade: 2ª: prosperidade, 3ª: sessão do descarrego e reunião de cura, 4ª: filhos de deus, 5ª: família, 6ª: libertação, Sábado: terapia do amor, Domingo: louvor e adoração".

Por outro lado, esses programas se baseiam na ampliação do espectro do modelo comunicativo dos "testemunhos", analisado no capítulo anterior, mantendo-se a estratégia dupla i) ou de afirmação vivida da felicidade do poder de cura ritual, o que ocorre com a entrevista de determinados fiéis que tiveram a sua sorte transformada após freqüentarem as reuniões e fazerem as "correntes" da Universal; ii) ou de universalização e confirmação do mal, antes dramatizado, para além do contexto discursivo restrito do ritual, o que se dá pela entrevista com antigos pais e mãe-de-santo que se converteram à Universal e que agora desvelam determinados segredos das suas supostas práticas maléficas.

É interessante notar que a própria entrada da IURD nos meios de comunicação de massa já seria marcada por essa aproximação parasitária dos cultos afro-brasileiros:

---

50. Parece-me que a alegoria durkheimiana do sagrado como uma energia que perpassa um circuito animando-o é aqui aplicável com extrema exatidão, expondo-se a insólita união entre o arcaísmo e ultra-modernidade que marca a IURD.

> A origem da Universal é associada ao uso do rádio. Somente após a veiculação de um programa de quinze minutos, antecedendo a um programa de uma mãe-de-santo, é que a Igreja começou a crescer. Diante dos resultados, passou a fazer parte da sua estratégia alugar horários antes ou depois de programas mediúnicos para "aproveitar a audiência" (Fonseca 2003:364-5).

Essa aproximação inicial pode ser lida como uma espécie de "mito de origem" do discurso midiático da IURD, contando tanto como um evento histórico pontual quanto como a proposição originária de uma lei de captura, de um tipo de redundância, em suma, de uma estratégia textual e política duradoura.

Os programas são compostos por uma série de situações dialógicas, conversas orientadas por algum pastor da instituição, onde indivíduos empenham publicamente o seu "eu" de modo confessional. Esse seria um modo bastante eficaz de dotar de autoridade e de verificabilidade a narrativa defendida pela Universal, produzindo-se um sujeito que a justifica textualizando-se. Nesse caso, não se trata de apontar o dedo para o ele-como-mal, mas de declarar-se um "eu" que se responsabiliza por esse mal, tornando o apontamento deste "ele" uma mera conseqüência dedutiva desse primeiro nível enunciativo.

Tentarei mostrar, através da descrição de uma série de trechos recolhidos de alguns programas, como se realiza, ao longo dessas narrativas, a produção e a disseminação de um universo de risco eminente através dos fatos e dos feitos da feitiçaria. No caso de Salvador, focarei aqui excertos do programa "Ponto de Luz", que ia ao ar pela TV Itapoã (a emissora local da Rede Record), de segunda a sexta às 13 horas, e que teve sua emissão interrompida pelo poder judiciário baiano. Utilizarei também, como material etnográfico, o controverso livro de Edir Macedo, *Orixás, caboclos e guias: deuses ou demônios?*, obra de altíssima circulação (segundo a chamada na capa do mesmo livro "mais de 2 milhões de exemplares vendidos") e que chegou recentemente a ter a sua venda proibida pelo Ministério Público. Nesse ambiente de poucas pregações e de muitos testemunhos, sejam eles "do bem" ou "do mal", veremos como se divulga o receio e o medo sobrecodificando-se uma das principais linhas de força da religiosidade brasileira: a magia e o mundo invisível dos espíritos.

O programa, que conta com uma larga audiência em Salvador, é iniciado pela transmissão de partes de determinados cultos da IURD, assim como pela veiculação de testemunhos de fiéis. Depois de algumas propagandas, que indicam o horário e os endereços da série de templos da Universal em Salvador e em sua zona metropolitana, parte-se para a seção que ocupa a maior parte das duas horas e meia de duração do programa. Nessa etapa, geralmente dois pastores dialogam livremente entre si, respondendo dúvidas que chegam a eles através dos telefones, entrevistando pessoas e, na maior parte do tempo, contando "casos" e analisando determinados eventos trazidos a eles pelos entrevistados ou pelos telespectadores que os procuram.[51] Aí vão alguns desses casos:

A) OS CONFLITOS AMOROSOS E OS RISCOS DA INTIMIDADE

Ao longo de um programa que tratava do tema "divórcio", mal que, de acordo com bispo Sérgio, um dos pastores em cena, "assolava a família brasileira sem dó nem piedade", começa a ser descrito um caso que havia chegado aos seus ouvidos em uma sessão de atendimento a fiéis. Diz ele: "O sujeito me disse que uma mulher, com quem ele tinha saído umas três ou quatro vezes por fora do casamento, uma simples brincadeira, coisa de noitada, tinha feito um mal danado na vida dele. Quando ele quis voltar pra sua esposa de vez, parar com aquilo, ela lhe disse: 'Não, se você não for meu não vai ser de ninguém!'. Rogou a praga". O pastor Márcio então interfere, demostrando que se trataria de um fenômeno recorrente: "Sim, isso acontece mesmo, elas ficam até com algum objeto, essas mulheres, com o intuito de fazer algum feitiço. Roupa íntima, essas coisas...". O bispo Sérgio continua: "Pois é, o casamento acabou mesmo, era só briga depois que essa mulher aconteceu na vida do camarada". E completa finalizando: "Tem caso até de impotência, mas só com a esposa, com a outra não!".

Dois pontos parecem se destacar aqui de imediato. Primeiramente, o fato do adultério do marido, um dos mandamentos bíblicos, ou seja, suposto fundamento moral da religião cristã, não ser mencionado em nenhuma hora ao longo da discussão A existência da traição, assumida pelo homem ao pastor, não aparece em nenhum momento da fala do segundo como algo a ser avaliado, julgado ou repreendido. Afinal de contas, aquela mulher tinha sido somente "coisa de uma noite". Por outro lado, a referência à intimidade, esse antigo santuário do sujeito moderno, aparece sempre como um espaço de vulnerabilidade, de abertura de si para uma possível entrada do mal em seu destino. O caso citado torna-se, sob esse aspecto, um exemplo da infinidade de casos com que tive contato em que conflitos amorosos acabam gerando conseqüências nefastas para o futuro da pessoa. Peças às quais somente a intimidade daria acesso, como as roupas íntimas, são sempre os mediadores metonímicos a partir dos quais as

51. De acordo com a descrição de Fonseca (2003), baseado em uma pesquisa feita com o mesmo programa em sua versão carioca: "Num balcão em estilo jornalístico, os bispos Romualdo – que aparece na legenda como o bispo dos desesperados – e Guaracy debatem sobre a ação dos encostos sobre a vida das pessoas, ao mesmo tempo que atendem telefonemas de aflitos e ouvem os comentários especializados – como em programas esportivos – de deus ex-adeptas de religiões mediúnicas" (267) O "Ponto de Luz" aparece em 2001, como complemento midiático e corroboração discursiva das "Sessões do Descarrego", analisadas no capítulo anterior e à época recém criadas pela IURD.

vítimas são atacadas, geralmente por mulheres rancorosas ou invejosas que apelam às técnicas mágicas da feitiçaria.

"Olha só pastor, temos aqui uma mulher com 4 filhos, cada um de um pai diferente, prostituta, pobre, moradora de Camaçari (cidade industrial próxima a Salvador). Ela fez uma aliança com os encostos para prender um namorado. Eles fizeram o serviço, pastor, mas também cobraram tudo, e não restou nada em pé na vida dela". Se as relações amorosas são, convencionalmente, um âmbito permeado por tensões e desentendimentos, elas passam aqui a serem narradas como um universo especialmente propício à ação dos "encostos", entidades aparentemente abertas a negociações, mas que de fato se mostram avessas a qualquer espécie de contrato, vindo a cobrar, no limite, a própria autonomia individual daqueles que com eles pretendem construir relações. No livro, Macedo descreve um desses casos, deixando claro que nenhuma das partes desses litígios tende a prevalecer, já que os demônios seriam um meio predatório de acessar as coisas, um mediador que, diferente do Espírito Santo, exaure as partes mediadas em sua ação:

> Vejamos um exemplo: uma mulher inspirada pela pomba-gira se apaixona por um homem casado e procura umbanda, quimbanda ou candomblé para resolver o seu problema. Fala com um pai-de-santo ou uma mãe-de-santo, que incorpora um guia, e promete a solução desejada pela consulente. A mulher conta o seu drama e pede que o guia afaste a esposa do seu amante, e ele responde que fará isso. A pessoa, no entanto, tem de presenteá-lo com uma garrafa de cachaça e muitas coisas mais. Passados alguns dias, acontece alguma coisa com a esposa daquele homem, desde um ataque de loucura até um acidente que leva à morte e, aí, os dois passam a viver juntos. O que o novo casal não esperava é que os demônios passassem a conviver com eles. As constantes rixas e brigas intensas, seguidas de doenças e infelicidade acabarão por destruí-los. Ela começa a sofrer uma série de enfermidades; ele perde o emprego; as crianças vivem doentes; surgem os problemas íntimos, as brigas, as discussões... até que se separam. (2005:105).

O caso demonstra bem como a abertura da relação por parte do fiel, a oferta enquanto "trabalho", acaba, por fim, gerando o consumo da relação mesma. Esses espíritos retribuem aos indivíduos somente às custas desse consumo, que resulta na tomada de posse predatória, no englobamento do pólo humano pelo pólo sobre-natural. Macedo conclui: "Nenhum demônio, por mais 'bonzinho' que pareça, faz algo que ajude alguém. Ele não tem nada para dar; é enganador, traiçoeiro e mentiroso".

Tentando demonstrar como casamentos sólidos e sem nenhum problema aparente podem vir a se desmanchar muito rapidamente, já que tenderiam a se tornar cada vez mais visados pela inveja e pela cobiça de terceiros (o "mal olhado", da religiosidade popular), o pastor do programa televisivo conclui a sua fala com uma frase extremamente recorrente: "Pois é pastor Sérgio, quando se está bem, se atrai um monte de mal olhado. Ou você faz uma aliança com Deus, ou faz uma aliança com os encostos". Não há ponto pacífico em um universo de risco e de contágio irrestritos.

B) INIMIGO INDIGESTO

Um outro tipo de caso bastante recorrente nesses programas, de alguma forma também articulado ao universo da intimidade, é o que se refere às comidas "trabalhadas". O livro de Macedo já destaca que um dos sete modos de os encostos se apoderarem das pessoas seria "por comidas sacrificadas a ídolos", tipo de contágio que geralmente vem acompanhado por dores misteriosas no estômago ou por doenças ligadas ao aparelho digestivo:

> Um senhor chegou até nós afirmando sofrer de um problema no estômago há 10 anos. Disse que foi submetido a cinco operações cirúrgicas, mostrou as cicatrizes, e nada, absolutamente nada o curava. Sentia dores fortíssimas e nem ao menos podia tocar com os dedos na região do estômago. Os médicos não resolveram o problema e sua situação era insuportável. Ao receber a oração da fé, o demônio foi expelido da sua vida. Era um espírito maligno que o fazia sofrer do estômago, simplesmente por causa de uma comida "trabalhada" que este homem ingeriu. Assim que o demônio foi expulso daquele corpo, o homem ficou imediatamente curado e glorificou a Deus (42).

É freqüente também a narrativa em que uma mulher, insatisfeita com seu marido por algum motivo, recebe de uma "mãe-de-encosto" (o modo comum de se referir às mães-de-santo na IURD) determinados temperos "trabalhados", que devem ser utilizados no preparo dos alimentos deste homem tendo em vista causar ou determinados males (geralmente em casos de traição) ou benefícios que, por fim, acabam se tornando portas de entrada para o poder escravizador dessas entidades no seio familiar.

No caso específico de Salvador, salta aos olhos a repetição dos alertas referentes às comidas amaldiçoadas, principalmente pela centralidade dos alimentos ligados à tradição afro-brasileira na culinária baiana, o que potencializa a infiltração do discurso da feitiçaria no cotidiano das pessoas: "Pastor Márcio, o problema não são os acarajés, os sururus, os carurus etc. O problema é o feitiço que está neles, que vem das pessoas que os preparam".

Esses alertas tornam-se ainda mais intensos nas épocas de festa popular. Os "tabuleiros de Omolú", que saem às ruas no fim de agosto distribuindo pipocas, e a festa dos Ibejis, que acontece no final de setembro e tem como ação ritual obrigatória a distribuição de caruru por parte das *yaôs*,[52] foram dois exemplos,

52. Nome em iorubá que significa "esposa dos deuses", usado para designar as iniciadas.

durante o tempo em que eu estive na cidade, de ocasiões de intensa multiplicação dos rumores de feitiçaria, tanto nas Sessões de Libertação quanto nos programas de televisão: "Setembro vocês sabem que é um problema, cuidado com que vão colocar na boca, lá pode morar o inimigo!". As festas em terreiros, que geralmente terminam em um grande banquete ritual, reunindo adeptos e convidados, são também alvo de fortes e repetidas advertências por pare dos pastores: "Tem gringo que volta pra casa com uma dor no estômago! E nem sabe o que é que foi".

C) A FORÇA DOS "TRABALHOS": DAS VÍTIMAS AOS MEDIADORES PELA VOZ DO FEITICEIRO

A comensalidade é apenas um dos suportes sócio-culturais sobre os quais a IURD constrói o círculo vicioso da sua demonologia. Ao longo do livro, Macedo acrescenta a ela mais seis formas de contágio: hereditariedade, participação direta ou indireta em centros espíritas,[53] trabalhos ou despachos, maldade dos próprios demônios, envolvimento com pessoas que praticam o espiritismo e rejeição a Cristo. Dentre essas sete causas, os "trabalhos", ou "despachos", costumam ocupar um lugar privilegiado, constando como as principais técnicas de "abertura" do sujeito para a entrada do poder predatório dos demônios em suas vidas. A força desses trabalhos, a sua eficácia maléfica, é constantemente corroborada nos programas de televisão, principalmente através de entrevistas com ex-mães e pais-de-santo.

Ao longo desses quadros televisivos, o foco então sai das vítimas e das conseqüências dos "encostos" e transita para os mediadores mágicos dessas entidades. Esse é o momento em que um novo personagem, inexistente no drama ritual descrito no primeiro capítulo, entra em cena: o feiticeiro. Observa-se então um progressivo prolongamento da dimensão confessional do discurso da IURD, superando a simples "manifestação" performática das entidades demoníacas – que, como vimos, responsabilizam-se explicitamente pelos males que levam as pessoas a essas reuniões – e indo na direção dos mediadores mágicos que costumam administrar essas forças maléficas. Os feiticeiros aparecem, nesses termos, como a contra-parte dos pastores, já que exerceriam a mesma função, ou seja, a produção de alianças, só que em uma lógica simetricamente inversa, pois relativa ao pólo "mal" desta mesma gramática.

Para melhor ilustrar essas entrevistas, passo agora à análise do programa "Ponto de Luz" de 9 de janeiro de 2003. Após muitas reclamações vindas do movimento negro baiano e dos órgãos de imprensa, esse foi o episódio selecionado

---

53. O termo "espíritas" é utilizado ao longo de todo o livro e engloba os centros de candomblé, umbanda, espiritismo e quimbanda. Juntas, essas religiões comporiam o campo maléfico e uno do "espiritismo".

pelo Ministério Público para realizar a análise da constitucionalidade desses programas, resultando em um processo contra a IURD que acarretou a proibição da sua execução na cidade de Salvador.

O episódio é iniciado pela simulação de uma situação de desavença familiar causada por um "trabalho", encomendado em uma "casa de encostos". Ao longo da dramatização, feita com atores contratados, mas que teve seu roteiro baseado em casos que chegaram à igreja através de fiéis reclamantes, aparecem uma série de instrumentos sagrados típicos do candomblé sendo manejados ao som intenso de atabaques. Encerrada a pequena narrativa, a câmara volta para os dois pastores que dirigiam o programa naquela tarde, o pastor Sérgio e o pastor Gilberto, que explicam para os telespectadores a diferença entre a "maldição lançada", feita através do manejo ritual de objetos e de palavras, a "maldição hereditária", causada por um contato prévio de alguma ascendente da família com as chamadas "casas-de-encosto", e a "maldição proferida", que afeta a vítima através das palavras a ela dirigidas, o "rogar praga" da religiosidade popular.

Na segunda parte do programa, os pastores entrevistam uma senhora, dona "Maria Macedo", que passa a se identificar como ex-mãe-de-santo de um terreiro de candomblé. Transcrevo na íntegra um trecho da entrevista, que começa com a palavra de confissão:

> Maria: Sim, trabalhei 22 anos fazendo o mal para os outros, chegando até a matar pessoas com 24 horas. Fiz um trabalho e essa pessoa morreu, foi uma amante que pediu para.... Pastor Sérgio: A amante pediu para matar a esposa... M: Eu e a pessoa que trabalhava comigo. Nós fizemos um trabalho e ela morreu com 24 horas. S: 24 horas... M: Com 24 horas. S: Morreu de quê? M: Deu assim uma dor, porque a gente fez um trabalho assim com muita coisa, inclusive, até com coração de boi, faca virgem, tudo então, a gente fez este trabalho à meia noite e com 24 horas... S: À meia noite é forte, né? M: É forte.

Como duvidar de uma confissão? Daí a importância central dos pastores, obreiros e fiéis que transitam dos cultos afro-brasileiros para a Universal: eles representam a autoridade evidente do seu discurso. A própria fala de Edir Macedo, referência maior da Universal, nunca cessa, em suas declarações em livros, pregações ou em reportagens da imprensa, de alimentar-se da autoridade proveniente da sua situação de "ex-macumbeiro". Diria até que a "libertação" de praticantes de cultos afro-brasileiros, esse movimento descrito no capítulo anterior como algo que parte da escravização pelas forças do mal, passa pelo sacrifício de si e chega ao contrato redentor com o bem, funcionaria como a alegoria mestra, a síntese da visão trágica de mundo em que se funda esse cristianismo da insegurança, uma alegoria que é sempre movimento, negociação, quebra e reconstrução de vínculos. Neste sentido, não se trata apenas do uso restrito da lógica da acusação de feitiçaria para a compreensão dos infortúnios, de acordo com a linguagem que a antropologia britânica tornou clássica em seus estudos na África negra. Também a lógica da confissão de feitiçaria, assim como nos tribunais inquisidores do século XVI, adquire importante papel aqui, sendo encenada de modo bastante particular.

Essa estratégia dúbia, de acusação-confissão, apresentou-se de forma ainda mais radical em um outro programa, emitido pela TV Aratu e organizado pela Igreja Batista do Caminho das Árvores, demonstrando também a disseminação do modelo comunicativo da IURD para outras denominações evangélicas. Nele, a suposta feiticeira liberta começa com as descrições de praxe: "Os orixás e o exu são coisas do demônio. Eu já ralei osso de defunto pra fazer 'pemba' (tipo de pó usado em feitiços). Tem um trabalho no candomblé em que a pessoa come carne de defunto, manifestado com o demônio". A seguir, é o próprio pastor que, tomando a palavra, assume as acusações e o falar-de-si, colocando-se abertamente como um ex-endemoniado:

> Isso é obra de Deus? Isso é trabalho do diabo. Ir pro cemitério, corromper coveiro para comer carne de defunto. Se você que está me ouvindo quiser, está aberto aqui o meu programa pra você vir, você que é pai de chiqueiro, você que é pai de demônio, você que é pai-de-santo ou mãe-de-santo. Venha pra cá, para o programa debater comigo. Está aberta a câmara para você vir pra cá, para eu lhe mostrar como que eu trabalhei pro diabo, quando eu era *ogã*[54] de terreiro de umbanda.

A fala do pastor é então corroborada por um colega, que toca de forma explícita no tema da autoridade daquele ponto de fala, a de um antigo "nativo" da feitiçaria: "Átila Brandão (o nome do pastor) não está contra a raça negra, mas sim contra a prática do candomblé, a prática da feitiçaria", e assevera, "se Átila Brandão hoje protesta, é porque tem autoridade e sabe que não presta".[55]

Não estamos aqui diante de uma simples estratégia de adiamento da culpa, imputando-a ao outro, esse outro que, como no caso da bruxaria africana (Evans-Pritchard 2005), nunca assumiria a dádiva-veneno[56] desse "eu" a ele doado, mas sim de uma máquina de produção de "evidências", do fato mesmo da feitiçaria

54. Cargo masculino do candomblé, tido em Salvador como protetor e zelador do terreiro.

55. As citações explicitam bem a espécie de "autoridade etnográfica" que faz parte da estratégia comunicativa dos pastores, fundada em um "eu estive lá" semelhante ao observado por Clifford (1998) em suas análise da narrativa etnográfica. Aqui, como na etnografia, trata-se de construir um jogo duplo em que a subjetividade é textualizada de modo a representar um outro ponto de fala, estando simultaneamente dentro e fora do universo textual e moral desse outro, e se apropriando das benesses desses dois estados subjetivos.

56. Nesse sentido, observa-se que o significante "feiticeiro" pode ser entendido como uma dádiva-veneno, visto que o circuito do seu ponto de fala está sempre implicado numa doação de ilegitimidade, que circula vindo do outro através das acusações e da produção *a posteriori* das evidências do mal.

através da boca de pessoas que, asseguradas pela lógica da libertação, falam de um si mesmo passado sem ter que responder por ele contemporaneamente. Nesse caso, atraído por essa espécie de "lógica da des-reponsabilização"[57] e do esquecimento-de-si sobre a qual se instalam esses grupos, aquele que no capítulo anterior era bode expiatório, desviando a culpa e propiciando a "libertação" alheia, torna-se agora réu confesso, empenhando um "eu" que não se situa mais no mesmo ponto que antes.

Por outro lado, ao discurso evangélico da conversão alia-se estranhamente uma fala orgulhosa da sua capacidade maléfica, que descreve sem pudores as fórmulas mágicas e os terríveis efeitos que elas são capazes de produzir: "chegando até a matar pessoas em 24 horas". Essa fala não deixa de lembrar uma apropriação negativa de determinados aspectos de alguns segmentos mais cristianizados dos cultos afro-brasileiros, como a umbanda e a quimbanda, que dotam de prestígio as alianças com os espíritos do chamado "mundo da esquerda", e que indicaria, segundo Carvalho (1988), o fascínio que persiste em associar a religião aos temas fundamentais da transgressão e da violência.[58]

> Pastor Gilberto: Agora um detalhe do que você falou, o senhor vê a questão do sacrifício. A amante fez um trabalho a tal ponto que deu o coração de boi, deu faca, talheres virgens, uma relação... Maria: Muita coisa... Pastor Sérgio: Isso custa, ela teve que pagar, não teve senhora? M: Pagar, inclusive tem um dinheiro que a gente pede... G: O dinheiro, ah! Ela tem de dar o material e ainda tem de pagar o dinheiro do chão... M: E ainda paga a pessoa que vai com a gente pra arriar. G: Aí o senhor vê. É a estória de que o bem perde para o mal. O senhor vê é a esposa é que tem direito. A amante entrou no casamento, fez o trabalho, sacrificou e com 24 horas a esposa morreu, resultado do sacrifício. É uma fé negativa, mas é uma fé, para o encosto. Ora...S: A esposa do rapaz não tinha proteção do pai das luzes. G: Por isso que aconteceu isso. S: E acontece mesmo. G: Acontece. Com 24 horas ela perdeu a vida, resultado do sacrifício. Uma vez que as pessoas tenham fé em Deus e procurem

---

57. De acordo com Ricoeur (1983), a "responsabilidade" seria um modo específico de o sujeito colocar-se para si mesmo (exercer a ipseidade) que teria como suposição básica a estreita continuidade temporal entre o eu e o *self*. Trata-se de um modo de subjetivação. Ser responsável é ratificar que o "eu" da ação passada ainda é o mesmo que agora responde enquanto presença. É uma manifestação moral da memória e uma forma de o sujeito empenhar-se em suas palavras. Como se vê, estamos aqui diante de um tema muito próximo ao universo religioso, à noção de "culpa" e aos eventos subjetivos de "salvação" e "conversão", que parecem tomar um rumo bastante particular nos casos aqui em questão.

58. "Um outro pai-de-santo de Recife, por exemplo, mostra-me um dia seu assentamento de Tata Caveira e me diz que do que ele gosta de fato é fazer trabalho para o mal, usar Exus bem pesados, apanhar terra de cemitério, unha de cadáver, colocar nome das pessoas na boca de cavalo morto etc. O uso, então, do idioma cristão da violência pelo terror e pelo diabólico é extremamente freqüente. Contudo, apesar de sua difusão, esses aspectos da religiosidade brasileira são ainda pouco comentados por nossos estudiosos" (Carvalho 1982:17).

materializar essa fé sacrificando para ele, ora, muito mais poder tem Deus do que o encosto, porque só o encosto mata e destrói, Deus, ele abençoa. S: Exatamente. Quer dizer então que a senhora trabalhava realmente para o mal? M: Trabalhava. S: Esse trabalho foi feito no cemitério? M: Não, esse trabalho foi feito na encruzilhada à meia noite. Mas, a gente trabalhava no cemitério, inclusive a gente pegava... S: Defunto... M: Osso, terra... tudo isso a gente trabalhava. S: Isso é tudo planejado, maldição mesmo. M: Maldição mesmo, a gente fazia com aquela pessoa e acontecia mesmo. Trabalhava com um monte de encostos.

Percebe-se que a entrevista agora entra em um outro registro discursivo, passando a focar o dinheiro e o sacrifício, temas que deságuam na questão da eficácia da "fé", independente de qual for a "religião" que venha a domesticá-la. O dispêndio improdutivo envolvido no sacrifício é corroborado em sua eficácia pelos pastores. Afinal de contas, o auto-engano que faz com que essas pessoas trabalhem para o mal nunca está na fé por eles empenhada, essa força poderosa mas cega, mas sim nas entidades com quem ela é negociada: "é uma fé negativa, mas é uma fé...". Essa "fé", sentimento e força que vaza os códigos religiosos, é sempre uma fonte e uma moeda de troca que vincula a agência humana ao sobrenatural. A feitiçaria passa a ser tida, nesses termos, como um "mau negócio", uma troca incerta, desordenada e mesmo perigosa em que o dinheiro e a fé são empenhados de um modo pouco lucrativo, já que gerador mais de débitos do que de créditos.

Em um dos seus livros de doutrinas, *A libertação da teologia*, Macedo afirma: "Uma das coisas que atrapalha o homem na sua comunhão com Deus, por mais incrível que possa parecer, é a religião" (1997:55). A essa surpreendente afirmação acrescenta-se um pouco mais à frente: "Cristianismo jamais foi religião; cristianismo é vida, e vida com abundância! Se você não está vivendo a fé cristã como ela deve ser vivida, sua vida é um verdadeiro desastre e podemos garantir que o Senhor Jesus não está vivendo em você" (88). A crítica da representação, ou da anterioridade da "crença" em relação à "fé", que chega mesmo a negar o cristianismo enquanto uma religião, é resultado de um imanentismo que teria a sua origem bíblica no Pentecostes: "Antes da descida do Espírito Santo sobre os discípulos, pairava sobre estes uma espécie de religiosidade em relação à obra que teriam que fazer" (Macedo 1997:128).[59]

Dotando os homens de poder, esse sagrado encarnado funcionaria como uma espécie de armadura ritualmente construída para garantir a posse-de-si de um sujeito jogado no mundo do outro. Protegido por ela, o cristão seria

59. Tornou-se bastante difundida a frase do bispo Edir Macedo, que afirmara que "A Igreja Universal não é uma religião". Percebe-se que a tensão "religião"/"fé", adesão institucional ou adesão direta ao "fato crístico", observada por Gauchet (1985) como elemento fundante da cosmologia cristã, toma uma resolução bastante particular no caso da IURD

capaz de invadir o mundo afro-brasileiro dos espíritos, afirmar a sua existência sem ter que folclorizá-lo ou simbolizá-lo e, assim, produzir os contra-feitiços (uma nova forma, bem mais discreta, de "salvação") capazes de extinguir esse mal "por dentro".

> Pastor Sérgio: Mas, já aconteceu assim, eu não sei se aconteceu com a senhora, por exemplo, da senhora fazer um trabalho e descobrir, hoje a senhora entende isso, e descobrir que aquela pessoa que foi a vítima do trabalho, ela ser de Deus, ser uma pessoa protegida por Deus e o trabalho não pegava de jeito nenhum? Aconteceu algum episódio assim com a senhora? Maria: Não. Comigo não, mas com uma pessoa que trabalhava, era amiga e ela quando fez, mas a pessoa... S: Era filha também de encosto. M: Sim, ela trabalhava também... S: Ela chegou a comentar... M: Ela chegou a comentar, porque ela era amiga minha. Então ela fez, mas ela não viu o resultado. Então ela ficou decepcionada, porque ela estava acostumada a trabalhar pára vencer, para ver o resultado e ela não viu resultado... S: Nesse dia ela não viu... Aí ela descobriu... M: Quer dizer, ela não, mas me despertou... S: Hoje né... M: Desperta um pouco, por que eu trabalhava naquilo, e eu vendo assim, por que, que não aconteceu. Que é que essa pessoa tem de melhor do que as outras que a gente faz, por que não aconteceu dela morrer também ou ela adoecer? S: Nada, não aconteceu nada com a pessoa, não? M: Com ela não, só aconteceu com a filha da pessoa... S: Mas com ela não...? M: Com ela não. S: Sabe por que pastor Gilberto? Quando a pessoa tem a proteção de Deus, do pai das luzes, pode colocar cabelo, pode colocar peça íntima, pode colocar a unha, pode colocar o dente, pode colocar o olho, pode colocar o que for, fotografia, pode colocar tudo, porque não pega, porque o pai das luzes é mais forte do que qualquer feitiço que você possa imaginar. M: Quando eu estava servindo aos encostos, se eu não procurasse deus estava morta. Pastor Gilberto: Ela é o caso da maldição... S: Que foi quebrada... G: Que foi quebrada e virou bênção... S: E virou bênção. Hoje a senhora é uma bênção. M: Graças a Deus. Eu e minha família, graças a Deus. S: Graças a Deus.

O momento final da entrevista é aquele da redenção, que ocorre de um modo bastante particular: no encontro e no embate do feiticeiro com o seu oponente, com o sujeito "fechado" pela IURD, cuja presença interrompe o circuito expropriatório das entidades do mal. Deparando-se com esse poder maior, capaz de quebrar os feitiços blindando a sua vítima em um mundo interior auto-contido e individualista, capaz de articular o sujeito ao sobre-natural de um modo não mais predatório e englobador, mas contratual e distintivo, só resta à feiticeira desertar e se somar às frentes do exército inimigo: "Não se desfaz macumba com macumba, nem se expulsa um demônio com outro demônio, tenha lá o nome que ele venha a ter. Tudo isso só é desfeito pelo poder de Jesus Cristo ministrado na sua vida" (Macedo 2005:49). Contra a troca predatória da "macumba", incapaz de anular o conflito, instaura-se o jogo de soma zero de um cristianismo paradoxalmente sacrificial e utilitário.

Nesse sentido, a retórica da conversão utilizada por esses novos pastores e obreiros é a da "mudança de lado", a de um movimento horizontal realizado por esses detentores do poder da fé, que, saindo das religiões afro-brasileiras, passam a utilizá-la para os fins corretos. A sobre-codificação do discurso da feitiçaria acontece a partir da categoria comum de "fé"; é ela que permite articular esses dois sintagmas e que possibilita o englobamento dualista da feitiçaria pelo "cristianismo de resultados" da IURD. A partir daí, esses ex-feiticeiros, homens acostumados com os mistérios da "fé", fazedores e desfazedores de alianças com o mundo do invisível, podem mudar de grupo religioso preservando o prestígio que as suas capacidades mágicas detinham antes da transição. Diferente do sentido mais corrente de "conversão", que indica uma ruptura radical com o passado e com a memória, entendo que estamos aqui diante de uma mudança de pólo dentro da mesma gramática discursiva, mudança apoiada em uma categoria reconhecida como uma força pré-simbólica e, por isso, pré-doutrinária. Se, como vimos, a narrativa salvadora para os fiéis costuma ser mais a da pontual e recorrente "libertação" ritual do que a do tradicional e definitivo "*born again*", a narrativa para os ex-feiticeiros é sempre a de passar a "trabalhar para o bem", para o lado certo, e não a de "nunca mais trabalhar".

VI. Marchando sobre as trincheiras inimigas: agressões e invasões de terreiro como atos religiosos

Observamos na seção anterior alguns aspectos do discurso midiático da IURD, sublinhando como a sua máquina de comunicação escrita e televisiva assume, como uma das suas estratégias de divulgação, a disseminação do medo na esfera pública através da produção de um universo maléfico auto-evidente, constituído como um circuito de contágio incontornável, capaz de englobar desde as práticas sociais mais íntimas até as mais ostensivas. Essa estratégia de evangelização através da maximização do risco, corroborada pela fala confessional de supostos ex-sacerdotes dos cultos afro-brasileiros, tem sido responsável não somente pelo grande número de fiéis que recorrem diariamente às "armaduras rituais" oferecidas pela Universal, mas também pela produção de um modelo comunicativo e de um modo de se colocar na cena pública prontamente apropriados por outras denominações pentecostais, neopentecostais e até mesmo por grupos históricos normalmente mais discretos, como os batistas.[60]

Essa espécie de "efeito mimético" (Oro 2003a, 2003b) causado pela entrada da Universal no campo religiosos brasileiro é bastante evidente. Seu surgimento não implicou simplesmente o aparecimento de um "novo grupo religioso", mas

60. É o que mostra o processo de intolerância religiosa aberto contra o programa de televisão comandado pelo pastor batista Átila Brandão, em 1998.

na ocorrência de um fenômeno que coloca em jogo a própria categoria (ou metacategoria) "religião" a partir da qual se organizava este campo. Tal tendência desestruturadora afeta não somente a matriz católica da religiosidade brasileira, que acentua a sua mobilidade na direção dos movimentos carismáticos,[61] mas também o polissêmico universo das denominações "evangélicas".

Como bem demonstra Mafra (1999), a inserção da IURD no campo evangélico brasileiro, marcadamente múltiplo e fortemente associado a uma identidade contrastiva de "não-católico", é guiada por uma espécie de discurso persecutório, que tenta reverberar as críticas a ela direcionadas para a totalidade do segmento, tendo em vista desenhar e capitalizar alianças com as denominações mais tradicionais e legitimadas.[62]

A este uso negativo da representatividade evangélica, que se daria do ponto de vista da resistência à hegemonia católica, agrega-se uma dimensão afirmativa com a criação, por iniciativa da IURD, da CNPB (Conselho Nacional de Pastores do Brasil), em 1993, como um modo de fazer oposição à AEvB (Associação Evangélica Brasileira), órgão até então dominante na tarefa de regulamentar o universo das denominações evangélicas no Brasil.[63] Observa-se, com isso, uma iniciativa explícita da IURD em entrar na disputa pelo controle semântico das categorias "evangélico", "pentecostal", "neopentecostal", tendo em vista o reforço conceitual da sua autoridade propriamente religiosa, constantemente questionada pelo argumento do "charlatanismo" e do "curandeirismo".[64] Por outro lado, a IURD tenta, através das alianças costuradas via CNPB, espelhar de forma mais adequada o seu forte crescimento quantitativo na capacidade de representar os segmentos evangélicos de uma maneira geral. Com esses movimentos, o antes idiossincrático "pentecostalismo à brasileira" praticado pela Universal tenta oficializar-se através de uma espécie de apropriação político-semântica das categorias que estruturam o campo religioso no qual se insere.

---

61. Por outro lado, Giumbelli (2002:350) observa o mimetismo inverso da IURD perante a igreja católica no que se refere à recente entrada da primeira no campo da assistência social e da caridade como parte da estratégia de legitimação da sua inserção na sociedade brasileira.

62. A prisão de Edir Macedo no final da década de 1990 acirra ainda mais esse aspecto persecutório, quando a instituição passa a absorver a enxurrada de críticas direcionadas a ela como uma espécie de "graça", um sacrifício que seria parte da promessa de vitória futura.

63. A série de disputas envolvendo o CNPB e a AEvB são bem descritas e analisadas por Giumbelli (2002: capítulo 8).

64. É interessante perceber como a categoria "religião", logo acima rejeitada por Macedo em sua defesa de uma fé experiencial e não doutrinária, tona-se desejável quando se instaura o debate público acerca da real "religiosidade" da IURD, questionada por segmentos laicos e religiosos da sociedade brasileira.

No que se refere a Salvador, observamos a ocorrência desse mimetismo de uma forma um pouco diferenciada, talvez pela particularidade do solo sócio-cultural em que ele vem a se desenvolver. O estabelecimento da IURD como a ponta-de-lança da "guerra santa" contra os cultos afro-brasileiros na cidade implicou a entrada combativa de uma série de outros grupos evangélicos no universo invisível da feitiçaria, vindo a conformar as suas igrejas (assim como seria a própria IURD) em agenciamentos de produção discursiva e de inibição ritual dos "trabalhos". Deste mimetismo resulta, portanto, a instalação de um ambiente religioso fortemente tencionado, e mesmo violento, como alguns eventos citados demonstrarão.[65]

Nesse sentido, brigas, agressões, invasões de terreiro podem ser vistos como efeitos da produção de um novo contexto de aplicabilidade do discurso da feitiçaria, que não se atualizaria mais através da acusação pontual e localizada, situação típica de sociedades fundadas no contato face-a-face e na violência não-centralizada, como as estudadas por Evans-Pritchard (2005). A divulgação de suas regras e condições através dos meios de comunicação de massa fazem com que a lógica de desconfiança que caracteriza esse idioma passe a assumir uma face difusa e circulante, tendendo a disseminar-se sem as amarras comuns ao seu contexto mais tradicional. Tal estratégia comunicativa parece agregar à dimensão confessional da textualidade da IURD, baseada até então no discurso direto, no "eu" empenhado por demônios (no ritual) e por feiticeiros (nos programas de televisão), uma segunda dimensão, a de rumor, que acredito ser o modo privilegiado de generalização da sua narrativa religiosa para o espaço definido por Geertz como o "senso comum" (1989:136).

Afinal de contas, não caberia à Universal apenas defender egoisticamente os seus fiéis do auto-engano mortal a que estão condenados os cultos afro-brasileiros, mas também, e como afirma Edir Macedo, partir em defesa da "sociedade" brasileira, impedida de defender-se graças às amarras legais que são as liberdades civis:

> Pode, por acaso, uma seita que determina tais práticas ser considerada uma religião? Vemos coisas assim serem publicadas quase que diariamente em nossos jornais e, já que a nossa sociedade na pode tomar medidas contra isso, somos obrigados, em nome de Jesus Cristo, a levantar a nossa voz! Uma ex-mãe-de-santo confidenciou-me também que trabalhou em um terreiro em Recife, onde comprava crianças recém-nascidas para sacrifícios nos cemitérios ou encruzilhadas (2005:108).

---

65. Essa tensão afeta também o interior do universo evangélico, visto que a IURD fecha os acordos que fundam a sua hegemonia não sem uma série de conflitos conceituais. Não foram poucas as vezes que vi em campo a IURD ser definida pejorativamente, por praticantes de outras denominações evangélicas, como "o terreirão do Edir Macedo".

Agindo desse modo, que seja, divulgando os perigos da feitiçaria através dos veículos de massa e, assim, potencializando determinados aspectos fundantes da religiosidade brasileira, como a crença na ação dos espíritos e na ampla possibilidade de mediação com o sobrenatural, a IURD e o seu campo de influência no universo evangélico parecem gerar na cena pública efeitos institucionalmente incontornáveis.[66] Dentre esses efeitos, os mais evidentes são os atos de violência física por parte de evangélicos contra praticantes de cultos afro-brasileiros.

Destacando o caráter fluido dessa apreensão discursiva do mal, que, disseminando o risco no tecido social, tenderia a perder o controle sobre os próprios efeitos da sua fala, pretendo sublinhar que essas medidas extremadas não são resultado de uma prescrição feita por pastores ou lideranças da IURD ou de qualquer outro grupo evangélico. Pelo contrário, no decorrer das minhas visitas aos cultos não presenciei nenhuma incitação objetiva a esse tipo de atitude.

No entanto, se nos reportarmos rapidamente à descrição do rito de libertação, realizada no primeiro capítulo, ficam claras tanto a natureza agressiva de alguns procedimentos rituais – que ali se dirigem a um inimigo ausente, mas que é afirmado enquanto posição gramatical e parte de um modelo de alteridade – quanto a motivação para a ação que se retém desses procedimentos, uma atitude agressivamente reivindicativa diante de um outro agressivamente predatório. Além disso, ao longo da análise dos programas de televisão, observou-se como esses grupos realizam a defesa narrativa da existência do mal com uma agência tão prosaica quanto incontrolável, capaz de invadir os meandros mais íntimos da existência através de um poder mágico vulgarizado, e que não poupa nenhum tipo de "escolhido".

Em suma, se ao longo dos cultos, dos programas de televisão e de rádio e nos panfletos distribuídos nas ruas, esses grupos tocam as trombetas, declarando guerra contra um inimigo traiçoeiro, que nos afeta através de mediadores religiosos apontados com extrema nitidez, dificilmente podem querer controlar um exército que já se pôs a marchar. Logo, se a reação extremada e objetiva contra esse mal de fato não é prescrita, no mínimo ela é deduzida com grande facilidade pelos fiéis que aceitam os pressupostos narrativos defendidos por esses grupos.[67]

---

66. Diria que, se no contexto analisado por Evans-Pritchard a feitiçaria seria um modo específico de resolução de conflitos (típico de sociedades não centralizadas), no caso em que analiso, a feitiçaria enquanto rumor incontornável seria um modo de reverberação e de maximização de conflitos, e que a sua resolução se encontraria na construção de uma meta-linguagem ritual a princípio "externa" mas, como vimos, intrinsecamente ligada a ela, capaz de restaurar as alianças e os vínculos antes quebrados a partir de um "fora" que de fato teria a feitiçaria como um pólo interno a ela, ou englobado.

67. Questionado sobre esses ataques pelo *Estado de S. Paulo* em março de 2004, o senador Marcelo Crivella diz que "a iniciativa de invadir terreiros não fazem parte de uma política da igreja, mas de pastores desesperados que já agiram assim". No entanto, após afirmar que 50%

Esse perigoso e imprevisível avanço de determinados grupos evangélicos sobre os cultos afro-brasileiros tem ocorrido, em Salvador, através de duas formas principais: i) agressões públicas contra qualquer um que porte algum sinal que aponte a sua adesão a essas religiões, e ii) ataques coletivos contra os terreiros, o espaço sagrado dessas religiões.

A) O EMBATE CORPO A CORPO:

Pude encontrar um exemplo da primeira dessas formas de agressão em um registro policial recolhido na 1ª Delegacia, bairro dos Barris, referente ao dia 7 de agosto de 2004. Nele, descreve-se um caso ocorrido na Estação da Lapa, onde um *ogã* e uma *ekedi* de um determinado terreiro de candomblé distribuíam pipocas e arrecadavam donativos para determinados eventos em homenagem ao orixá Obaluaê, tradicionais no mês de agosto. A acusação narra que a dona de casa e pregadora Maria Aldeci teria batido com uma Bíblia na face de um dos filhos de santo, Bruno Santos de Jesus, enquanto repetia insistentemente: "Sai satanás!". Em seguida, a evangélica teria derrubado o tabuleiro dos candomblecistas no chão, o que teria resultados na quebrado de um "ibá" (pote de cerâmica) referente ao culto do orixá homenageado. Em resposta, a vítima teria tomado a Bíblia das mãos da mulher e rasgado, além de ter trocado empurrões e agressões verbais com ela.

O caso acima descrito, que teve seu desfecho na delegacia, serve bem como exemplo e modelo de uma infinidade de conflitos desse tipo que me foram narrados nas visitas que fiz a terreiros da cidade. Nele, são observados alguns elementos fortemente recorrentes nessas agressões: a idéia de que através daqueles atos estaria sendo realizado um exorcismo, o uso da Bíblia como arma e a quebra de objetos litúrgicos da religião rival. A Bíblia funcionaria, ao longo destes eventos, com uma dupla função: i) a de ícone, um demarcador objetivo de identidade e de pertença ao grupo, algo que diz a todos: "território de Jesus", em oposição aos eledás, roupas brancas, colares de contas e escarificações, que marcariam o corpo-inimigo, e ii) um índex, um objeto eficaz, fornecedor de proteção e de poder, mesmo quando utilizado de forma tão concreta quanto nesse caso. Neste novo contexto discursivo, o livro sagrado aparece simultaneamente enquanto brasão, arma e armadura dos membros do "Exército de Jesus",[68] sendo eficaz tanto pelo que nela está escrito quanto por sua existência material, como uma espécie de amuleto.

---

de seus fiéis já passaram pelos cultos afro (o argumento do "estive lá"), afirma ele que: "Ninguém pode concordar que os ritos, onde as pessoas bebem cachaça, entram em transe, caem no chão,sejam algo digno. Que pai gostaria de ver seu filho numa situação dessas? Eu respeito as crenças afras, mas isso é uma coisas medieval".

68. Com essa denominação faço referência às blusas oliva, com padrões militares, vendidas por ambulantes em todo o Brasil.

A imagem um tanto profana da mulher que bate o livro sagrado na cabeça do suposto endemoniado, ordenando que o mal saia daquele corpo, serve como uma alegoria dessa nova evangelização, que é tanto salvação do outro quanto salvação de si, ou seja, ajuda de e defesa contra um outro desprovido da graça. Essa evangelização seria parte e função de um discurso religioso amplamente anti-intelectualista, que se materializa no mundo objetivo através de mediações fortemente territorializadas, enquanto readmite a entrada da violência na gramática do cristianismo. É esse discurso que veremos, emitido em palavras, coisas e ações, realizar-se de forma ainda mais radical nas agressões voltadas aos terreiros.

B) OS ATAQUES E AS INVASÕES AOS TERREIROS:

Os "terreiros", o modo como são chamados convencionalmente os templos do candomblé em Salvador,[69] podem ser caracterizados como os territórios contínuos (Souza 1995) desta religião. Eles são o epicentro espacial da comunidade típica do candomblé, a chamada "família-de-santo", que articula humanos e divindades com base em uma estrutura hierárquica e de uma genealogia classificatória de cunho sagrado. Diferente de outras denominações religiosas, como o catolicismo e o protestantismo, o espaço sagrado do candomblé não é, do ponto de vista da sua arquitetura, radicalmente distinto da paisagem urbana que o rodeia. Apenas o conhecimento prévio de alguns sinais que tipicamente demarcam a sua territorialidade pode fazer com que algum passante perceba que naquele espaço de moradia[70] presta-se culto aos orixás.

Por mais discreto que o terreiro possa ser, uma série de signos enunciam, mesmo que silenciosamente, a sua existência naquele local: as bandeiras de Tempo (angola) ou de Iroco (ketu), grandes mastros de bambu fincados no chão com uma bandeira branca no topo; o mariwô (palhas do dendezeiro), que emoldura janelas e portas; as "quartinhas", recipientes de barro preenchidos por líquidos e colocados próximos a determinados assentamentos; o Ojá, que envolve algumas árvores sagradas sob a forma de um laço semelhante ao vestido pelos iniciados quando estão incorporados etc. Se esses signos historicamente têm articulado os espaços dos terreiros como "território do candomblé", no atual contexto do campo religioso soteropolitano, muitas vezes têm sido percebidos ou como um sinal de "território inimigo" ou como o grito desafiador de "território a ser conquistado".

---

69. Outras denominações seriam "roça" e "casa de santo" em português e "ilê" (casa), "abassá" (salão) e "egbé" (comunidade) em iorubá.

70. Os terreiros são um espaço simultâneo de moradia e de ritual. Geralmente, eles são compostos por 4 espaços principais: os Ilê-Orixá, o Ilê-Axé, a casa ou espaço para o culto e as casas de moradia. A idéia de "assentamento", no entanto, utilizada para os objetos e os quartos onde se situam as divindades, já dá a idéia de que, na verdade, todos, homens e deuses, moram naquela casa e fazem dela uma comunidade (communitas) no sentido mais amplo e forte do termo.

Um olhar rápido sobre a urbanização de Salvador é suficiente para demonstrar como esse ambiente de tensão inter-religiosa já mudou a face da cidade. Existe uma tendência visível a se sobreporem igrejas evangélicas e terreiros de candomblé e de umbanda, fato que se deixa perceber com mais clareza nas regiões tradicionalmente ocupadas pelos cultos afro-brasileiros, como os arredores da Avenida Vasco da Gama, hoje inteiramente tomada por templos evangélicos, principalmente neopentecostais. Essa estratégia de ocupação territorial é seguida por uma espécie de adaptação dos horários e dias dos cultos ao calendário do inimigo, vislumbrando-o como uma espécie de contra-referência espacial e temporal. A partir desta aproximação estreita e intencional dos evangélicos tendo em vista o combate ao mal em suas próprias raízes, uma sucessão de conflitos passam a ser potencializados.

Logo abaixo, faço referência a uma forma bastante recorrente de ataque: o uso de caixas de som, microfones e megafones para interferir na execução das celebrações do candomblé. Esse caso, que pode ser tomado como amostra de uma série de outros que escutei em campo, ocorreu no tradicional Terreiro do Bogum, e me foi narrado por uma de suas liderança mais antigas, o *agbagigan*[71] Everaldo Duarte:

> Já aconteceu lá no Bogum, por exemplo, de construírem uma igreja evangélica [da IURD] no fundo do terreiro e fazerem as suas manifestações religiosas em um volume ensurdecedor, com caixas de som enormes, tentando atrapalhar os rituais da nossa comunidade, mas não conseguiram, porque eles não sabiam nem as datas, então faziam em um dia em que a gente não tava fazendo nada, só atrapalhava a comunidade com o barulho. E os próprios moradores do entorno se chatearam com tanto barulho que eles faziam que acabou fechando, eles mesmo acabaram fechando (risos).

O desfecho imprevisível desse caso, o erro de cálculo que acaba gerando a própria expulsão do templo evangélico da vizinhança, pode ser tido como um dos vários momentos, esse bem prosaico, em que os excessos destas ofensivas acabam entrando em choque com o campo dos direitos civis e a dimensão laica da esfera pública.

A seguir, faço referência a um outro caso, esse bem menos humorado, que demonstra o clima de tensão territorial e social que tem estruturado a relação entre os terreiros e o seu entorno. Para isso, transcrevo um trecho dos autos de mais um processo de intolerância religiosa movido pela Promotoria da Cidadania. A acusação descreve acontecimentos ocorridos nos dias 28 de março e 12 de agosto de 2003, no bairro de Cosme de Farias, e tem como réus dois homens e uma mulher:

> (...) por volta das 02:00 horas, os denunciados, que são irmãos, travaram luta corporal com familiares, nas proximidades do Terreiro de Umbanda Boiadeiro Rei de Águas Claras (...), e, ao verificarem que Diego Conceição Silveira, ali residente, observava da porta a contenda, passaram a apedrejar o referido Terreiro, depredando as instalações e diversos objetos e imagens do culto. Apurou-se que a denunciada também jogou

71. Título de honra no candomblé jêje.

> pedras no Terreiro de Umbanda e incentivou os outros dois denunciados, seus sobrinhos, no apedrejamento, dizendo: "Vamos invadir este pé de chiqueiro". Constatou-se que os três denunciados costumam ofender e discriminar os Filhos e Filhas de Santo daquele Terreiro. Assim, no dia 12 de agosto, do presente ano, a denunciada, referindo-se à Rosenilde dos Santos, afirmou: "Lá vai a prostituta e sapatona se reunir com os viados, no pé de chiqueiro". Além disso, em uma outra ocasião, no decorrer deste ano, a denunciada chamou Honorina de Jesus Ferreira de "Putinha, fingida de santo". Ademais, a denunciada, em um determinado dia do corrente ano asseverou que Sandra Evangelista dos Santos era "filha de chiqueiro".

O apontamento exato da procedência religiosa dos réus torna-se aqui um dado desnecessário caso atentemos ao vocabulário utilizado por eles para ofender os filhos de santo. A redundância com que utilizam os termos "filho de chiqueiro", "pé de chiqueiro" etc. atesta a adesão destes sujeitos ao texto televisivo analisado na seção anterior. A adesão a um vocabulário, mais do que a uma determinada instituição, parece ser aqui o motivo principal, assim como a inserção da IURD em uma clientela fortemente plural em seus vínculos, corroborando a associação entre esta igreja e o discurso indireto, o rumor, e não necessariamente com a fala oficial de supostos representantes "convertidos".

O evento parece expor bem não somente algumas "armas" convencionalmente utilizadas nesses ataques, como as pedras e os palavrões, mas também a função expiatória que têm assumido os terreiros de candomblé e umbanda no cotidiano das localidades de Salvador. A imagem do filho-de-santo que observa exteriormente o conflito do outro e que logo é plenamente envolvido por ele, vindo a tornar-se o foco que explica e anula qualquer contenda ao seu redor, é quase paradigmática.

Um outro tradicional terreiro da região da Vasco da Gama, o Terreiro de Oxumaré, também me revelou um histórico de problemas com grupos evangélicos. Além da insistência da panfletagem dentro das suas dependências, que chegou a ser diária, o seu babalorixá foi envolvido em uma polêmica envolvendo o uso da imagem em um episódio do programa Ponto de Luz, da IURD. A história começa quando o sacerdote dá uma entrevista, no início da década de 1990, a um jornal da TV Itapoã, filial do SBT na Bahia. Nela, comentava sobre o sincretismo, a relação entre candomblé e Igreja Católica, e narrava alguns mitos. No entanto, a transferência desta filial para a Rede Record de Televisão acaba resultando em uma surpresa desagradável para a comunidade. Dou a palavra a Marcus Rezende, *ogã* do terreiro em questão:

> Ele deu essa entrevista pra Tv Itapoã que na época não era filiada a Record, era do SBT. Com o passar do tempo, quando a Record acabou comprando a Tv Itapoã, ou seja, a Itapoã acabou retransmitindo os programas da Record aqui, encontraram a imagem dele em arquivo, colocaram chifres, colocaram uma língua bem grande, fizeram uma deformação no rosto e fizeram uma montagem monstruosa mesmo falando "pai-de-encosto", "e aí pai-de-encosto!" e isso foi vinculado na televisão.

> Alguns filhos de santo viram, pessoas ligadas a religião e amigos dele ligaram pra cá angustiados: "O que é que ta acontecendo Babá? O senhor dando entrevista? Que loucura é essa?". Então nós ligamos a televisão e pudemos constatar o absurdo que tava sendo feito. Entramos na justiça, todas evidências mostravam o que aconteceu, mas o juiz disse naquele momento que já que vocês não tem fita gravada comprovando, com é que a gente vai ter uma comprovação factível, real, visível, de que foi o senhor mesmo? Não tínhamos uma fita comprovando. Temos aqui até o processo dessa causa. Foi inclusive dos primeiros, dos mais antigos aqui de Salvador, que nós levamos pra justiça, e acabamos não ganhando.

Se o processo frustrado, acima descrito, parece ser precursor de um outro caso, esse sim de maior repercussão e que tratarei de forma detalhada na segunda parte, um outro evento que me foi narrado por Marcus exemplifica melhor o elemento da territorialidade, que pretendo destacar neste momento do texto. Nele, percebe-se como essas disputas incidem sobre a relação entre os terreiros e as comunidades das quais fazem parte, onde o elemento religioso se articula às questões públicas da sua localidade, constituindo-as em mais um espaço de ruídos comunicativos envolvendo os dois grupos. Se, por um lado, a construção de vínculos positivos com a comunidade acaba sendo uma forma de agregar defesas em torno dos terreiros,[72] por outro, esse vínculos, hoje em dia multiplicados e oficializados pelo estabelecimento progressivo dos terreiros enquanto associações civis pautadas em trabalhos comunitários, acabam se transformando em canais para a entrada do inimigo. Marcus exemplifica:

> Às vezes a gente dá cursos aqui, um projeto que se chama "Consórcio da Juventude", que é um consórcio com o Governo Federal que nós somos o único terreiro de candomblé do Brasil que faz parte. Tinha um dos meninos que fazia parte da turma, eram 80 meninos e meninas, ele era da IURD, e a mãe dele não queria dar a identidade e o CPF, e era o governo que pedia, porque dizia que a gente ia fazer um feitiço contra ele (risos). Eu liguei pra mãe dele, e ela disse que não, que não ia dar, que não ia confiar a vida dela na mão da gente, e eu disse que não tinha que dar não, mas que ele tava saindo do curso naquele dia.

72. "Referente à invasão do espaço, tem sempre aqueles que chegam com os cartazinhos, os panfletos, dizendo 'Jesus Cristo é o Senhor', ou dando o jornal da Igreja Universal, mas nós temos um sistema de defesa aqui bastante eficaz. Como nós temos diversas atividades na comunidade, pra você ter idéia, no Infocenter que nós temos aí, não sei se você teve a oportunidade de ver, nós temos 10 computadores, acesso gratuito a internet de 8 da manhã a 8 da noite. Por mês, nós recebemos por volta de 1380 pessoas diferentes, da comunidade, que não é de candomblé, tem gente que é, mas pode ser evangélico, pode ser da igreja que quiser ser. (...) Então, por causa disso, por causa dos trabalhos que nós fazemos com as escolas públicas municipais, nós temos várias pessoas que, mesmo não sendo do candomblé, nos apóiam. Quando chegam aqui distribuindo cartazinhos eles já falam: 'não venha não, que você sabe que aqui é um terreiro de candomblé, então vamos respeitar'".

A cena confirma alguns aspectos já descritos ao longo da análise do discurso ritual e televisivo, principalmente a concepção de mal de cunho contagioso e imanente, que nesse caso se agrega igualmente ao universo semiótico da burocracia estatal. Assim como as fotos, documentos (como a carteira de trabalho) e objetos em geral, que ao longo dos cultos representam de forma icônica a pessoa ausente, constando como canal para a passagem da graça presentificada nos templos, também esses elementos servem, nas situações cotidianas, como suporte para a transmissão do mal. A mãe do garoto se nega a dar algo que a represente para um terreiro, seja um impessoal número de CPF, pois essa seria uma forma de dar-se para o inimigo, de abrir a possibilidade de realização de uma série de ações contra ela através daqueles entes representativos. Em suma, esse seria um modo de fragilizar-se. A interessante relação que se vê aqui postulada entre a ordem oficial dos documentos e o universo dos feitiços serve também para corroborar a capacidade disseminadora deste discurso. Diria que a cena nos expõe à "modernidade da feitiçaria"[73] na Bahia, à capacidade de um discurso a princípio "arcaico" e "tradicionalista" dar conta textualmente de um universo fenomênico marcadamente contemporâneo, mantendo a sua felicidade (Austin 1975) discursiva.

Enquanto o caso anterior dá uma amostra das estratégias defensivas dos evangélicos frente ao universo de contágio eminente proporcionado pelo outro dos cultos afro-brasileiros, o evento descrito a seguir consta como amostra da atitude reivindicativa com que esses mesmos sujeitos têm encarado a sua tarefa evangelizadora. Esse acontecido foi a mim narrado por "Mãe Helenice", ialorixá do terreiro Ilê Axé Omim J'Obá, situado no antes isolado bairro de Mussurunga, e que hoje se vê entrincheirado por templos batistas, da IURD, da Renascer em Cristo e da Assembléia de Deus:

> Eu estava na porta do meu templo e veio um grupo de crentes. Me saudaram e tudo e ficaram três rapazes atrás. E nisso eles me oferecendo panfleto, dizendo que Jesus tinha um plano especial na minha vida. Eu disse: "Tudo bem, eu sei disso pois eu sou filha dele perfeita, todos nós somos filhos de Deus, agora cada um opta pelo lado que quer". Aí eu disse: "Tome, tome, tome, leve a alguém que precisa, pois eu já tenho a minha religião definida". Ele disse: "Então, quem é seu Deus?" Eu disse: "Não interessa, saia logo", e fui entrando. Ele me acompanhou, não me deixou fechar o portão e disse: "Você não me falou mesmo quem é seu Deus, então seu Deus tá aqui, debaixo do meu pé". Eu disse: "Se está, então é melhor tirar esse pé daí", e tome-lhe porrada, dei-lhe, dei-lhe, quebrei a sandália, dei de mão, e só saiu daqui porque vieram buscar ele, porque eu ia acabar de arriar ele aqui dentro. Entendeu? Ele disse que o meu Deus estava debaixo do pé dele, tava mais baixo do que ele. Aqui dentro não se faz essas coisas não...

73. Refiro-me aqui ao excelente livro do africanista holandês Peter Geschiere (1997), que trata da relação entre bruxaria e política no Camarões pós-colonial.

A energia com que a ialorixá aceita o desafio dos evangélicos, partindo para o ataque violento a um deles, demonstra a importância do espaço sagrado do candomblé para os seus praticantes. Se, em outro contexto, as provocações e ameaças parecem não merecer tamanha reação (segundo a sacerdotisa: "Na rua, o que eles falam entra em um ouvido e sai pelo outro"), quando esses ataques passam a adentrar o espaço do terreiro, tido como uma fonte secular de autonomia e de poder para o calejado candomblé baiano, esses eventos adquirem uma gravidade maior. Afinal de contas, "aqui dentro não se faz essas coisas não...".

Outro terreiro onde pude registrar uma extensa lista de embates com evangélicos foi o Terreiro do Beirú, da nação angola, e que se situa no bairro do mesmo nome.[74] Logo abaixo, "Jijio", "pai pequeno" e responsável pelas questões políticas e administrativas do terreiro, descreve alguns eventos em que membros da casa foram abordados por fiéis de denominações evangélicas:

> (...) nós estamos tendo uma festa de Enzila aqui dentro e de repente um camarada entrou por essa porta aí do fundo "Um jornalzinho de Jesus, bora aqui!", dando a todo mundo que estava na festa. Eu peguei ele pelo braço, peguei os jornais dele, pedi que ele não saísse até que eu recolhesse todos os jornais, coloquei jornal por jornal sobre o braço dele e disse a ele: "Você vai distribuir o seu jornal em outro lugar, porque aqui a gente não quer esse tipo de coisa". Ele tentou me tirar a paciência, eu me contive um pouco, pra que eu não estourasse realmente, até que ele saiu. Outras vezes, tipo assim, você tá aqui, estão os filhos de santo reunidos sentam aqui em baixo, e aí de repente você vê aquela pessoa chegando no portão: "Jesus te ama meu irmão! Largue disso!", e sai. E às vezes a gente sai atrás pra dizer: "Pare com isso meu amigo, tá ficando feio...". Um outra vez foi saindo uns filhos de santo da casa e duas evangélicas chegaram ao ponto de agredir mesmo, dizendo: "Vocês estão fazendo com que o diabo fique na Terra! Nós estamos querendo tirar o diabo da Terra e vocês estão deixando o diabo na Terra! Saiam dessa coisa de candomblé!". Irritadas, sabe? Eles se mostram até irritados. Até que eu cheguei e disse pra ela: "Eu acho que quem tá com Satanás é a senhora, porque a senhora está me provocando, fazendo com que duas pessoas percam o diálogo, então eu posso me sentir também incomodado e lhe agredir verbalmente. E aí, a senhora vai gostar?". "Não, porque Jesus me disse que vocês vão me agredir, mas medo de agressão de vocês eu não tenho". "Bom, lhe agredir fisicamente ninguém vai, mas ouvir o que a senhora tem que ouvir a senhora vai".

Dentre essa série de cenas cotidianas, gostaria de destacar a acusação das mulheres, que culpam os membros do terreiro de candomblé por "fazer com que o diabo fique na terra". Esta fala me parece desvelar bem o corte que distinguiria,

74. O bairro do Beirú, local em que floresceram vários terreiros ao longo do século XX, foi recentemente rebatizado de Tancredo Neves, por uma iniciativa popular comandada pelos evangélicos que habitam o bairro.

aos olhos dessas pessoas, os praticantes de candomblé da clientela que utiliza esporadicamente os serviços mágico-religiosos oferecidos pelos primeiros, como as práticas divinatórias, os ebós, os banhos e outras prática curativas. Essa diferença seria, de forma sintética, aquela entre a fonte produtora do mal e as suas ramificações ou canais de transmissão.

Assim define o bispo Edir Macedo, o "bori", o rito de iniciação do candomblé: "Na verdade, quando aquela senhora 'fazia a cabeça', estava se submetendo à escravidão de satanás; dando lugar para que os exus, caboclos, preto-velhos em toda sorte de demônios pudessem se apossar do seu corpo para usá-lo como bem entendessem" (2005:104). Continuando com a terminologia até aqui utilizada, baseada no universo de alianças textualizado pela IURD, os "trabalhos" e as outras práticas mediadas pelos cultos afro-brasileiros são tidos como uma espécie de "mau negócio", onde uma troca pontual entre o cliente e alguma dessas entidades predatórias implicaria a "tomada de posse" da vida do primeiro pelo segundo. Por outro lado, percebe-se que a iniciação, ou o "fazer a cabeça" para alguma entidade, indicaria uma forma de escravidão plena, de doação plena do sujeito para o mal, prática que seria responsável pela retenção mais veemente dessas forças demoníacas no espaço de convívio dos humanos e das coisas. A tomada plena do território corporal desses iniciados os transformaria em pólos permanentes de transmissão do poder maléfico não-contratual dos "encostos".

Um outro evento que se deu no "Terreiro do Beirú", e que teve forte repercussão na mídia local, foi uma invasão que ocorreu no ano de 2001. De acordo com "Jijio":

> Esse aí foi um caso que aconteceu aqui, exclusivamente no Beirú. Em 26/11/2001 eles saíram em um ataque aos terreiros porque estava sendo a festa comemorativa de São Cosme, e aí eles saíram pra poder jogar enxofre e sal nos terreiros. O primeiro que ele achou pela frente foi esse, e jogaram nesse aqui primeiro. Tentaram invadir o terreiro, sacudiram o portão, chamando a gente de "filhos do demônio", pedindo que a gente saísse, que largasse o local, porque eles se sentiam extremamente incomodados com a nossa presença. Alguns falavam que a gente ia ter que se converter e que ali iam construir um templo pra Jesus. Nisso, também eles trouxeram alguma coisa corrosiva, que jogaram no cão que tomava conta da casa e o cão foi queimado. Quando a gente chegou aqui o cão tava tentando lamber a parte do pescoço sem conseguir e querendo tirar aquele líquido. Quando a gente foi ver depois que acalmou, vimos que tinha alguma coisa que tinha queimado o pescoço do animal. Daí eles saíram em mais alguns terreiros, mas em pequenas ações, só fez jogar o pó lá e sair correndo, não forçaram o portão nem entraram. A tentativa maior foi aqui, onde eles chegaram a jogar do portão, a bater na porta do barracão, uma janela ficou impregnada de enxofre. Isso por parte da Igreja Internacional da Graça de Deus. Temos uma aqui no bairro ao lado da Igreja Católica, que eles disputam até com a igreja católica hoje em dia...

Além da utilização das armas "purificadoras", o enxofre e o sal grosso, contra-feitiços que não costumam faltar a essas invasões, observa-se a utilização de uma espécie de ácido, que acaba causando danos à saúde de um dos animais da casa. Esse caso de invasão violenta foi o único a mim confidenciado que conta com a participação de seguidores da Igreja Internacional da Graça, que também não quis se pronunciar sobre o assunto. No entanto, a natureza não ordinária da origem dos invasores não se reflete no conteúdo das acusações que acompanham a invasão. No desenrolar do embate narrado, percebe-se a ocorrência de um enunciado extremamente redundante, e que me parece expor algumas características da estratégia territorial que costuma mover esses grupos: a afirmação de que naquele lugar um novo templo evangélico seria erguido.

O desafio lançado, de erigir novos templos sobre os escombros dos inimigos, funcionaria como uma espécie de imagem-síntese do exclusivismo com que parte do segmento evangélico tem se instaurado no espaço público brasileiro. De acordo com Segato (2005), essa estratégia político-territorial indicaria a adesão desses grupos a um código "corporativo" e "faccionalista" (21), que teria como modelo de expansão a "anexação branda" (15) de outros grupos religiosos e do próprio aparelho estatal. Baseados em uma lógica pulverizada de crescimento, eles agiriam como uma rede em que "as próprias pessoas, com sua capacidade agregadora vão constituindo, quer dizer, anexando território" (idem). Tal situação molecular designaria uma crise no modelo molar de produção dos sujeitos por parte do Estado-nação moderno, que, de acordo com a terminologia foucaultiana, perceberia o seu domínio pastoral de controle sobre as populações ser reorientado por esses grupos a partir de um poder fortemente territorializado, ou seja, concreto e icônico, que dotaria o "rebanho" (agora desgarrado da administração estatal) com a capacidade de carregar consigo o seu próprio território.

Entendo que a principal qualidade dessa leitura estaria em sua capacidade de romper com teorias que tendem a definir o estatuto contemporâneo da religião como de simples fonte, dissecada e descontextualizada pelas agências modernizadoras, para as sínteses de um sujeito religioso que passaria por elas "ileso", ou seja, sem pôr em jogo a segurança individualista de sua presença-a-si. Defendendo a tese de que essas denominações funcionariam como uma espécie de "para-etnicidade" (8) hiper-ritualizada e espetacularizada em seus signos diacríticos, Segato entende que as lideranças desses coletivos estariam propondo e administrando, através da instauração textual de alianças e de oposições simultaneamente espirituais e sociais, um novo sujeito para uma nova cena política. A religião passa a ser, nos termos aqui colocados, não uma esfera textual e territorial secundária, agregada de forma suplementar ao núcleo individualista de um mundo em franca laicização, mas uma forma de codificação e de materialização discursiva e institucional de fluxos de poder baseados em uma gramática não-universalista (em alguns momentos, ela chega a defini-la como "tribalista"), e que teriam como fim último a colonização, via pauta espiritual, da esfera pública nacional.

Guiado por essa dinâmica exclusivista, o aparecimento e o avanço desses novos grupos religiosos no Brasil seriam motivados não pela reivindicação de maior laicização de uma esfera pública ainda fortemente católica, ou de uma maior "abertura" no mercado religioso brasileiro, mas pela transformação, religiosamente justificada, do substrato universalista dessa esfera pública em uma porta de entrada e expansão de sua organização faccionalista. Entendo que os fenômenos descritos até aqui, e que continuarei a descrever na próxima seção, tendem não somente a confirmar essa tese, mas a desenhar, de forma etnográfica, as especificidades da atualização desse processo macro na cidade de Salvador.

VII. Luta e ocupação no território mágico da representação

Na seção anterior, destaquei os aspectos mais concretos da ofensiva de setores evangélicos sobre os cultos afro-brasileiros em Salvador, como a disposição dos seus templos, as agressões morais e físicas e as invasões de terreiro. A idéia, nesta etapa final, é descrever a terceira frente deste avanço, que se realiza através da disputa político-discursiva por espaços e objetos historicamente associados aos cultos afro-brasileiros. Neste caso, a batalha também se dá no e pelo espaço público; no entanto, aqui ela tende, em alguns momentos, a vazar as delimitações explicitamente religiosas dos terreiros (que defini como o "espaço contínuo" do candomblé) e dos seus arredores e ampliar-se para setores chave do aparelho e do imaginário urbano, incidindo até sobre a base material da sua cultura.

As particularidades históricas de Salvador, grande centro receptor de escravos africanos, reforçadas pela ênfase colocada pelos movimentos artísticos, pelo movimento negro e pelo mercado de turismo na matriz africana da sua formação, fazem com que o candomblé exerça uma espécie de hiper-representatividade no imaginário soteropolitano. Esse fenômeno faz com que a sua existência passe a ocupar em Salvador uma dupla função, inexistente nas atualizações (estas, mais estritamente "religiosas") que o culto vem tendo em sua expansão recente pelo Brasil. Além de se constituir como um segmento religioso específico, que, de acordo com os cruzamentos de dados censitários realizados pela Fundação Getúlio Vargas, seria composto por apenas 0,48% da população da cidade, em Salvador o candomblé existe como uma espécie de fonte primária, onde uma série de manifestações culturais, artísticas, políticas e econômicas a princípio "laicas" têm se alimentado.

Por outro lado, o sincretismo do candomblé com o catolicismo (uma das causas deste pequeno número de pessoas que se auto-declaram praticantes dos cultos afro) funciona como um outro importante canal para que seus signos se disseminem na religiosidade popular da cidade. Um rápido contato com a vida cotidiana de Salvador basta para se perceber a profusão de sinais e estímulos provenientes do repertório simbólico e dos costumes do candomblé, que se atualizam tanto na sua "cultura popular", como a música, as artes plásticas, as festas, os produtos turísticos e as comidas, quanto nas demonstrações de fé de seu povo, que freqüentemente também se manifesta através do suporte material desses traços culturais, borrando qualquer distinção fácil que venha a ser desenhada entre o "religioso" e o "laico".

Como expõem os eventos que serão analisados nesta seção, essa hiper-representatividade da matriz afro-brasileira, no atual contexto de conflito religioso, passa a servir de ponte para a ocorrência de mais uma "aproximação metonímica" entre o discurso evangélico até aqui apresentado e a cena pública da cidade. Caminhando nesse sentido, passarei agora dos embates territoriais materializados nas brigas e invasões de terreiro para a disputa semântica por determinados eventos e signos, que servem de foco de negociação entre o discurso religioso e o senso comum. Relendo e re-classificando esses signos mais sedimentados da identidade local, os evangélicos transformam a sua luta pelo imaginário em uma luta pela cidade, englobando tanto a sua disposição física quanto a identidade que a sustenta.

Evangelizar a "Cidade dos Orixás" parece ser uma tarefa imensa, que vai muito além da multiplicação de fiéis e de templos. Tais medidas permaneceriam insuficientes caso determinados signos-chave, que historicamente têm orientado a vida da cidade, passassem ilesos à sua ação, signos que, saindo da matriz afro-brasileira, cristalizaram-se de tal modo que passaram a constituir a base "laica", apesar de sempre sagrada (no sentido durkheimiano do termo), de sua gramática identitária. Aqui, a luta por território estende-se em luta pela memória.

No que se segue, tentarei classificar essa frente em três cenas principais. A primeira, que ocorre através dos panfletos distribuídos pelas ruas da cidade, tem como alvo as festas populares que marcam o sincretismo religioso de Salvador. A segunda e a terceira referem-se a dois debates que tiveram altíssima repercussão entre a população da cidade: a polêmica acerca da colocação, por parte da prefeitura, de estátuas dos orixás no parque do "Dique de Tororó", e as negociações acerca das condições e práticas envolvidas com a venda do acarajé. Se na primeira o alvo de debates é o catolicismo popular, assim como a sua perigosa relação interna (e certamente "religiosa") com o sincretismo, a segunda e terceira incluem a intensa negociação gramatical acerca do que seria "religião", e de como ela seria inserida da forma mais adequada na vida pública de uma sociedade tida como laicizada.

A) PANFLETANDO O PAVOR

Os panfletos são meios de comunicação já tradicionais entre o segmento evangélico. É impossível caminhar hoje em dia pelo centro de Salvador (ou de qualquer grande cidade do Brasil) sem tornar-se alvo desses fiéis incansáveis, que diariamente distribuem uma infinidade de pequenos papéis, contendo trechos bíblicos, informações sobre os seus cultos, resumos das doutrinas evangélicas e os endereços e telefones dos templos. Pretendo destacar aqui rapidamente um tipo específico de estratégia discursiva materializada em alguns desses textos curtos e sintéticos, que conteriam uma argumentação dotada de continuidade com o discurso ritual e televisivo já descrito.

Logo abaixo, transcrevo um desses panfletos, distribuído por um pastor batista no bairro do Rio Vermelho no dia 2 de fevereiro de 2002, epicentro da Festa de Iemanjá, que ocorre anualmente nesta mesma data e que chega a reunir mais de um milhão de pessoas. Esse documento veio a ser anexado em um processo de intolerância religiosa movido pela Promotoria da Cidadania contra o pastor, que os formulou e os imprimiu com o intuito de distribuí-los no decorrer da festa às pessoas que formavam a fila para entrar nos barcos que levam as oferendas ao orixá homenageado.[75] Um dos seus trechos diz:

> ALERTA
> COM ISSO QUEREMOS DIZER QUE É ERRADO CONTINUAR A CULTUAR A IEMANJÁ E A OFERECER-LHE PRECES E OFERENDAS, POIS, SEGUNDO A BÍBLIA, A PALAVRA DE DEUS, ISSO ACABARÁ LEVANDO VOCÊ PARA O INFERNO.

Antes de fornecer às pessoas alguma informação, a intenção primordial parece ser a de transmitir uma advertência explícita sobre o caráter maléfico de determinadas práticas costumeiras. Esse clima de ameaça e de risco é corroborado por um outro panfleto, que recolhi certa vez no Centro Histórico de Salvador sendo entregue por um grupo de obreiros da IURD. Nele, os horários e os nomes dos cultos da igreja são precedidos por uma advertência destacada por letras garrafais: QUEM FALOU QUE VOCÊ NÃO TEM INIMIGOS?

---

75. É importante destacar que para o candomblé o evento de 2 de fevereiro não é tão representativo e que somente alguns adeptos participam da festa, a maioria de forma quase diplomática, cedendo seus conhecimentos e poderes rituais a essa festa criada pelos pescadores e que hoje se encaixa no complexo universo de fenômenos da "religiosidade popular".

O foco, como se vê, é alimentar o proselitismo religioso na insegurança das pessoas, reverberando os conflitos, antes de abafá-los.[76] Durante os cultos que visitei, as festas populares foram sempre tratadas de modo especial, pois seriam ocasiões dotadas de extremo perigo de contágio pelo mal, principalmente através do suporte das comidas, objetos rituais e oferendas envolvidas em sua realização. O foco, como se vê, é a todo tempo o questionamento da natureza do vínculo de troca produzido com o sobrenatural por estas religiões, que, no caso das festas populares, passa a unir o catolicismo (através da dimensão mágica das "promessas") e os cultos afro-brasileiros (abertamente sacrificiais, já que fundados na relação de troca objetal) no erro comum do sincretismo.

Logo a seguir, reproduzo o texto de um panfleto que encontrei colado em uma infinidade de cabines de telefonia pública da cidade. Como se vê, o alvo desta vez é uma outra festa extremamente popular na cidade de Salvador: a festa de Nosso Senhor do Bonfim.

DEUS É DEUS. JESUS É JESUS.
A GRANDE MENTIRA FOI DESCOBERTA.
SENHOR DO BONFIM É UM DEMÔNIO ENGANADOR CHAMADO:
OXALÁ ou DIABO.
NÃO USE FITAS DO BONFIM. NÃO VÁ PARA A FESTA DO BONFIM.

A imagem de Nosso Senhor do Bonfim chega a Salvador vinda de Portugal na metade do século XVIII. Ao longo do século XIX, o santo (e a sua imagem) estabiliza-se como o padroeiro da cidade, como uma série de eventos milagrosos operados por suas saídas da "colina sagrada", todos referentes à solução de problemas de ordem pública, como a guerra de independência, uma grande seca e uma epidemia de cólera.[77] Se o tempo acaba por enredar o Bonfim na vida pública da cidade, não deixaria também de envolvê-lo nas tramas do sincretismo religioso, que passa a concebê-lo como o orixá Oxalá, grande rei morador da colina branca (cor associada a ele), responsável por olhar pelo bem da cidade lá de cima. Roger Bastide (1945), em sua primeira visita à cidade, já percebia a força

76. É a mesma estratégia que se vê atualizada em outro panfleto, que recebi das mãos de pastores da igreja neopentecostal Renascer em Cristo. Após uma curta descrição que associa o candomblé e a umbanda ao satanismo, assim como a citação de alguns trechos bíblicos que tratam da questão da idolatria, lê-se: ELE [Jesus Cristo] ESTÁ AFLITO POR SABER QUE A SUA CONDIÇÃO ESPIRITUAL NÃO É BOA. SUA ALMA ESTÁ EM GRANDE PERIGO, SUJEITA A CONSEQÜÊNCIAS DESAGRADÁVEIS, MAS AQUELE QUE ESTÁ À SUA PROCURA QUER AJUDÁ-LO EM TODAS AS SUAS DIFICULDADES, POIS SÓ ELE ESTÁ EM CONDIÇÃO DE SOCORRÊ-LO, PODENDO MUDAR COMPLETAMENTE O CURSO DA SUA VIDA.

77. Uma cuidadosa recuperação histórica da festa do Bonfim pode ser encontrada em Guimarães (1994).

desta analogia, quando colocava em paralelo os festejos ao Senhor do Bonfim e o ritual das "Águas de Oxalá", que abre o calendário litúrgico das casas de candomblé mais tradicionais de Salvador, como a Casa Branca e o Opó Afonjá.

Tendo se estabilizado como uma das maiores festas populares da cidade, capaz de agregar mais de um milhão de pessoas em suas últimas realizações, a "Lavagem do Bonfim" se conforma em um marco do sincretismo religioso local, além de um evento-síntese, espécie de fato social total da vida pública da cidade. Festa profana, rito religioso, palanque político e atração turística, a "Lavagem do Bonfim" acontece como uma celebração da mistura, além de um símbolo de um modo "tipicamente baiano" de se instalar na cena pública.

Logo na introdução do seu *Orixás, caboclos e guias*, Edir Macedo descreve sumariamente a sua versão da perigosa história espiritual do Brasil, que teria como característica principal o sincretismo:

> O povo brasileiro herdou, das práticas religiosas dos índios nativos e dos escravos oriundos da África, algumas religiões que vieram mais tarde a ser reforçadas com doutrinas espiritualistas, esotéricas e tantas outras que tiveram mestres como Franz Anton Mesmer, Allan Kardec e outros médiuns famosos. Houve, com o decorrer dos séculos, um *sincretismo religioso*, ou seja, *uma mistura diabólica de mitologia africana, indígena brasileira, espiritismo e cristianismo, que criou ou favoreceu o desenvolvimento de cultos fetichistas como a umbanda, a quimbanda e o candomblé* (2005:13, grifo meu).

Observa-se na "mistura demoníaca" descrita por Macedo algumas ênfases bastante interessantes, que parecem se repetir na advertência que destaquei com a fotografia. Nelas, o sincretismo serve como uma via indireta para se produzir a crítica ao catolicismo brasileiro, inimigo poderoso, que mostrou toda a sua capacidade de mobilização nacional no polêmico episódio do "chute da santa", ocorrido em meados dos anos 90. A frase colada no telefone público deixa bem claro isso: o demônio enganador não é o Senhor do Bonfim, mas quem se passa por ele, "Oxalá, ou o diabo". "Oxalá" é outro modo de designar o diabo, já que "Senhor do Bonfim" é apenas um modo de este "demônio enganador" se expressar disfarçadamente.

A crítica indireta ao catolicismo popular tem como meio direto os cultos afro-brasileiros, utilizando-se habilmente as misturas e analogias produzidas pela religiosidade popular como texto base, que é confirmado, mas reconfigurado tendo em vista a inserção dessa espécie de meta-categoria que é "o diabo". Apesar de ter citado líderes de correntes espíritas, além do cristianismo, a produção histórica do infeliz sincretismo brasileiro deságua, segundo Macedo, mesmo no "desenvolvimento de cultos fetichistas como a umbanda, a quimbanda e o candomblé". A espécie de função gramatical chave ocupada pelos cultos afro-brasileiros nesse discurso seria, portanto, a de mediação, de porta de entrada mais fácil, já que supostamente menos legitimada e organizada, não só para se atingir de forma não acintosa o público do catolicismo, o ponto de fato nevrálgico desse campo religioso, mas para adentrar, corroborar e interferir de forma inovadora no "mundo dos espíritos" da religiosidade popular. De acordo com os termos de Sanchis (2001), pode-se afirmar que a força e a complexidade desses ataques estariam em sua capacidade de se desenrolar simultaneamente sobre os planos tanto das "religiões" quanto da "religião" dos brasileiros.

B) O DIQUE DO TORORÓ: "PARQUE NATURAL", "LAGOA DE OXUM" OU "CELEIRO DE ENCOSTOS"?

No dia 22 de novembro de 2000, em Salvador, uma criança chamada Humberto Heitor de Andrade Neto, à época com 7 anos, reconhecida por suas habilidades artísticas, foi convidada pela diretora de sua escola, Sara Campos, a enfeitar o muro do lugar pintando um painel. O tema a ser pintado seria livre:

> Constatou-se que Heitor, na tarde daquele dia, pintou, no muro da Escola Sul-Americana, o Orixá Ogum e foi muito elogiado, inclusive por Sara. Todavia, no dia 23/11/00, (...) a genitora de Heitor, Maria da Penha, recebeu um telefonema de Sara, exigindo que Heitor fosse apagar o painel, porque o pai de um aluno, que é evangélico, ameaçou retirar o seu filho da escola, caso o Orixá Ogum continuasse sendo exposto. Diante da recusa de Heitor de apagar o painel, Sara, por conta própria, mandou que o mesmo fosse encoberto com tinta branca.

No desfecho dessa contenda judicial, que acessei através dos seus autos, a diretora é indiciada pela Promotora da Cidadania por discriminação religiosa, sendo julgada inocente.

Inicio esta sub-seção recuperando o caso acima, pois julgo que ele seja capaz de sintetizar algumas implicações da "frente de batalha" que venho tentando descrever. Trata-se de um evento quase inocente, assim como o nosso objeto de análise, uma espécie de batalha pelo cotidiano da cidade, luta prosaica que faz desse evento uma introdução adequada às armas e aos objetos de sua disputa. Gostaria de destacar nesta cena o contraste entre a intenção "não-religiosa" que move o ato do garoto, que, segundo o promotor do caso, não era adepto e nem provinha de uma família de adeptos dos cultos afro-brasileiros, e a postura defensiva, assim como abertamente "religiosa", com que o pai do garoto evangélico interpreta e reage a tal gesto.

Entre a força estética e poética com que o orixá inspira a imaginação do pequeno artista e a pressão realizada pelo pai para retirar o desenho dali, vendo nele uma espécie de ameaça à segurança do seu filho, instaura-se um debate referente à natureza da representação religiosa e ao modo de o sagrado (seu e do outro) tocar as coisas e nelas se materializar. Por outro lado, insere-se nesta primeira questão a propriedade fundamental que determinados objetos têm de, sem escapar de sua concretude, fazer com que as pessoas se sintam influenciadas pela sua presença, e neles se espelharem, encontrando em sua natureza de signo a um só tempo os seus deuses e a si mesmas. Qual é a diferença entre um objeto religioso e um laico? Qual é a capacidade de influência desses objetos em nossa vida cotidiana? Como inseri-los "adequadamente" na cena pública em um contexto de pluralismo religioso? Essas são algumas questões que sustentaram o evento acima apresentado, e que aparecem de forma mais destacada na polêmica desencadeada em Salvador pela colocação das estátuas dos orixás no Dique do Tororó, em 1998.

A construção do Dique remete ao século XVIII, quando foram represadas as águas do Rio Lucaia para a sua formação. De acordo com Dias (2003), desde então, o Dique ocupou historicamente três funções territoriais distintas. Originalmente, conformou-se em uma barreira para impedir a entrada de invasores por terra, isolando a cidade, antes restrita ao que hoje é o Pelourinho, em seu limite oriental. Ao longo do século XIX, o Dique assume a função de área sagrada do candomblé, passando a ser considerado um domínio de Oxum, espaço propício para a realização de oferendas e outras práticas rituais referentes a este orixá. De acordo com Everaldo Duarte, do Terreiro do Bogum:

> Havia quem visse Oxum desfilar, majestosa, por sobre as baronesas que, no verão, floriam todas em seu louvor. Ora mergulhava, ora flutuava sentada a pentear longos cabelos que se confundiam com os talos da baronesa. De vez em quando, ela seduzia um afoito que, sem se dar conta, mergulhava em território proibido, a bacia que ainda é dela, e não voltava à superfície antes do terceiro dia; e quando voltava era bem distante, do outro lado do Dique, na bacia dos Eguns, onde os Ancestrais se reúnem para receber e conversar com os recém-chegados no Orum (Duarte 2000:264).

No entanto, e apesar dessa belíssima descrição, ao longo do século XX o Dique foi sendo gradativamente aterrado, tanto pelos moradores quanto pelo poder público, que ali construiu o Estádio da Fonte Nova. O aumento da urbanização, do trânsito de automóveis e pessoas pelo local, acaba também afetando o seu caráter sagrado, impondo às divindades que ali habitavam uma vida mais restrita:

> Ali Oxum já não flutua mais, a não ser de madrugada, em surdina, quando os ônibus, os carros, as ambulâncias e todo o resto da parafernália param de circular e por causa disso ela pode cantar. Já não é mais o mesmo canto alto e solto. Apenas alto e sincopado que traduz o seu pesar pela invasão ao seu lugar de brincar (Duarte 2000:265).

Após um período de forte decadência e abandono, o Dique foi recuperado e devolvido à população no dia 2 de abril de 1998, passando a ocupar a sua terceira função histórica: a de parque natural, espaço de lazer para moradores e turistas. Junto à recuperação de sua área natural, ocorre também a instalação de esculturas representando 12 orixás, obras do artista plástico Tati Moreno. Desde então, dentro da lagoa, são vistas as representações de Oxalá, Xangô, Oxum, Iansã, Ogum, Iemanjá, Nanã e Logum Edé, enquanto em terra estão as representações de Oxossi, Euá, Oxumaré e Ossain.

No entanto, junto com os orixás, também se instala uma polêmica, que se vê ampliada com a organização, por parte de setores do segmento evangélico, de uma série de manifestações contrárias à sua permanência naquele lugar. Esse debate, rapidamente disseminado pela opinião pública, realizou-se através de dois argumentos centrais. Por um lado, ocorrem uma série de passeatas, críticas publicadas em jornais e medidas políticas, como a mobilização de vereadores evangélicos, que se colocam contra as imagens por verem nelas um acinte à "liberdade de crença". Por outro lado, e dando um tom mais mágico que jurídico ao debate, começam uma série de rumores referentes aos poderes diabólicos daquelas representações, cuja presença teria transformado o Dique em um lugar dominado pelo mal.

No tocante ao segundo argumento, dois eventos podem ser citados de modo a ilustrá-lo. O primeiro é o hábito que descobri, através de conversas com evangélicos de algumas igrejas presentes na região do Dique, como a Assembléia de Deus, a Renascer em Cristo e a IURD, de evitar passar na área próxima às estátuas dos orixás. Questionado sobre o porquê de tal atitude, um desses fiéis me disse: "Aquilo é área do candomblé, não é nossa não, quando eu venho pra igreja, prefiro passar longe dali. Dali não sai coisa boa, aquele lugar não é meu". Em uma outra conversa, desta vez com uma fiel da IURD, me foi confidenciado que ali era um "seleiro de encostos". O outro é uma longa entrevista, ocorrida no "Portal da Esperança", programa de televisão encabeçado pelo pastor da Igreja Batista do Caminho das Árvores, Átila Brandão, e veiculado pela TV Aratu. Essa entrevista se desenrola entre o pastor e um condutor de barco do Dique, serviço que, de acordo com o último, seria muito utilizado por filhos de santo para levar as suas oferendas para próximo das estátuas. Depois de uma longa fala de Brandão, que inicia o programa advertindo os seus telespectadores de que o candomblé cultuaria o demônio, o condutor passa a servir de testemunha para um curioso fenômeno que comprovaria a força do poder inimigo: após a instalação dos orixás no Dique, os peixes do local estariam morrendo, sem que as autoridades pudessem encontrar alguma causa natural capaz de explicar essa mortandade.

Por sua vez, o argumento jurídico da "liberdade religiosa" é bem sintetizado pela fala de um líder evangélico local, com quem eu tive a oportunidade de conversar durante a minha estadia na cidade. De acordo com ele:

> No Dique, a resistência vem do seguinte: todos os sacerdotes do candomblé entendiam que a instalação daquelas estátuas tinha um cunho religioso. Ora, se tinha um cunho religioso, se era um culto a determinada religião, então ofendia a Constituição brasileira, porque o Brasil é um Estado laico e não pode o dinheiro público ser

> utilizado em um culto, e o dinheiro público estava sendo utilizado para a celebração de um culto. Então, eu poderia também pedir o dinheiro público para imprimir bíblias, e não pode, é um contra-senso. A legislação brasileira proíbe. Infelizmente nós fomos atropelados por essa disposição do poder público baiano em gastar o dinheiro público na celebração de um culto à religião afro. É um equívoco que infelizmente foi cometido.

Percebe-se que o raciocínio é construído com base em dois movimentos elementares. O primeiro instaura as estátuas como objetos de natureza religiosa, nesse caso específico, defendendo-se uma analogia entre elas e a Bíblia. As figuras dos orixás seriam, nesses termos, objetos de culto do povo de santo, e tal estatuto teria como conseqüência lógica, e segundo movimento dessa estratégia, a colocação da atitude da prefeitura de financiar a sua exposição naquela área como algo contrário aos princípios legais garantidores do Estado laico. Levando esse argumento a algumas lideranças do candomblé, pude estabelecer entre os dois segmentos um interessante diálogo sobre o estatuto do signo religioso, ou mesmo sobre a polissemia que parece afetar a noção de "religião" que instaura o debate. Comentando a crítica evangélica, uma liderança do candomblé uma vez me disse:

> O Dique do Tororó eu acho uma coisa muito velhaca os evangélicos serem contra o Dique do Tororó. Todo mundo, nós sabemos, sejamos candomblecistas ou não, que o que existe no Dique são figuras que não são sagradas. São meras representações de um artista dizendo que aqueles são os orixás, é certo que não é orixá, os orixás não têm forma, não têm forma física. Que diabos! Aquilo está ali pra ornamentar, pra perpetuar uma imagem, vamos dizer assim, uma imagem histórica de que existiram os orixás. Mas os evangélicos acham que aquilo é uma coisa que está ferindo a sensibilidade deles e que ali se faz oferendas. Ninguém mais liga pra aquilo, ninguém nunca fez oferenda naquelas estátuas. No Dique sim, mas não naquelas estátuas. Não interferiram em nada, aquilo é somente uma figura que decora o espaço, estão bonitas ali, dão um toque mais elegante no espaço, não vejo porque os evangélicos se danaram tanto por causa daquelas imagens! (risos) Eles acreditam mais nas imagens do que nós! E eles falam que não, imagine!

A fala desloca o estatuto semiótico e sociológico das figuras em questão, que saem do campo da "religião" e passam a ser configuradas como uma espécie de "monumento", que expressaria o reconhecimento por parte do poder público, realizado através da representação icônica das divindades do candomblé, da importância da matriz africana para a história, cultura e imaginário do povo baiano.[78] Dá-se aqui uma característica aproximação entre religião e etnicidade, que, neste

78. Uma declaração do vereador Edson Santos, ligado aos grupos afros de Salvador, também caminha nesse sentido, produzindo um paralelismo com signos típicos dos festejos de natal: "Acho democrático dar ênfase à multirreligiosidade que marca o Brasil, respeitando também a herança africana. Não deve haver espaço só para árvore e Papai Noel".

caso, implicaria a utilização de signos provenientes da primeira "esfera" (coloco aqui entre aspas, porque como veremos é a própria noção de "esferas" que é colocada em jogo por este fenômeno) para representar a segunda em sua entrada na cena pública. Esse deslocamento entre o signo (religioso) e o sistema nele atualizado (etnicidade) implica que os dois argumentos evangélicos, o mágico e o jurídico, sejam colocados em contradição, já que passam a dotar de mais eficácia religiosa aquelas imagens, vindas do campo "inimigo", do que a própria religião que as gerou. É o que se vê no destaque irônico dado pelo meu entrevistado ao fato de que os evangélicos "acreditam mais nas imagens do que nós", indicando, ao menos neste caso, uma familiaridade maior dos praticantes de culto afro do que dos evangélicos com o regime moderno da "representação", do "símbolo", em suma, do vínculo arbitrário com a matéria representante.

É essa aparente inversão que se vê corroborada por dois outros eventos com que tive contato. Os primeiros são as invasões e depredações de lojas especializadas em objetos ligados ao candomblé, que seguem o mesmo padrão de exorcismo observado nas invasões dos terreiros. Os outros foram os atos de vandalismo contra outras obras artísticas que fazem referência ao universo mítico dos orixás, como as pinturas do artista plástico Juarez Paraíso, que tiveram a sua destruição documentada pelo curta-metragem "Ira". Além disso, e como vimos anteriormente, também nas invasões de terreiro, a destruição das peças litúrgicas aparece como uma atitude de importância central, dada a sua recorrência.

Essa espécie de "fetichismo" cristão, que nos rituais de libertação da IURD está associado à produção ritual de objetos capazes de "fechar" a vida cotidiana das pessoas ao mal e de gerar um compromisso de regularidade com o culto, através da sua utilização enquanto centro dinamizador das chamadas "correntes", nesses casos manifesta-se de forma negativa, produzindo através da apropriação do universo objetal inimigo a sua contraparte, com a qual os evangélicos se vinculariam em termos de oposição. Desse modo, conformam-se no mundo dos objetos dois campos em tensão: de um lado, tambores, ibás, quartinhas, ebós e assentamentos; do outro, balas ungidas, rosas do descarrego, martelos da justiça, xampus consagrados etc. O destaque a essa aparente contradição evangélica, que, mesmo sendo parte de uma corrente histórica fundada na crítica à mediação imagética, dota de excessiva atenção e poder (mesmo que negativos) os signos provenientes do universo afro-brasileiro, aparece de forma constante na fala de representantes do "povo de santo" com quem tive contato em campo. Voltando ao tema dos orixás do Dique:

> Pois é, a gente nunca ligou pra aquilo ali como templo, existem 2 locais sagrados no Dique que a gente sempre fez oferenda, mas não é ali, é noutro lugar. A gente passa por ali e acha até engraçado. "Olha lá Oxalá, olha não sei quem!". A gente sabe

> que não é. Eles se preocuparam à toa, e com isso eles deram um tom de veracidade àquilo que a gente não acreditava. Eles falam que os católicos adoram imagens, e que o candomblé também, não tem sentido, lá não tem imagem nenhuma pra gente adorar, e pra eles sim.

Nessa argumentação, é interessante a referência à noção de "templo", que coloca de forma explícita as duas concepções de territorialidade que entram em choque na disputa pelo Dique: uma que é móvel e ritualizada (a do candomblé) e a outra que é essencialista e exclusivista, que se projeta na primeira como parte de uma estratégia de congelamento de sua mobilidade. Nesse sentido, pode-se dizer que o Dique seria uma espécie de "território descontínuo" (Souza 1995) do candomblé, assim como uma série de outras áreas naturais da cidade, como o parque de São Bartolomeu, a Lagoa do Abaeté, ou mesmo lugares mais comuns, como uma pequena mata de um bairro qualquer ou uma determinada encruzilhada. Esses lugares comporiam, juntamente com o território contínuo do terreiro, a totalidade da territorialidade sagrada do candomblé, que, em seu limite, viria a ocupar, de forma potencial, o todo da cidade.

Nas áreas descontínuas do candomblé, é a *performance* humana que instaura o sagrado, gerando o retorno metonímico do tempo mítico, do eterno, do essencial, que se atualiza no suporte material das matas, lagoas e ruas da cidade a partir de uma espécie de cópula ritual com o mundo profano. Tal dinâmica não exclusivista possibilita, na polêmica dos orixás do Dique, que os praticantes de candomblé declarem que naquele lugar há apenas um parque natural, sem que essa posição impeça a sua pontual (e não contraditória) transformação em lagoa de Oxum. Enquanto isso, impossibilitadas por seu essencialismo espacial, a corrente mágica dos evangélicos define o Dique como um perigoso "celeiro de encostos", enquanto a corrente jurídica vê ali uma perene "lagoa de Oxum" (com as aspas que geralmente demarcam a crença que vem do outro).

Talvez seja essa maleabilidade, capaz de instalar e desinstalar com a mesma rapidez o "religioso" no suporte profano da cidade, que faça cair em contradição qualquer crítica que caminhe na direção de apontar possíveis excessos da presença das religiões afro-brasileiras na esfera pública, o que se percebe pelos sucessivos fracassos da iniciativa evangélica de tentar retirar as estátuas do Dique. Afinal de contas, e como uma vez me disse um filho-de-santo: "O candomblé é o que a festa faz, está onde a festa acontece".

C) "ACARÁ", "ACARAJÉ" OU "BOLINHO DE JESUS"?

Outro ícone identitário da cultura popular baiana sobre o qual se realizaram e ainda se realizam intensas disputas é o acarajé. Hoje em dia, no Brasil, falar desse bolinho de feijão fradinho, cebola e sal frito no azeite-de-dendê fervente, é instantaneamente referir-se à Bahia. Ao mesmo tempo, e como parte desta associação com a identidade baiana, o acarajé permanece um signo que carrega em si de forma radicalmente condensada a dinâmica histórica e sociológica relativa à instalação forçada das populações africanas na cidade. Significando através do seu cheiro, das suas cores e do seu sabor, o acarajé, enquanto uma espécie de síntese sensível da história do negro na Bahia, carrega consigo uma série de mudanças e contradições, e talvez por isso seja, de acordo com o mote levi-straussiano, tão bom para pensar quanto para comer.

O acarajé é filho do "acará" africano, consumido sem os recheios hoje comuns em seu descendente brasileiro.

> O bolo de fogo Acará significa bolinho, sendo o nome original do acarajé em locais do Golfo do Benim, África Ocidental. Bolinho de feijão (Phaseolus angulares Wild); ajeum é verbo que, em Iorubá, designa o ato de comer. Então, o que as mulheres (que fazem e vendem na rua o alimento) anunciam acará, acará ajé, acarajé, é o "bolinho de comer" (Lody 2005:75).

Narra o mito ioruba, transcrito em Verger (1997), que logo após se separar de Ogum e se unir a Xangô, Iansã segue, enviada pelo segundo à terra dos baribas em busca de uma mistura que, caso ingerida, lhe daria a capacidade de lançar fogo pela boca. Sempre corajosa, Iansã prova do líquido, vindo a adquirir a poderosa capacidade de cuspir fogo. Baseados nesse mito, e tendo em vista homenagear os deuses nele envolvidos, os iorubas realizam as cerimônias do fogo, onde um iniciado carrega na cabeça uma jarra cheia de furos com fogo dentro, o àkàrà, quando os iniciados engolem mechas de algodão embebidas em azeite-de-dendê em combustão.

A influência africana na culinária brasileira não se reduz, como sabemos, ao acarajé. O Brasil é um dos países do "Novo Mundo" onde a culinária africana exerceu maior influência nos hábitos alimentares. De acordo com Câmara Cascudo (1936), escravos africanos foram levados para muitos lugares da América, no entanto, no Brasil, a culinária negra se aprimorou e se difundiu de forma extraordinária graças principalmente à maciça presença das mulheres negras nas cozinhas dos senhores coloniais, particularidade histórica que fez com que uma série de pratos africanos não tardasse em ocupar um lugar definitivo nas mesas brasileiras. Tal regularidade inexistiu em outros lugares acessados pela diáspora africana, onde houve até contextos em que a colaboração negra na cozinha fosse terminantemente proibida.

No caso de Salvador, a esse aspecto geral vem a se somar, no final do século XVIII, um outro evento de suma importância para o desenvolvimento da culinária local: a reinstalação e reorganização em comunidades estruturadas do sistema religioso de escravos de origem nagô e iorubá, que vieram a configurar o que hoje é o candomblé. A relação entre candomblé e alimentação é de forte interdependência. Lá onde houve orixás, conseqüentemente, houve sacrifícios e oferendas de alimento, dado que esses seriam os modos típicos de esta religião produzir a comunicação ritual entre os homens e as suas divindades. A feitura dos pratos, que são colocados em frente a cada "assentamento", nome dado ao altar de cada orixá, e o consumo ritual do restante pelos filhos de santo no *ajeum*, são eventos obrigatório em qualquer cerimônia do candomblé. Onde comem os deuses, comem os homens, e assim, constrói-se um poderoso suporte religioso para a memória da culinária africana, responsável pela preservação, em novo solo, do ebó de Oxalá, do doboru de Obaluaê, do omolucum de Oxum, assim como do acará de Iansã.

Enquanto comida sagrada, portanto, os acarajés fazem parte do cardápio predileto de Iansã, além de unir-se ao amalá, prato de quiabos, dendê e pimentas, servido acrescido de acarajés maiores e alongados a Xangô. Já no início do século XIX, a iguaria passa a ser uma das principais fontes de renda das chamadas "baianas de acarajé" em Salvador, mas somente sob a forte regulação religiosa das casas de candomblé. Filhas de Oxum vendem cocadas, filhas de Nanã, mingaus, filhas de Oxóssi vendem frutas e filhas de Iansã e Xangô, acarajés. Portanto, no passado, para montar um tabuleiro e ir vender na rua era preciso ser filha de Iansã ou Xangô e ser designada pelos orixás para cumprir essa missão. Além disso, essas vendedoras só poderiam sair às ruas mercando o "bolinho de fogo" depois das 17 horas. Como destaca um informante:

> O acarajé também não é mais aquilo que era no início de 1900, porque acarajé naquela época era pro sustento mesmo da família [refere-se aqui à 'família de santo']. A mulher saia vendendo, mercando, o acarajé, botando seu tabuleiro aonde fosse, pra sustentar aquela família, ou até pagando alguma obrigação depois que saia do santo, ela ia vender acarajé na cidade pagando uma obrigação pra aquele santo. As yaôs [mulheres em iniciação] era que iam vender acarajé. A depender do santo e o que o santo tirasse, então aí você tinha muito isso, a ligação dos vendedores e da casa de candomblé. Pra você ter idéia, você tinha que mulheres que, quando saiam do santo, o santo tirava pra elas venderem fato [gordura animal]. Tem mulheres que construíram riquezas vendendo fato na cidade de Salvador, que o santo tirava pra ela trabalhar. Então é o orixá que ordenava no que ela ia trabalhar e como ela ia conseguir sobreviver daquele trabalho. Ordenava, quer dizer, não é uma ordem que eu quero dizer, ele dava um caminho pra vida dela, e hoje você não vê mais isso.

A partir da segunda metade do século XX, muitas dessas baianas foram ganhando fama e um bom dinheiro, e se estabeleceram como verdadeiras celebridades: Romélia, Vitorina, Damásia e Quitéria, as mais antigas, cuja área de ação era principalmente o Centro e Comércio, além de Dinha, no Rio Vermelho, dona Chica, na Pituba, e Cira, em Itapuã, que acompanharam o crescimento da cidade para o litoral norte. Nessa dinâmica, a atividade antes restrita às filhas de Iansã e Xangô se populariza tanto que acaba rompendo com a sua regulação religiosa, e passa a ser gerida por critérios de mercado. A abertura do mercado fez com que a iguaria começasse a ser vendida por baianas vindas de todas as religiões; além disso, fez com que ela passasse a ser vendida também em lojas, bares, delicatessens, restaurantes e supermercados. É no vácuo deste processo de laicização e de ampliação mercadológica que se dá a entrada dos evangélicos neste universo, antes exclusivo dos cultos afro-brasileiros.

Signo que tem refletido e materializado, ao longo da sua existência, as contradições do processo de modernização da cultura baiana, o acarajé não passaria ileso ao forte crescimento evangélico que acontece na cidade a partir dos anos 80. Antigas baianas convertidas, novas baianas evangélicas que entram nesse lucrativo nicho profissional e, principalmente, um grande número de consumidores religiosamente orientados, estes são os personagens que ajudam a compor as cenas de tensão e controvérsia que têm dirigido a relação entre os evangélicos e o acarajé desde então. Dispostos, mais uma vez, a refletir o seu aumento quantitativo na configuração da cena pública da cidade, esses segmentos religiosos passam a realizar, através de pressões que incidem sobre o consumo e a produção, uma série de adaptações no antigo "bolinho de fogo" de origem ioruba. Nesse sentido, instaura-se o costume de que evangélico só pode comer acarajé "puro", isto é, ou feito por outros evangélicos ou feito por profissionais que se preocupam em ocultar determinados diacríticos afro-brasileiros, principalmente as vestimentas, ainda fortemente associadas ao mundo do candomblé:

> Eu acho que o candomblé perdeu bastante território. Mais ou menos em 1970, você tinha não sei quantas mulheres vestidas de baianas pela rua, sem problema algum. Depois, já em 1980, você foi perdendo as mulheres vestidas de baiana sensivelmente, pois algumas estavam se interessando pela religião do evangélico, né? Quando agora, anos 90 até 2000, praticamente as baianas perderam as suas roupas tradicionais na cidade de Salvador. Elas são do candomblé, mas não querem perder a roupa porque não querem perder o cliente que é evangélico.

O aparecimento do "bolinho de Jesus" em alguns tabuleiros evangélicos ocorre como o ponto ápice deste processo de apropriação, que visa romper definitivamente com os vínculos que ainda associavam o acarajé às religiões afro, evitando-se designá-lo através do seu nome de origem iorubá. Espalhados por toda a cidade, e geralmente enquadrados por letreiros como: "feito sem feitiço", "feito sem trabalhos e rituais", "assegurado por Jesus", esses tabuleiros se diferenciam dos seus parentes "impuros", portanto, em dois aspectos principais: primeiramente, por não serem servidos por uma "baiana", e sim por uma pessoa trajando roupas comuns, e conseqüentemente, por serem produzidos sem os intermédios comuns ao candomblé, principalmente as ofertas a Exu.

Referindo-se a esse ritual que costuma abrir o dia de trabalho das baianas de acarajé tradicionais, afirma uma informante:

> Eles não eram pra estar mexendo com acarajé, os crentes. Isso não é origem deles. O acarajé é de origem africana. É o acará, é a comida do orixá. Eles aí tão trabalhando com isso como "bolo de Jesus". Ah, me deixe... Os primeiros 7 acarajés, despacha-se, como eu digo, pra aquele que dá o caminho, aquele que dá a direção, aquele que faz a comunicação, que é Exu. Nós não fazemos nenhum trabalho, em nenhuma festa, sem que a primeira oferenda seja de Exu. Ele é o primeiro dos orixás, o que abre os caminhos. Ele tem uma comunicação com os demais, por isso, depois de trabalhar com Exu, a festa vai transcorrer em paz, o dia de trabalho vai ser bom, a vendagem vai ser boa, nada de ruim acontece, e tudo fica bem, porque nós louvamos a ele primeiro. Exu e Oxalá, porque um dá comunicação, o outro dá paz.

Como na controvérsia do Dique, as disputas pelo acarajé são compostas tanto por uma corrente jurídica, "moderna" e individualista, que aqui é focada na questão das vestimentas, quanto por uma corrente mágica, centrada no problema, já mencionado na análise do discurso ritual e televisivo, das "comidas trabalhadas". Referindo-se a este último aspecto, Edir Macedo é enfático em seus escritos:

> Todas as pessoas que se alimentam dos pratos vendidos pelas famosas baianas estão sujeitas, mais cedo ou mais tarde, a sofrer do estômago. Quase todas essas baianas são filhas-de-santo ou mães-de-santo que "trabalham" a comida para terem boa venda, Algumas pessoas chegam a vomitar as coisas que comeram, mesmo que isso tenho sido há muito tempo (Macedo 2005:42).

Neste caso, e diferente, como veremos, do argumento jurídico, observa-se que, longe que mudar de registro discursivo, a estratégia evangélica é mais uma vez a de vencer o inimigo em seu próprio território, produzindo-se pontes textuais sem sair do invólucro estritamente "religioso" do debate. Dois indícios da construção deste paralelismo são: i) a produção do acarajé "do bem", ou seja, feito sem a economia de vínculos agonística e "possessiva" que articula o candomblé ao sobrenatural; e ii) a distribuição de uma série de contra-feitiços, principalmente nos rituais da IURD, objetos mágicos como o "sal do descarrego", que devem ser acrescentados às comidas de origem africana de modo a anular qualquer risco de contágio pelo poder maléfico que pode habitá-las.[79]

Ao longo do trajeto, que vai desde a laicização plena até a apropriação evangélica do acarajé, percebe-se um caminho paralelo em que a comensalidade, valor e código central para as religiões de origem africana, sofre uma guinada em sua eficácia, que vai da completa anulação ao paroxismo. Nesse processo de reaquecimento do poder performativo da comensalidade, a relação entre comida e o sobrenatural sai do inócuo estatuto de "crença" ou de "simbólico" do outro e

79. Observa-se aqui uma divisão, pois enquanto a IURD dá maior ênfase ao argumento mágico, disseminando-o entre a população, outros grupos evangélicos tendem a reforçar a ofensiva jurídica, e a usar os meios da política.

passa a ser ativada como um tencionado e indéxico campo de ataques e contra-ataques discursivos.

Não somente a comensalidade, outros elementos textuais atualizados na venda do acarajé também parecem "deslizar" metonimicamente de uma religião à outra, montando-se um anteparo de trocas que estrutura e antecede as estratégias de guerra. Um desses elementos, com que tive algum contato em campo, encontra-se na recorrente referência a uma "vocação" entre as vendedoras de acarajé de origem evangélica. Distinguindo-a do "beruf" weberiano e protestante histórico, vivido enquanto "ética do trabalho", diria que esta "vocação" seria dotada de alguns pontos de aproximação com a relação estabelecida entre orixá e profissão, a mesma que dominara a venda do acarajé antes da sua abertura mercadológica. Conversando com "baianas" evangélicas, que se concentravam na região do Comércio e do Caminho de Areia, pude recolher algumas declarações interessantes, que pareceram confirmar as minhas suposições.

Em uma dessas conversas, dialogando com uma ex-filha-de-santo que montara a sua banca de quitutes havia pouco tempo, escutei a declaração de que: "A venda do acarajé foi uma estratégia de Jesus na minha vida. Eu era do candomblé, queria montar um bar, mas ele me apontou esse caminho". Neste caso, o trânsito religioso é seguido de perto por uma mudança econômica, que se deixa ver no enunciado da mulher através da interessante analogia de tipo "puro" / "impuro", que coloca o acarajé no primeiro pólo (oposto ao do candomblé): candomblé / bar :: cristianismo evangélico / acarajé. Por sua vez, em uma conversa com uma antiga "baiana", agora convertida pela Assembléia de Deus, me foram expostas algumas vantagens econômicas que balizaram a sua "mudança de lado": "Fui tocada pela inspiração divina, o Espírito Santo me disse que era isso que tinha que fazer, devia mudar. Aí tudo melhorou, comecei a vender mais ao lado dele, ele me garante".

Gostaria de colocar esses trechos em paralelo com o depoimento de dona Ivone do Carmo, 69 anos, que tem mercado acarajés ao lado da igreja do Bonfim há 44 anos. Recolhi estas declarações de uma entrevista concedida por ela, que é uma das mais tradicionais "baianas" da cidade, ao jornal Correio da Bahia, de 31 janeiro de 2003:

> Quando tinha 12 anos, fui no terreiro perto da minha casa, no Pau Miúdo, procurar emprego. Tomei a bênção, peguei a conversar e perguntei se precisavam de empregada. Veio a mãe-de-santo, Maria do Socorro, e disse que eu não ia ser empregada não, que ia ser do terreiro, porque ela tinha sonhado com uma senhora dando uma menina a ela. Fiquei morando lá, ela terminou de me criar, fui iniciada e tomava conta de tudo. Foi lá que eu aprendi a fazer os acarás dele [Xangô], compridinhos, e os dela [Iansã], bem redondinhos. Fazia pra comida, pra vender do lado do barracão e repartir no candomblé. Ainda mocinha, vim morar no Bonfim e aqui tive um sonho com Iansã me dizendo: "Ivone, você vai ser baiana, a baiana mais famosa da Bahia".

Em comum entre a fala das vendedoras evangélicas e a de dona Ivone, encontra-se uma relação com o sobrenatural que teria a função de revelar e avalizar a profissão escolhida, "dando crédito" às ações dessas mulheres ao longo das suas carreiras. No bairro do Rio Sena, encontrei mais um tabuleiro "tocado" pelo Espírito Santo, o de Rose, que, logo que descobriu o seu destino, contratou três ajudantes evangélicos para trabalhar com ela: "Pois é, só evangélico aqui. Aqui tá fechado, o nosso acarajé é abençoado, posso até vestir roupa de baiana!". Percebe-se aqui que a função desta "vocação" seria a de assegurar as alianças corretas com o outro mundo, e não a de fornecer preceitos tendo em vista regular eticamente a agência desses sujeitos neste mundo. A idéia é, para os dois tipos de baianas, e de acordo com a terminologia de origem afro-brasileira, estar sempre "fechado" durante o cotidiano do trabalho, seja fazendo despacho para Exu, seja entregando a sua vida ao Espírito Santo.

Por sua vez, a corrente jurídica da ofensiva evangélica sobre o acarajé tem como interlocutor não somente o candomblé, mas também o Estado, tanto no âmbito municipal quanto no federal. O grande crescimento no número de tabuleiros, resultante do processo de desregulamentação religiosa, implicou a assunção, por parte do Estado, da tarefa de definir o que viria a ser a forma "correta" de comercializar essa antiga comida sagrada, fato que passa a acontecer de forma mais programática somente a partir do final da década de 1990. Os novos critérios adotados deveriam incidir tanto sobre o controle das condições de higiene, que passam a ser bastante questionadas por setores da imprensa,[80] quanto sobre os meios e modos de produção e venda do quitute. Sob este segundo aspecto, estaria em questão, além do recente surgimento de algumas controversas "lanchonetes" de acarajé, a crítica às comerciantes evangélicas, que se recusavam a vestir a tradicional roupa de "baiana". É nesse contexto que o debate sobre o "bolinho de Jesus" toma a opinião pública da cidade, tendo ampla divulgação através dos órgãos de imprensa e da ABA, a "Associação das Baianas de Acarajé".

Nota-se que a progressiva quebra do monopólio do candomblé sobre o acarajé não resulta necessariamente em uma radical vulgarização deste alimento. A sua força representativa, materializada em sua qualidade de ícone identitário da Bahia, tende sempre a blindá-lo com o estatuto de um objeto "especial", que deve ser protegido, de alguma forma, aos olhos do Estado e de setores da população, das possíveis descaracterizações resultantes de um processo desregrado de modernização. É esse caráter "sagrado", apesar de laico, da venda do acarajé para a cultura popular baiana, que é defendida pela série de medidas regulatórias que passam a controlá-la.

---

80. O produto já teve momentos de queda no início da década quando uma pesquisa realizada pelo "Fantástico", programa levado ao ar aos domingos à noite pela Rede Globo, mostrou que a qualidade do acarajé não era boa.

O principal mecanismo regulatório utilizado pela prefeitura tendo em vista a atividade das "baianas" foi o decreto municipal 12.175, de novembro de 1998, com portarias subseqüentes, que indicava a padronização de indumentárias e tabuleiro, o controle da higiene na preparação e manuseio do alimento e a localização de cada banca da cidade.[81] No que se refere à indumentária, ficou definido o uso obrigatório de "vestimentas típicas, de acordo com a tradição afro-brasileira" (art. 2, par. 2) a toda vendedora, ou seja: "bata ojá, em algodão bico de renda, saia rodada, torno pano-da-costa, colares de contas e argolas de búzios" (Portaria 171/99, art. 3), regra sancionada por uma multa de 30 Ufirs (mais de R$ 30.000,00).

A reação do segmento evangélico foi imediata, e se deu através dos jornais e da Câmara Municipal. O argumento lembra de perto aquele defendido na polêmica do Dique, ou seja, a acusação de que o Estado alimentaria uma relação privilegiada com o candomblé na cidade de Salvador:

> Sobre o caso das baianas de acarajé. Nós acreditamos que a indumentária tal qual foi colocada também é uma preocupação de celebração de culto. Ora, não se pode obrigar a quem não quer celebrar esse culto a ter que celebrar. Se pra poder vender um quitute você ter que ser adepto de um culto, isso é um contra-senso. Estamos em um país livre, laico, quem quiser vender quitute deve fazer tendo a religião que ele quiser! Então, se pra vender um quitute tem que se estar cultuando dessa ou daquela forma é também uma violência que não pode ser aceita. O uso das roupas é colocado textualmente pelos babalorixás e ialorixás como uma forma de celebração do culto. Nós não cultuamos as entidades do candomblé e devemos ter a liberdade de exercitar a religião que queremos. Se alguém quer vender quitute dentro de todo preceitos legais não pode ser obrigado a ter que celebrar um culto.

Tanto aqui quanto no caso do Dique, a estratégia é sair do registro horizontal das acusações de feitiçaria e passar ao registro vertical da "acusação de religião". Em ambas as correntes da ofensiva, a mágica e a jurídica, a eficácia religiosa aparece como critério em disputa. Se, na primeira, trata-se de reforçar a eficácia do objeto que vem do outro tendo em vista demonstrar que é possível respondê-lo em seus próprios termos, com a produção de um contra-objeto alimentado nas redes de um cristianismo "de alianças", na segunda, a idéia passa a projetar tal eficácia no universo objetal do outro tendo em vista construí-lo discursivamente como uma evidência da "religiosidade" da ação que o acompanha. Confirmando a centralidade do estatuto dos objetos nessa disputa, seja como ícone identitário, seja como índex performativo, afirma um outro informante evangélico, através de uma analogia bastante particular:

81. Conseqüentemente, e levando ao seu limite esse processo de "proteção" o acarajé foi tombado pelo governo federal, em 2004, como patrimônio imaterial da nação.

> Por exemplo, os crentes usam muito paletó e gravata. Talvez em um domingo seja quem mais anda na rua de paletó e gravata. Vou dizer então "agora pra costurar paletó e gravata tem que ser crente!". Não pode, toda pessoa tem que ter a liberdade de fazer e de comprar se quiser na mão dele. A gente quer ter a liberdade de deixar quem quiser usar o símbolo usar, quem não quiser não pode ser obrigado a usar. Porque o que é que foi que intentaram, intentaram que a pessoa que fosse vender acarajé fosse obrigada a ser celebrante do culto. A gente acha que isso aí é uma imposição descabida, né? É uma violência contra a liberdade.

Enquanto as duas estratégias evangélicas tendem a empurrar o acarajé novamente para o compartimento "religioso", mais uma vez o candomblé se refugia no campo do "etnicidade" e da "cultura popular", defendendo o caráter inócuo e, portanto, plenamente mercadológico, apesar de "tradicional", desses objetos:

> Eu acho que o espaço comercial, falando do acarajé, tá aberto pra todo mundo. Todo mundo pode negociar, pode comerciar o acarajé. O que não pode é ter privilégios. Se a evangélica quer vender acarajé e a prefeitura diz que tem que se vestir de baiana, então tem que se vestir de baiana mesmo, é a permanência de uma tradição, da cultura da cidade, e não de uma religião. Não vou vedar, não vou deixar que ela deixe de vender acarajé só porque ela é evangélica. Pode ser espírita, evangélica, candomblecista ou não, é um mercado que pode ser explorado por qualquer pessoa que seja capaz de explorar.

A defesa da lei tem em vista, portanto, a permanência de uma "tradição", da qual as vestimentas seriam simples sinais, indícios de um tempo que não há mais, signos excessivamente estéticos e intelectuais, desprovidos de eficácia e, portanto, tornados "símbolo", "cultura", e não mais "religião". É essa capacidade de o candomblé jogar com a cena pública de Salvador tanto como "religião" quanto como representante privilegiado da matriz étnica e histórica de maior visibilidade na cidade que permite às suas lideranças um forte poder de negociação, podendo ocupar com o seu argumento um ou outro desses pólos a partir das problemáticas com que se deparam. Talvez por isso a analogia ensaiada por meu informante evangélico entre o terno e a gravata e a roupa da "baiana" de acarajé soe tão estranha, pois o caráter bem mais estrito de "religião" dos grupos evangélicos aos olhos do senso comum tem como contraparte a baixíssima especificidade do seu universo objetal, apesar da tentativa das correntes mágicas de sua ofensiva, lideradas pela IURD, de tentar preencher esse vazio através daquilo que defini como uma oposição metonímica aos cultos afro-brasileiros.

Se, por um lado, a relação com a etnicidade tem servido ao candomblé como alternativa para justificar a sua agência e a defesa da sua influência no cotidiano da cidade para além da esfera estrita da "religião", por outro, ela tem fornecido o modelo identitário chave para um dos aspectos de sua modernização, aquele que o articula ao Estado através das "políticas do reconhecimento" (Taylor 1994). A partir dessa guinada para o registro da "etnicidade", que, como veremos a seguir, toca apenas alguns setores da sua comunidade, o candomblé passa a reorganizar a economia de critérios que ordenam a sua visibilidade e a sua auto-caracterização, assumindo novos valores centrais como, por exemplo, o de "autenticidade":

ACARÁ JÁ!

(para Sônia de Yansã)

chega de tanto enxerto!
não quero mais desse jeito
a comida de minha mãe
quando pedi "completo"
era i n -t e i - r o
não repleto de tanta aporrinhação

não!!
com salada? nem de graça
nem pense em botar mostarda
(era só o que faltava!)
ketchup? já botou?
tire, tire por favor
não quero nem os parentes:
vatapá, o molho ardente
caruru ou camarão

tire tudo que disfarça
tire cristo dessa massa
eu só quero um a c a r á... já!

Onawale, Lande (2003)

O poema de Lande Onawale parece sintetizar bem essa última visada sobre o acarajé. O que se deseja, nessas novas demandas, e fechando uma espécie de círculo que, de fato, revela-se como um espiral, não é nem o acarajé nem o bolinho de Jesus, mas o retorno ao acará original. Com ele se quer saborear, e "já", a África mãe, atualizada em um candomblé "sem enxertos". Nesse compasso, expurga-se a modernidade da mostarda e do ketchup, além da não menos moderna comunhão com o "cristo dessa massa", mas retira-se também o vatapá, o caruru, o camarão, em suma, todos os sincretismos que constituíram o acarajé como um produto representante do "Novo Mundo".

Na massa pura, e não tão saborosa, do acará africano, o candomblé quer se encontrar "autêntico". Livre de "tudo que disfarça", ele quer quebrar o espelho, encontrar a sua "presença", "encontrar-se", e, por que não?, usando a mesma alegoria chave que conduziu a minha análise do rito de libertação da IURD, "tomar posse de si". São algumas dessas questões, fortemente potencializadas pela ofensiva evangélica em Salvador, que passarei a tocar na segunda parte deste livro, que tratará das defesas e contra-ataques do candomblé diante dos avanços daquele que o tomou como a sua dádiva-veneno, e que o abraçou como o seu inimigo mais íntimo.

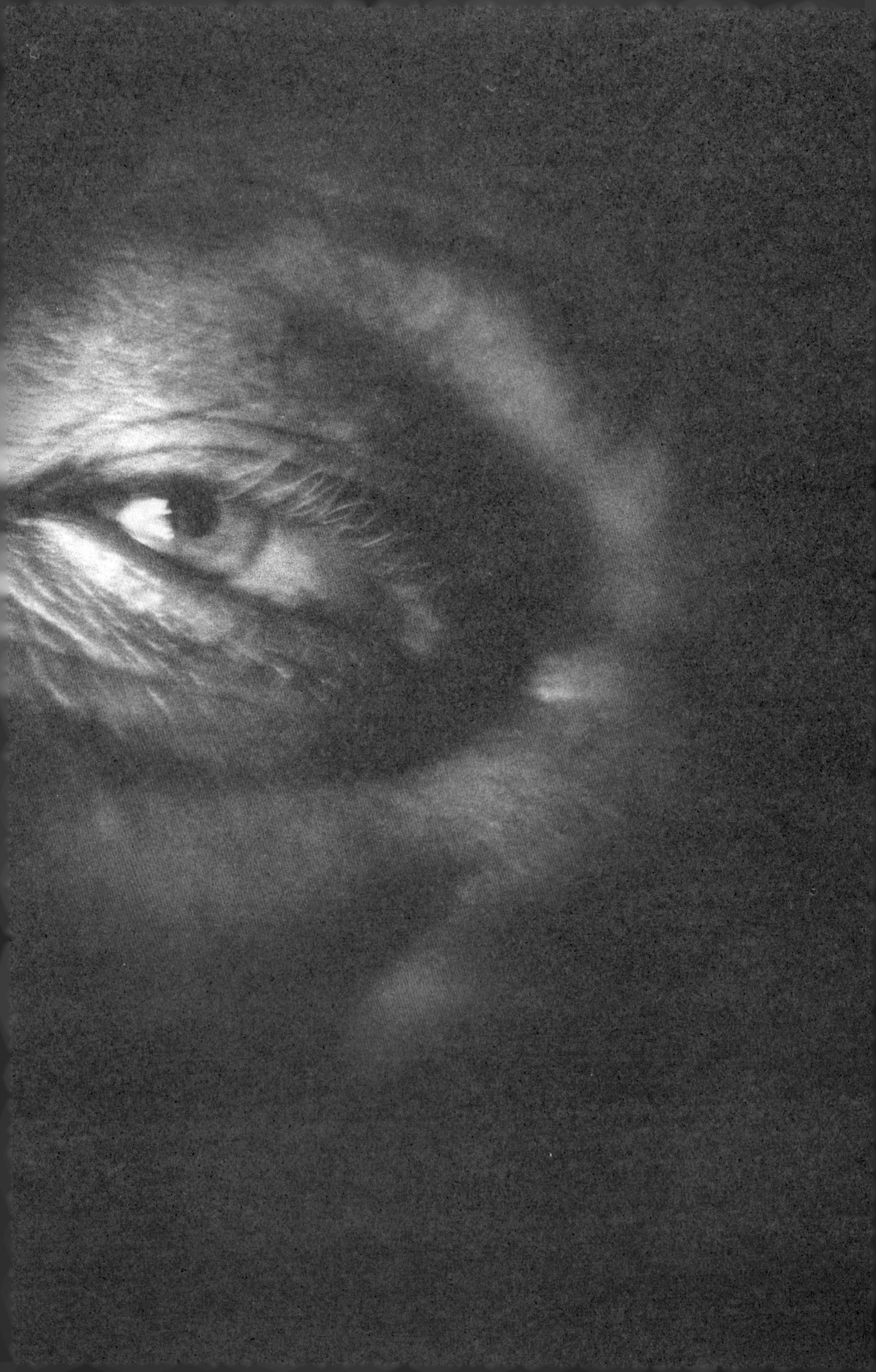

PARTE 2

Hospedando o inimigo: a "batalha espiritual" e as velhas e novas configurações do candomblé baiano

> Antes de tirarmos o espelho da parede para virá-lo, lancemos um último olhar furtivo. Para ver quem é que vai virar o espelho. Não é esta função do espelho? Mostrar quem sou, aqui, agora? Permitir que ajuste a máscara mais perfeitamente? Ou, em ocasiões mais raras e extremas, permitir que tire a máscara e contemple o que está por detrás dela? Pois o nosso olhar furtivo no espelho mostra a seguinte imagem: a máscara sorridente de quem sabe virar espelhos. A máscara está um pouco solta. Ajustemo-la rapidamente e viremos. A massa cinzenta do nitrato de prata é totalmente opaca.
>
> Vilém Flusser (*Ficções Filosóficas*)

Ao longo dos dois capítulos anteriores, recuperei a ofensiva evangélica sobre os cultos afro-brasileiros em Salvador dividindo-a, para fins analíticos, em duas fileiras principais: a frente de libertação, atualizada pelo "meta-aprendizado" ritual de uma narrativa bastante particular sobre a pessoa e a alteridade, e a frente de ocupação, operada através de mecanismos variados de inserção e de avanço desses grupos e dessa narrativa sobre a esfera pública da cidade. Destaquei, conjuntamente, que ambas as frentes seriam parte de uma mesma estratégia de expansão, que teria como base principal aquilo que defini como um ancoramento "metonímico" do pentecostalismo no universo cosmológico dos cultos afro-brasileiros. Duas categorias evangélicas apareceram, então, como elementos-chave desta estratégia, tendo a finalidade de articular as duas textualidades religiosas em questão em um sintagma único, constituindo assim aquilo que denominei "campo de batalha", o espaço discursivo onde se desenrolam tanto as libertações rituais quanto os conflitos cotidianos: as noções de "fé" e de "mal".

A valorização da "fé" do inimigo seria uma forma de animar a sua capacidade mágica, dotando as suas práticas de eficácia, enquanto se passa a concebê-las como um "engano" e não mais como um "erro". Assim, vimos, na análise do discurso televisivo da IURD, como a conversão de antigos pais e mães-de-santo pode ser considerada um fenômeno de "mudança de lado", constando como uma forma do antigo feiticeiro "trabalhar para o bem" e exercitar de forma mais saudável e controlada as suas capacidades de mediação com o sobrenatural. Essa seria uma atitude bastante distinta do estado atual da relação entre o catolicismo e os cultos afro-brasileiros em Salvador, assumidos ou como um outro folclorizado, isto é, tolerado à custa de ter as suas práticas e crenças tornadas inócuas do ponto de vista propriamente religioso, ou como uma versão "metafórica" de si mesmo, que, através de certa versão do discurso do sincretismo, entende que estes grupos praticariam o catolicismo através de outros meios.[82] Se, no primeiro caso, os orixás aparecem como simples ícones identitários, representantes imagéticos de uma determinada matriz histórica e étnica, no segundo, eles constam como símbolos, signos que representam sem nenhuma participação ou comunhão as figuras chave do cristianismo católico, sem de fato constar como o fim último visado pela fé a eles orientada.

Ao acoplar-se a esse outro de forma horizontal, e não mais vertical, ou metafórica, a IURD, assim como os outros grupos evangélicos atraídos por seu efeito mimético, exercem uma sobre-codificação dualista dessas religiões de sacrifício. Desse modo, em vez de defender uma ruptura com a sua lógica circular de trocas rituais, esses grupos se apresentariam como um novo modo de administrá-la. Através de um uso bastante especifico da categoria de "mal", o campo de batalha antes ativado pela "fé" passa ser vislumbrado como um universo uno e aberto de alianças em potencial com o sobrenatural, universo em que se insere o seguinte corte classificatório: Espírito Santo / bem / contrato / individualismo / liberdade :: Demônios / mal / expropriação / possessão/ dependência, restando o homem como um nó precário, sustentado por uma movimentada rede de vínculos instáveis.

Fundamentando a sua guerra em um anteparo de troca com os cultos afro-brasileiros, identificando-se com a sua gramática antes de revertê-la contra eles,

82. Pude acessar uma exceção a essa concepção católica do sincretismo como justaposição metafórica em um processo de intolerância religiosa aberto contra o padre francês, Pierre Manthon, em 1999, que ao avaliar, de forma bem européia, a relação entre catolicismo e candomblé na cidade para uma reportagem do jornal *A Tarde* afirmou: "Não pode haver *comunhão entre Deus e os orixás*, essa *mistura que deram o nome de sincretismo* é coisas do demônio, pois é um pecado grave contra o primeiro mandamento de Deus" (grifos meus).

o neopentecostalismo acaba por abrir um circuito daquilo que denominei, no capítulo anterior, de "dádiva-veneno", uma espécie de reciprocidade negativa que, como toda reciprocidade, acaba sempre colocando em jogo aquele que recebe a coisa dada (Mauss 1999b, 2003b). Ao receber os cultos afro-brasileiros como o seu "mal libertador", a IURD abre-se à incerteza de ser habitada pelo seu suposto inimigo – incerteza que tenta administrar, como vimos, falando de forma confessional "em nome de", "dando voz" aos orixás no culto e aos feiticeiros na televisão, fato que daria ao seu discurso uma natureza auto-evidente.

No entanto, ao estimular o "povo de santo" a falar sobre os conflitos em questão, ao compartilhar de forma mais explícita o problema que me levara à cidade, percebi que, parasitando o candomblé através dessa dialogia negativa, a IURD e o seu universo de influências dentro das denominações evangélicas realizam simultaneamente uma espécie de "abertura" de si ao campo de ação do outro. A partir de então, instaura-se a possibilidade de ela ser também hospedada pelo adversário, que de imediato passa a produzir as suas teorias e funções tendo em vista englobá-la de modo particular e significativo. Assim, e mantendo-me no *tropo* dos espelhos, que vem conduzindo a escrita deste livro até então, diria que o demônio dos evangélicos também "especula" sobre os seus criadores, no sentido dado por Gadamer a este termo: "É especulativo aquele que não se entrega direta e imediatamente à estabilidade disponível dos fenômenos ou ao que se tem em mente enquanto se mantém em uma determinação fixa" (1997:601).

Partindo do pressuposto de que esses grupos evangélicos também foram tomados como a contra-dádiva do veneno afro-brasileiro que narram ter recebido (ou que recebem em sua narrativa), essa "Parte 2" tem como objetivo descrever as reações dos praticantes de candomblé de Salvador à presença desse inimigo, adversário que difere de todos (e foram muitos) que o candomblé já enfrentou em seu processo de implantação em solo brasileiro, dada a inédita intimidade com que adentra o seu universo discursivo. Para isso, defini dois modos diferentes encontrados pela comunidade do candomblé de circular e dinamizar a sua captura pelo outro evangélico, que corresponderão respectivamente aos dois próximos capítulos: uma versão propriamente "religiosa" ou "mágica", que tende a manter-se no registro metonímico do campo de batalhas aberto pelo inimigo, e uma versão "política", que implica a fuga metafórica para o universo dos direitos e da organização civil. Essas duas versões representam bem as forças heterogêneas que têm composto as novas configurações do candomblé baiano, dinamizadas de modo particular desde o início da ofensiva evangélica.

Tentarei demonstrar, por fim, que, inserida em ambos os modos de o candomblé hospedar o veneno do inimigo estaria a prescrição silenciosa de um mesmo remédio: o controle de si. Com isso, veremos que, ao encher de espelhos o campo "opaco" do individualismo, a IURD e o seu universo de influências parecem potencializar em Salvador um fenômeno interessante: pois ao tomar do inimigo a força trágica da sua narrativa, retirando o cristianismo do topo contemporaneamente improdutivo da sua "superioridade moral"[83] (Segato 2003b), esses grupos evangélicos parecem reforçar o desejo do candomblé de enraizar-se cada vez mais no solo de valores individualistas. Avançando sobre o outro que "toma posse" como meio de garantir a sua "posse de si", esses setores evangélicos fortalecem no candomblé o desejo de um encontro "autêntico" consigo mesmo, seja para preservar os perigosos segredos do axé, seja para adentrar de forma mais adequada o campo das políticas da identidade.

83. Refiro-me aqui à diferença, postulada por esta autora e problematizada pela "guerra santa", entre religiões fundadas numa relação prescritiva com o mundo, geralmente os monoteísmos ou as chamadas "religiões de salvação", e as religiões fundadas numa relação descritiva com o mesmo, onde se situariam os politeísmos e as religiões do êxtase, como o candomblé.

Capítulo 3

Especulações mágico-religiosas: trânsito religioso e transferência de si

> Ao candomblé você vem desorientado, com algum problema espiritual, de cabeça, alguma dificuldade, alguma pedra, no sentido mais correto. Tem aquele tropeço no seu caminho que impede que você dê determinado passo. A nossa missão é tirar aquela pedra do meio do seu caminho e dar a aquela pedra a direção dela. Pedra essa que a gente tem que ver se ela foi colocada na sua vida para o mal ou para o bem. Se for para o bem, a gente vai cultuar e cultivar aquela pedra pra brilhar pra você. Se for para o mal a gente atira, e pega em quem mandou, pega em quem merecer.
>
> Mãe Helenice

Os jornais e a televisão tiveram um papel chave no aumento da extensão e do calor do debate sobre a "guerra santa" que se instalara na cidade. Uma série de reportagens e investigações jornalísticas tiveram como foco, principalmente ao longo dos últimos cinco anos, as práticas de "intolerância religiosa" realizadas por setores do segmento evangélico local. O papel nelas ocupado pela IURD é sempre de destaque, sendo relatada como o centro irradiador dessas atitudes violentas e responsabilizada por recolocar o cristianismo evangélico em um registro tido como obscurantista, freqüentemente associado ao catolicismo medieval. Freqüente também é a veiculação, nesses aparelhos da mídia, de declarações críticas de intelectuais, políticos e líderes de movimentos sociais, que em ampla maioria se mostram solidários aos cultos afro-brasileiros aos serem convidados a se colocar sobre o tema. Nesse universo de oposição à IURD se inserem também lideranças religiosas católicas, afro-brasileiras, espíritas e mesmo evangélicas, que, ao temer a possibilidade de serem confundidas com as igrejas neopentecostais e outros grupos considerados "intolerantes", não perdem a chance de defender publicamente características que as definiriam como "verdadeiramente evangélicas", e não meramente "comerciais" ou "espetaculares".

O ano de 2003 parece ser um marco nesse processo de estabilização da ilegitimidade da IURD diante da opinião pública baiana,[84] que coincide com a primeira grande derrota da instituição na justiça: a abertura do processo que resulta na reformulação do programa Ponto de Luz, analisado no capítulo anterior. Em outubro do mesmo ano, época de franca politização de setores do povo de santo acerca do tema da "intolerância religiosa", e respondendo a uma reportagem do jornal *A Tarde*,[85] o bispo Sérgio Correa faz uma declaração em seu programa de televisão que tematiza de forma explícita a relação entre a sua igreja e os cultos afro-brasileiros. Diz ele:

> Não tenho nada, absolutamente nada, contra você pai-de-santo, mãe-de-santo, filho-de-santo. Eu amo os pais-de-santo, os filhos-de-santo. Eu amo os *cambonos*, os *ogãs*. Não tenho nada contra vocês. O que estamos fazendo é bíblico. A Bíblia diz que a nossa luta não é contra o sangue e a carne, mas sim contra os principados, os dominadores desse mundo tenebroso e contra as forças espirituais do mal. A nossa luta não é contra as pessoas. Os espíritas são de muita fé. Eu creio, até, que haja muitos espíritas que tenham mais fé que os evangélicos e católicos. O grupo de pessoas espíritas é um grupo de muita fé. A nossa intenção e a nossa visão não é, de maneira nenhuma, atingir você, pai-de-santo, mãe-de-santo. Amamos você sem demagogia nenhuma. Eu não estou aqui para fazer guerra santa. Eu quero paz.

Nota-se que a declaração carrega um argumento construído a partir da categoria de "fé", já mencionada, que se atualiza aqui de modo a possibilitar que o pedido de paz nela inserido não implique em nenhum compromisso de mudança de atitudes da instituição frente às entidades da umbanda e do candomblé. A fala é clara: a função da IURD é combater os espíritos maléficos, e não os fiéis. No entanto, por um movimento fatídico, o poder possessivo dessas entidades tende a misturá-las às pessoas.[86] Essa seria a forma de elas se preservarem no mundo, produzindo trocas enganadoras, potencializadas pela poderosa fé dos "espíritas". A partir da distinção narrativa entre meios (humanos) e fins (espirituais), o debate,

---

84. No decorrer do meu trabalho de campo reuni 32 reportagens dos jornais locais, que vão de 1982 a 2006 e que tiveram como tema o neopentecostalismo e os seu conflito com os cultos afro-brasileiros. Dessas 32, 28 foram publicadas a partir de 2003.

85. "Guerra Santa na Bahia – Terreiros x evangélicos" de 12/01/03. O jornal reproduz trechos da réplica da IURD em "Arquidiocese condena ataques ao candomblé" de 14/01/03

86. De acordo com Macedo, o homem exerceria, para os espíritos, a dupla função de barreira para a força de Deus e meio de expressão deles no mundo: "Procuram seres vivos para através deles se exprimirem, e o homem é o seu principal alvo. Como não possuem corpos, vivem se apossando daqueles que não tem cobertura de Deus (...) Possuem os homens, não somente para afastá-los de Deus, mas também porque desejam se expressar no mundo físico em que vivemos. São entidades espirituais que atuam organizadamente, atingindo e destruindo constantemente a humanidade, tendo Satanás por chefe" (2005:20).

insurgente na opinião pública, acerca da "intolerância religiosa" é textualizado como excessivamente mundano diante da urgência da tarefa espiritual que moveria as disputas em questão.

A declaração tende, portanto, a anular a possibilidade de retirar o debate de certo sintagma religioso, mesmo quando as práticas em jogo são questionadas "de cima", por valores individualistas, como o de "liberdade de crença". O excedente textual da IURD frente ao universo desencantado da esfera pública laica me parece estar fundado no tipo de uso narrativo dado por ela aos demônios e às trocas das quais eles se alimentam, os "trabalhos", que teriam a função de transferir insistentemente os conflitos privados para a cena pública. A própria teoria dos malefícios da IURD, baseada no "contágio" e na "feitiçaria" (externalizantes) e não na "culpa" (internalizante) exerceria a tarefa de, mantendo a individualidade protestante da relação com Deus (apesar de agora mediada por uma lógica de reciprocidade), encher de espíritos maléficos o mundo, produzindo, através deles, uma narrativa religiosa eminentemente pública, que teria o seu motor proselitista na constante socialização do mal. O bispo Sérgio continua:

> Por causa dessa matéria, parece que tem um grupo de pais-de-santo e mães-de-santo, que estão se preparando para estar nessa terça feira nas reuniões para poder fazer um teste etc. etc. Aliás, dias atrás veio um grupo e fez um trabalho na porta da Catedral. Mas se você quiser vir, a gente vai receber. A gente aceita você chegar aqui para fazer esse desafio.

O pastor desafia com tranqüilidade o grupo de pais e mães-de-santo a praticar o seu plano de atacá-los magicamente. Afinal de contas, uma instituição que teria como função "fechar" as pessoas para o mal estaria indiscutivelmente "fechada" para o mesmo. Nesta mesma época, foi constante esse tipo de desafio veiculado nos programas de televisão: "Podem vir que a gente está pronto! Aqui não passa feitiço não!". Desse modo, a codificação mágico-religiosa que a IURD costuma dar aos conflitos inter-pessoais passa a englobar até a sua própria relação com esses outros mediadores religiosos. Pois se textualizar conflitos de forma eficaz é seu principal talento, a Universal não deixaria de repetir esse expediente consigo mesma, e com a grande batalha espiritual que estaria enfrentando.

Por sua vez, o candomblé também produz uma série de especulações bastante particulares sobre a sua relação com os grupos neopentecostais, quase sempre focadas na Igreja Universal. A própria proposta de fazer o "trabalho" contra a igreja, relatada na fala do pastor, já implica uma reação que passa além do universo desencantado da reivindicação de direitos. Percebe-se que, de acordo com a linguagem que os dois atores religiosos aqui colocam em jogo, a da magia, o candomblé passa a "experimentar" sobre a IURD, operando uma especulação que, como afirma Bastide logo a seguir, é sempre concreta e enraizada em casos pontuais:

> A magia se apresenta, desse ponto de vista, como uma ciência experimental onde não haveria, aliás, mais do que "experiência para ver"; o feiticeiro experimenta sucessivamente tudo o que sabe, tudo o que imagina, a fim de alcançar mais seguramente seu objetivo. Ora, é essa lei da acumulação, característica do pensamento mágico em oposição ao pensamento religiosos e ligada ao desejo individual e coletivo, que vai procurar justamente o processo do sincretismo (1971:384).

A citação acima nos fornece um instrumental bastante útil, apesar da ênfase excessiva na oposição entre religião e magia, pois revela, através de uma espécie de subdivisão analítica do movimento sincrético que associou as religiões africanas ao cristianismo no novo mundo, uma espécie de continuidade arqueológica entre a relação candomblé/catolicismo e candomblé/neopentecostais. Bastide define como "sincretismo religioso" o trabalho lento e coletivo de tecer analogias a partir da combinação criativa de cosmologias justapostas hierarquicamente pela história. Essa dimensão se mostraria de forma exemplar, de acordo com o antropólogo, nos complexos e variados paralelismos que vieram a articular no Brasil os santos católicos e os orixás no processo de integração forçada do africano na sociedade brasileira.[87]

Entre o orixá e o santo seria estabelecida uma analogia onde, de acordo com Tambiah, "um objeto pode ser nomeado ou descrito por referência a um outro objeto que ele lembra" (1985c:66). Construído, portanto, a partir de um movimento de designação, ou de "referência", esse tipo de vínculo atualizaria as dimensões mais intelectuais do pensamento analógico, presentes na cuidadosa arquitetura com que se desenham, no caso da relação santo/orixá, as correspondências entre características de personalidade e, sobretudo, entre episódios bíblicos e mitológicos.

Por outro lado, o "sincretismo mágico" seria um movimento orientado não por uma intenção combinatória, mas por uma espécie de ímpeto quantitativo, gerador de sínteses menos preocupadas com a consistência lógica do texto final e mais centradas na resposta pragmática a determinados problemas individuais ou coletivos. Sob esse aspecto, o que era justaposição entre entidades torna-se identificação e acúmulo de poder sobrenatural: "Realmente, não há combinação de elementos mágicos e de elementos católicos, há aumento, desenvolvimento,

---

87. Bastide define essas analogias sem identificação utilizando-se da metáfora do dicionário, e entende que seriam similares às construídas entre as etnias africanas no Brasil: "Era, pois, necessário compor uma espécie de dicionário que permitisse passar de uma religião à outra, demonstrando assim a unidade da classe dos escravos no respeito às origens étnicas. Esse trabalho que havia começado na África, entre os ioruba e os daomeanos, continuaria no Brasil estendendo-se até aos bantos. É claro que esse dicionário era de analogias e não de sinônimos (...) É no seio dessas classificações analógicas que o catolicismo vai se inserir; o sincretismo afro-católico não apresenta nada de novo e nem de particular em relação ao sincretismo das religiões africanas" (382).

intensificação da magia africana pela utilização de processos católicos que tomam imediatamente, no novo complexo formado, um caráter mágico" (Bastide 1971:385).

O famoso balangandã, comumente utilizado pelas "baianas", é tomado por Bastide, como o modelo exemplar dessa dimensão do sincretismo afro e brasileiro:

> O balangandã das baianas reproduz em uma mesma base de pratas as "figas" dos antigos romanos, as estrelas de Salomão do judaísmo, os peixes e as pombas que são símbolos cristãos, os chifres africanos contra o mau-olhado, os atabaques dos candomblés, as chaves, os trevos de quatro folhas da feitiçaria européia, em um encontro comovente de todas as magias do mundo (384).

Materialização de um sintagma discursivo apto a encadear uma infinidade de signos religiosos de origens heterogêneas, o balangandã indica a face radicalmente acumulativa da magia, quase blindada ao princípio de contradição, e que se organizaria tendo como centro não o respeito a uma lógica narrativa, mas o desejo de segurança espiritual do sujeito que o compõe e que nele se espelha. Nessa dimensão do sincretismo (prefiro entendê-la assim, em vez de um "tipo" de sincretismo, como em Bastide), a ênfase recai no trabalho da analogia em que "a semelhança entre objetos pode formar um vínculo mágico entre eles e, manipulando um objeto, pode-se influenciar outros" (Tambiah 1985c:67). Observa-se que o problema em jogo aqui é muito mais a capacidade de controlar a realidade do que prover explanações para ela, tal fato resultando na dissolução do que antes eram analogias em transferências, conformando-se uma síntese terceira.

Essa espécie de inclinação metonímica da magia, sintética, pragmática, orientada para o englobamento dos novos eventos e signos através de uma totalidade progressivamente inflada, fez com que o candomblé produzisse, por sua vez, laços bastante específicos com o catolicismo, e diferentes dos paralelismos fornecidos pelo "sincretismo religioso". De acordo com Bastide, o contato africano com a explícita dimensão mágica de um catolicismo ibérico marcado pelas "orações fortes", "ex-votos" e "promessas", não demorou muito a revelar uma profunda identificação entre esses grupos aparentemente tão díspares: "[o escravo africano] Não podia deixar de reconhecer, portanto, já que possuía diante de si a prova 'experimental', que o branco era tanto como o negro, possuidor de forças benignas ou temíveis" (1971:384).

O recurso às técnicas mágicas sinalizava que o branco não estava "fora" do jogo de trocas com o sobrenatural, como a dimensão ética da sua religião, focada na salvação, tendia sempre a reforçar. Observado sob esta ótica, o catolicismo não representaria, para os africanos, um paradigma totalmente outro, que, no máximo, poderia ser usado de modo a codificar a sua crença como estratégia de invisibilidade. A magia do branco demonstrava, pelo contrário, que existiam pontes entre essa diversidade paradigmática, e esse seria um dado fundamental para que houvesse a possibilidade de construção de leituras alternativas dos africanos sobre o domínio católico no "Novo Mundo". Bastide arrisca: "Talvez estabelecessem [os africanos] mesmo em seu pensamento uma ligação inconsciente entre a superioridade do *mana* da religião católica e a superioridade do branco na escala social" (384).[88]

Mas a construção dessas pontes não forneceu apenas identificações que justificassem a hierarquia que elas articulavam, transformando os padres em poderosos feiticeiros detentores de segredos mortais, mas também, e de acordo com outra tendência da magia, a da oposição, demonstrava que os brancos estariam "abertos", assim como eles, aos efeitos violentos dessas trocas rituais. Desse modo, as práticas mágicas passam a ser ativadas como uma espécie de "poder dos fracos", que, no caso negro, entrona o antes mensageiro Exu como o seu principal guardião: "Exu foi usado pelos negros em sua luta contra os brancos como patrono da feitiçaria e, dessa forma, o caráter sinistro, como o dissemos, se acentuou em detrimento do seu caráter de mensageiro. O deus fanfarrão tornou-se o deus cruel que mata, envenena, enlouquece" (Bastide 1971:349).

Permanecendo nesse registro, veremos que a dimensão mágica da resposta do candomblé à ofensiva contemporânea dos evangélicos guarda a marca da vocação identificadora e opositora acima destacada. É justamente esse movimento de reforço simultâneo da identidade na oposição que tentei destacar com a noção de "campo de batalha" no capítulo anterior, defendendo que essa guerra seria baseada em uma aproximação sintagmática entre os dois grupos. Talvez por isso, para esses setores, e diferente da sua versão política que será apresentada a seguir, mais vale explicar a nova "guerra santa" circunscrevendo-a com uma linguagem já disponível, a do axé, a ter que dobrar a sua gramática tradicional com tanta facilidade ao extraordinário dos novos eventos. Operando nesta lógica, e semelhante ao modelo do balangandã, o candomblé mantém a capacidade de englobar o novo sem ter que romper com o fio da sua narrativa, assim como os signos religiosos do colar, que não param de se acumular sobre o cordão de prata. Assim, o ruído comunicativo entre as duas religiões é sempre respondido pela processual ampliação do discurso que tenta abarcar a sua relação: acham-se mais objetos, invocam-se mais deuses, multiplicam-se os meandros das atitudes rituais, como forma de adequar-se ao novo contexto de modo a um só tempo eficaz e conservador.

---

88. Bastide transcreve também um interessante diálogo que destaca bem a leitura mágica sobre os sacramentos católicos realizada pelos negros, que invertem o locus original da sua eficácia, retirando-a do santuário da interioridade ética: "Meu pai, há seis meses que estou doente e de dois meses para cá sinto-me pior. Mas, se eu me confessar, sararei. – Meu amigo, a confissão não serve para a saúde do corpo, só assegura o bem estar da alma. – Meu pai, vós não sabeis (ele não ousa dizer abertamente: vós não quereis). Confessando-me, ficarei bom, Meu vizinho tinha um espírito que o atormentava e quando o Padre Gaspar por ali passou, ele se confessou e sarou. Minha mãe foi consultar o feiticeiro, mas ele nada pode fazer por mim (...) Agora, não há outro remédio senão a confissão" (apud Bastide 1971:385).

Ao provocar os meus informantes candomblecistas a comentar a nova "guerra santa" em que haviam sido colocados, pude desvelar um pendor explícito dos seus setores mais tradicionalistas a enfatizar as características mágicas desenvolvidas pelos novos grupos evangélicos, destacando freqüentemente o recurso exagerado desses grupos ao idioma da feitiçaria. Além disso, o eixo central que tendeu a sustentar a visão desses sujeitos sobre a nova face da "magia dos brancos" (agora não tão branca assim) foi sempre o trânsito religioso. Diferente do caso do catolicismo, em que a magia seria geradora de uma interpenetração, sempre hierarquizada, de paradigmas historicamente diversos (*mana* branco x *mana* negro), a magia evangélica seria explicada através da transferência (outra operação básica da magia) do *mana* do candomblé, o axé, para o seu inimigo, que passara a utilizar as suas antigas armas contra ele.

Por essa ótica, as atitudes bastante heterogêneas de determinados grupos evangélicos brasileiros seria explicada, por parte do "povo de santo", como resultado da migração de pessoas, categorias e segredos da sua religião para a do inimigo, o que se deixaria perceber de modo mais radical pela explícita apropriação ou adaptação, principalmente por parte da IURD, de um sem número de técnicas rituais originadas do candomblé, como o descarrego, os banhos de erva, as "rosas ungidas", os "machados da justiça" etc. Por fim, a configuração religiosa relativamente original, que venho descrevendo até aqui como um "pentecostalismo à brasileira", passa a ser pensada, pelas teorias nativas do candomblé, como uma criação sua, ou pelo menos como uma criação baseada no assalto aos seus conhecimentos mágico-religiosos.

I. Trânsito perigoso

O caso de Jessé Lima dos Santos me parece exemplificar bem a complexidade textual do trânsito religioso entre esses grupos, complexidade geralmente obscurecida pela noção de "conversão", responsável por dotar de um caráter excessivamente exclusivista e oficial esses fenômenos de transformação pessoal, que de fato se mostram sempre prenhes de ambigüidades. "Pai Jessé" dedicou-se ao candomblé por mais de 20 anos, tendo alçado o cargo de babalorixá e montado o terreiro Ilê Axé Mure Cedam, no bairro de Paripe, periferia de Salvador. Graças a uma "grande decepção", que ele se nega a revelar, Pai Jessé se virou para a Assembléia de Deus em busca de consolo. Três meses haviam se passado, e o ex-pai-de-santo se sentia bem em sua nova casa. Tinha abandonado completamente o andamento do seu terreiro e já percebia uma série de melhorias na sua vida.

Satisfeito com essa nova situação, Jessé toma uma importante atitude: realizar o seu primeiro testemunho. No entanto, um evento trágico se sucede quando o novo "crente" pisa no púlpito, tendo em vista narrar para o público presente as melhorias que Cristo havia lhe assegurado:

> Rapaz, e não é que quando eu abri a boca pra falar, na frente daquela igreja lotada, Exu me pegou! Tinha muito tempo que ele não aparecia. Ele me pegou e quebrou tudo naquele lugar. Eu rodava de um jeito que eu nunca tinha rodado, derrubava tudo e todos que passavam na minha frente. Depois de destruir o lugar, ele começou a me jogar no chão, a me arranhar todo, me machucou mesmo, eu quase morri. Depois desse pandemônio ele foi embora, e eu tive que ir nu pro posto de saúde.

Jessé compreende este evento traumático como uma espécie de punição aplicada pelo orixá, e sancionada, nesse caso, com uma cena de humilhação pública que quase custou a sua própria vida. Além disso, ele percebe o ato violento de Exu como uma manifestação de força, que teria em conta demonstrar, na casa do inimigo, a sua ira diante dos antigos filhos que não o obedecem mais: "Ele queria mostrar pros crentes que ali era ele que mandava". O "ali" a que Jessé se refere é o seu corpo, ou melhor, a sua pessoa, território construído e integrado, ao longo de muitos anos, através de progressivos mecanismos iniciáticos, que teriam como fim assentar, codificar e "domesticar" as entidades que lhe acompanharam. Esse foi o primeiro de uma série de acontecimentos estranhos que passaram a acontecer na vida de Jessé após o seu trânsito para a Assembléia de Deus, fenômenos de ordem espiritual que pareciam afirmar enfaticamente que ele ainda teria contas para acertar com a sua antiga religião.

Um outro acontecimento de impacto se deu pouco tempo após o incidente na igreja, quando foi diagnosticado em Jessé um problema no pescoço, algo aparentemente grave, que ele preferiu não revelar, e que demandaria dele uma cirurgia. Obedecendo à prescrição médica, ele se internou no Hospital das Clínicas e começou os trâmites para a operação. No entanto, um estranho incidente ocorreu quando ele já se encontrava na sala de cirurgia: "Já estava lá deitado, a anestesia já tinha dado efeito. Você acredita que na hora em que o médico ia começar a operação, a luz acabou! A energia do hospital todo, e demorou o tempo suficiente pros médicos desistirem. Achei tudo muito estranho... mas eu já sabia o que era".

Completando a série, um fenômeno decisivo se deu quando Jessé retornou do hospital: uma representação do orixá Iansã, que ele havia guardado no fundo de um armário da sua casa (e antigo terreiro), se incendiou de repente, sem nenhuma causa natural aparente que pudesse ser percebida pelo ex-pai-de-santo: "Eu tinha até esquecido daquela Iansã. Não joguei fora não, guardei em um armário, achava que era a melhor decisão. Em um belo dia, vejo uma fumaça saindo daquele lugar. Rapaz, quando chego lá, a imagem tava pegando fogo mesmo". Após mais esse sinal, o, à época, ex-pai-de-santo acabou desistindo da sua curta situação de "crente" e retornou ao candomblé:

> Eu tive que fazer isso, eu percebi que a minha vida dependia dessa decisão. Voltei pro candomblé pra continuar vivo. Se eu continuasse insistindo na Assembléia, não sei o que poderia ter acontecido comigo. Depois que reabri o terreiro e retomei minhas obrigações direitinho, tudo voltou a como era antes, e eu nem precisei mais de fazer a tal operação!

Hoje, "pai Jessé", de volta à ativa, e conformado com o seu destino de babalorixá, reabriu o seu terreiro em Paripe, e voltou a cultuar os orixás, dobrando-se à espécie de "pressão sobrenatural" que sofreu.

Destaquei o caso dramático de "pai Jessé" com o objetivo de chamar atenção para a variedade das possibilidades de contato entre os dois sintagmas religiosos aqui em questão, atualizadas na infeliz batalha do pai-de-santo por deixar uma economia religiosa que insistia em englobá-lo através de um perene circuito de endividamento. Jessé era uma pessoa "em débito" com o candomblé, fato que impossibilitou o seu trânsito seguro para a Assembléia de Deus.

A idéia de uma pessoa "devedora" no candomblé passa ao largo da idéia nietzscheana de "consciência endividada", que utilizei no primeiro capítulo tendo em vista sublinhar alguns deslocamentos realizados pela IURD diante de uma economia cristã da pessoa, na sua acepção mais clássica. Diferente das chamadas "religiões de salvação", baseadas sempre em algum grau no ascetismo e na distinção moral entre "eleitos" e "condenados", o candomblé seria uma religião baseada na alimentação constante, através das trocas rituais, do canal comunicativo entre homens e divindades. Nesse sentido, a presença da dívida no candomblé estaria submetida à instância do círculo de reciprocidade que nele vincula, sempre hierarquicamente, esse e o outro mundo (Aiê e Orum), que comungam e se separam de forma tensa e pendular no solo da subjetividade humana, tendo como ponto de máxima integração o momento da possessão.[89]

Essa economia sacrificial pode ser mais bem compreendida se atentarmos ao processo iniciático do candomblé, responsável pela englobamento inaugural do sujeito pelo circuito religioso das trocas. A iniciação parte sempre da definição prévia de quem seria o "dono da cabeça" do neófito, responsabilidade do babalorixá ou da ialorixá que coordena o terreiro,[90] e que se desenvolve pela interrogação

---

89. Desse modo, a relação orixá/pessoa atualizaria de modo exemplar o double-bind entre liberdade e obrigatoriedade da reciprocidade, descrito por Mauss (2003b). Assim, entrar no jogo de trocas com o orixá implica assumir compromissos. Tais compromissos de ordem ritual seriam distintos dos compromissos éticos de "religiões de dívida", como o cristianismo. O caso de Jessé demonstra como o candomblé seria uma "religião de reciprocidade", sua punição resultando de um desequilíbrio contextual entre liberdade e obrigação. Para o candomblé, conquista-se a liberdade através da troca, e nunca contra ela, os estados subjetivos sendo significados enquanto pontos de parada em um constante processo de construção de alianças.

90. Essa seria, no contexto africano, uma função dos babalaôs, cargo em extinção no Brasil.

dos oráculos (hoje menos o colar de Ifá e mais os búzios), pela interpretação dos sonhos, pela releitura de eventos da vida da pessoa ou mesmo pela leitura de características físicas dela (Segato 1995:171). Definida a cabeça, segue-se uma série de cerimônias, que, por não demandarem aqui uma descrição detalhada, podem ser periodizadas pela "lavagem de contas", o "bori" (ou o "dar comida à cabeça") e a iniciação propriamente dita, onde acontece, no espaço secreto do "roncó", a morte e o renascimento ritual do neófito sob a sua nova identidade. Esse complexo ritual, exaustivamente descrito por Bastide (2001), Verger (1999), Santos (1986), e muitos outros, teria, de forma sintética, a finalidade de produzir e fixar, ao longo de uma série de atos sacrificais e de transferências rituais, o orixá na cabeça do seu mais novo filho.

O santo é assim "feito", modelado em uma forma particular, e assentado na pessoa, além de ser materializado em uma pedra pessoal, que se soma ao *peji*, como centros materiais em que se instalaria o axé daquela entidade, energia vital que coordenaria todo o movimento cosmológico do candomblé. Outro modo de internalização dessa força integradora seriam as escarificações e o corte da cabeça, pontos de exposição do sujeito para a economia cósmica do axé. Nesse sentido, a feitura e o assentamento ritual do orixá tem a finalidade de materializar e encarnar, de forma indexical, o quadro de diferenças cosmológicas que constitui o candomblé como um "sistema classificatório".[91]

A contraparte da feitura e do assentamento do orixá seria o compromisso assumido por seu novo filho de dobrar-se a uma série de prescrições resultantes do vínculo existencial que o integra, de forma dinâmica e hierárquica, ao seu santo de cabeça:

> Os orixás agora detêm poder sobre ele [o iniciado]; se violar os tabus, se não desempenhar suas novas obrigações, o deus que em parte já reina sobre a sua cabeça pode puni-lo por meio de uma série de infelicidades, doenças, desgraças familiares, que irão se acumulando se não fizer caso dos primeiros avisos (Bastide 2001:42).

Essas prescrições compreendem principalmente as "obrigações" e as "quizilas", cuja desobediência é geralmente sancionada com alguma espécie de castigo sobrenatural. As "obrigações" são um modo de adicionar à fé do filho-de-santo e ao poder da divindade uma orientação intencional, que ocorre através da troca com a divindade:

---

91. A distinção entre "sistema totêmico", metafórico, e "sistema religioso" (metonímico) no candomblé é defendida em Goldman (1985:44). A dimensão sacrificial e ritual do candomblé conformaria o seu caráter de "religião", propriamente dita, instituindo uma relação dinâmica de contato e dispersão humana ante o sobrenatural, que teria como ápice metonímico o momento da possessão.

> Os orixás só subsistem na medida em que são adorados, em que recebem alimentos que os fortificam, e que as pedras são lavadas no sangue dos animais sacrificados, em que se encarnam enfim em seus cavalos (...). É o orixá que dá ou que aumenta o ser, mas por sua vez o orixá necessita desse ser (Bastide 2001:231).

Por sua vez, as "quizilas" são os tabus, tipos de comportamento litúrgico e cotidiano, verbal, sexual, alimentar, que devem ser evitados pelos filhos-de-santo a partir da posição do seu orixá de cabeça no quadro classificatório da mitologia. A partir desses dois elementos, observa-se que o filho-de-santo adquire uma espécie de responsabilidade diante do seu orixá:

> Ensinando os filhos a sentirem-se responsáveis por seus atos diante dos santos, este [o orixá de cabeça] os condiciona a comportarem-se dentro de um senso de responsabilidade, embora esta responsabilidade deva ser compreendida aqui como referida mais a um sentido de regularidade na conduta e a um sujeitamento a uma vontade superior do que a um conteúdo propriamente ético (...) (Segato 1995:229).

Estaríamos aqui bem distantes do modelo de responsabilidade do cristianismo, um movimento de interiorização do sujeito, que vincula e estabiliza a relação entre o eu e o *self* a partir da vigilância ética de si. O que de fato se apreende do candomblé para a vida profana seria, pelo contrário, um padrão de conduta baseado na regularidade ritual e no controle dos contatos e transferências, além de uma "teoria da personalidade", capaz de fornecer ao seu seguidor a compreensão *a posterirori* do comportamento dos outros e de si mesmo a partir de uma especulação sobre os santos, *erês*, exus e *eguns* que comporiam a "cabeça" dos agentes em questão. Como enuncia a citação anterior de Bastide, sobre a relação orixá/ser, a iniciação possibilita ao filho-de-santo a capacidade de, ao dar-se para o seu santo de cabeça, espécie de nó articulador das ordens social, natural e sobrenatural, adquirir a capacidade de negociar com a sua própria ontologia, definida como uma espécie de móbile, já que sempre múltipla e aberta à circulação dos seus termos. Nesse sentido, para o jogo do candomblé, você *é* e *troca com* o orixá, administrando a "si mesmo" ao mesmo tempo que administra a sua abertura a um terceiro que o constitui, um deus voluntarioso e desejoso de relação. O sujeito e o santo formam assim um composto, que se estabiliza de forma diferencial, como simultaneidades que têm na troca a face e a contra-face da sua relação.[92]

Após essa tentativa de síntese, pode-se entender melhor o drama de Jessé, assim como as resistências que impossibilitaram o seu trânsito religioso. Tendo passado por todo esse processo de iniciação, e também completado os sete anos de santo que resultam na "entrega do Deká", evento possibilitador da sua ascen-

---

92. É sintomática a semelhança formal entre essa narrativa da pessoa e aquela narrada ao longo da análise do ritual de cura da IURD, no capítulo 1.

são ao cargo de babalorixá, Jessé estava radicalmente enredado no círculo de reciprocidade, ou seja, de liberdade e de obrigação, acima descrito. Jessé tinha "santo forte".[93]

Dada esta situação, observou-se que somente a retomada do circuito das "obrigações" fez com que a paz retornasse à vida do pai-de-santo. Por sua vez, o transe de Jessé no templo evangélico, situação em que ele narra ter "rodado como nunca antes", pode ser lida como a tomada de posse, por parte do orixá, de um corpo que perdeu a capacidade de codificar, controlar e administrar a sua comunhão com essas entidades. Sem nunca ter saído de fato da égide das divindades africanas, já que essa quebra de contrato tenderia a ir muito além da simples intenção humana de quebrá-lo, Jessé se encontrou jogado no seu campo de influências de uma forma radicalmente indefesa, e até mesmo perigosa.

O fato do seu algoz ter sido Exu também não surpreende. Uma rápida passagem pela mitologia (apud Prandi 2003) serve para ilustrar a ênfase violenta desse orixá na manutenção do seu círculo de reciprocidade com os membros do Aiê. Se, por um lado, Exu parece estar sempre disposto, com a inteligência e os métodos moralmente maleáveis de um "trickster", a enriquecer os pobres (81-2), recuperar os doentes (57-8) e mesmo a ajudar os trapaceiros (52-3), por outro, o seu caráter vingativo não se sucede com menos veemência, promovendo guerras em família (52-3), causando desastres naturais (55-6), crises financeiras (56-7 e 58) e mesmo promovendo agressões físicas contra os que se esquecem dele (63-65).

Procurado pelo jornal Correio da Bahia para narrar o seu caso, Jessé dá uma declaração em que demonstra que esteve sempre atento aos perigos que acompanharam o seu trânsito religioso. Pressionado pelos pastores da Assembléia a destacar em seu testemunho frustrado a analogia orixá/demônio, o na época ex-pai-de-santo se negou. Ele argumenta: "Quando começaram a falar essas coisas, eu disse que não ia sujar o prato que comi. Falei pra eles: eu não vim aqui pra discutir candomblé, eu quero Jesus e acabou. Eu não era maluco de brincar com os orixás". Jessé segue, nessa mesma entrevista, desenvolvendo um tema que não pude tocar de forma mais aprofundada em minha conversa com ele: a possibilidade de equacionar as duas religiões. Diferente de assumir o discurso da "guerra santa", Jessé usa um argumento radicalmente sintético: "Minha visão espiritual aumentou. Conheci a Bíblia e acredito em Deus até hoje. Acredito em milagres na igreja, assim como tem muita coisa, muita gente que eu já salvei no candomblé".

A fala demonstra o desejo que parece ter orientado a ida de Jessé à Assembléia: acumular mais conhecimentos religiosos em sua bagagem espiritual.

93. É comum, no meio do candomblé, a interpretação de tragédias pessoais como sinal de força do orixá. Iluminados sob essa luz, eventos negativos que afetam a vida dos filhos de santo acabam sendo narrados, de modo paradoxal, com orgulho.

Ele queria de fato "acrescentar Jesus", e não necessariamente ter que optar por ele ou pelos orixás, como foi obrigado tanto pelo idioma exclusivista da "conversão" (evangélico) quanto pelo idioma sacrificial das "obrigações" (do candomblé). Essa intenção acumulativa se viu frustrada, nesse caso, principalmente pelo excessivo desleixe de Jessé frente ao sistema religioso dos orixás, que se viu subitamente desaquecido, deixando-o "em débito" com a sua economia ritual. Tentando acumular, produzir sínteses, o pai-de-santo se viu cobrado pelos dois paradigmas que, a princípio, pretendia articular.

Um mesmo desejo de síntese foi a mim manifestado por uma ex-filha-de-santo, Elza, que conseguiu, através de uma interessante estratégia, transitar de forma segura para a Igreja Internacional da Graça. A sua solução foi deixar o candomblé, mas, através de ritos privados, feitos na intimidade da sua casa, manter as suas oferendas com alguma regularidade. Destacando mais uma vez a dimensão de obrigatoriedade e hierarquia da relação orixá/pessoa, fato que dificultaria a "quebra de contrato" entre os dois, ela afirma: "Eu não posso largar o meu santo, só deus sabe o que poderia acontecer comigo! O que eu posso fazer é alimentar ele pra poder me proteger, pra poder ir pro templo tranqüila de que eu não vou ser incomodada por ele". Troca-se negativamente com o santo, para mantê-lo longe e, assim, possibilita-se um caminho livre, apesar de não exclusivista, para os milagres de Jesus.[94]

Pude sublinhar, até então, alguns temas envolvidos na passagem de pessoas do candomblé para grupos evangélicos. O "trânsito perigoso" de Jessé serviu como um exemplo do conjunto de resistências internas que podem frustrar esse movimento de mudança paradigmática. No entanto, e como demonstrou o rápido caso de Elza, o trânsito é sempre possível, seja por estratégias de justaposição, como a dela, capazes de instituir, através de uma série de negociações, um campo uno de ancoragem da pessoa, seja através de uma "conversão" poderosa o suficiente para garantir as salvaguardas que o fiel necessita para "mudar de lado". "Jesus me garante", "Tô fechado pro meu santo", "Agora eu tenho o poder do Espírito Santo" são frases que escutei em campo da boca de ex-candomblecistas, e que exemplificam bem uma postura de maior enfrentamento diante do orixá, que de forma alguma é acompanhada pela negação do seu poder eficaz, mas sim pela construção de alianças com o pólo evangélico que possibilitam o abandono seguro das negociações (positivas e negativas) com o pólo candomblé.

---

94. Observa-se aqui um tipo de sacrifício propiciatório semelhante a aquele realizado na forma do *padê* de Exu, no caso do candomblé, onde se dá ao orixá tendo em vista afastar o seu poder incerto para a chegada segura dos outros orixás.

II. O transbordamento do axé: doação e controle mágico de si

Se a seção anterior demonstrou que o trânsito, apesar de sempre perigoso, é possível, resta a pergunta: qual é a bagagem que possibilita essa complexa passagem pela teia de alianças, que o sujeito religioso do candomblé vence tendo como porto não tão seguro o universo das denominações evangélicas? Essa é mais uma questão que eu pude compartilhar com os meus informantes do povo de santo, intrigados e atentos, assim como eu, com a nova face do evangelismo baiano, permeado por feitiços, descarregos e objetos encantados. Assumindo que, junto com as pessoas, o candomblé tem perdido categorias, técnicas e poderes para esses grupos evangélicos, o mote central das especulações dos meus "nativos" sobre esse tema foram sempre os segredos do axé, que passam a ser subvertidos pelo dinheiro. Nessa espécie de negociação escusa entre os dois grupos, fica freqüentemente a impressão de que, juntamente com a "conversão" de membros dos terreiros há a contraparte de uma conversão das denominações evangélicas em uma nova espécie de candomblé. É o que se deixa ver na fala de uma mãe-de-santo com quem conversei:

> O que esses evangélicos fazem é tipo um "morde e assopra". Eu acho é que depois que teve a invasão dessa Igreja Universal, e essas diversas igrejas que apareceram no rastro dela, esse conflito diferente começou a aparecer, que a gente nem consegue entender, de tão confuso. O candomblé é uma coisa que eles chegaram e já encontraram, e muitos deles são ex-freqüentadores de terreiros. Muita gente. A IURD mesmo, hoje em dia ela pode se chamada de um candomblé elitizado, distorcido. Tem muita gente que foi do candomblé e que não teve a fé, o amor, o respeito, a dedicação que outras pessoas adeptas têm, e que estão se vendendo lá na IURD. Através de propina, através de dinheiro, estão vendendo os segredos que o candomblé tem guardado há muito tempo.

Percebe-se que o argumento associa a constituição de um "candomblé elitizado" por parte da IURD ao fenômeno ilegítimo, mas eficaz, de transmissão do repertório mágico dos terreiros, antes protegido pelos segredos do axé. Corroborando esta tese, declara uma filha-de-santo: "Sem segredo não tem candomblé, não tem a magia, o respeito e a hierarquia que a gente cultua, e eles se aproveitam da dificuldade material do povo dos terreiros pra tirar o conhecimento da gente". Por sua vez, assim um babalorixá analisou o sucesso de Edir Macedo, ao ser provocado pelas minhas perguntas:

> Eu vou lhe dizer o porquê... O tal pastor Edir Macedo, ele vem de uma origem de umbandista, e ele passou pela umbanda, pelo candomblé também, adquiriu algum conhecimento, você sabe, o mundo de segredos que a gente esconde. Ele sabe que as nossas ervas curam, são poderosas, por isso ele tem um banho de descarrego, feito com nossas ervas. Ele tem o sabão da aroeira, ele tem o óleo ungido, conhece

o rio Orobô, ele conhece que as Iá Mi[95] têm poder, por isso ele usa, ele invoca aquilo mesmo que ele chama de "demônio", que em nossa religião não existe.

O mesmo tema retornou certa vez, quando discutia o livro *Orixás, caboclos e guias* com um informante candomblecista, obra onde Edir Macedo demonstra, como substrato da sua leitura demonizadora, algum conhecimento da liturgia das religiões afro-brasileiras. Em sua fala, o contato entre a IURD e o candomblé é colocado inicialmente como sendo de "estudo", mas ele não deixa de destacar a importância do trânsito religioso e das apropriações realizadas pelas IURD, produzindo um interessante paralelismo em que a IURD estaria para o candomblé hoje assim como em outros tempos o candomblé esteve para o catolicismo:

> É uma prática mais da Universal. A Igreja Católica sempre nos recriminou, mas nunca se apropriou de nada da gente. Por sinal, a gente até como uma estratégia, acabou se apropriando de algumas coisas da igreja católica, como os santos, e isso aconteceu por muito tempo. A igreja batista também nunca fez isso, eu não tenho conhecimento de que a igreja batista fizesse. A única que chegou na verdade, querendo se apropriar e se aprofundara no estudo sobre o candomblé foi a IURD, isso é declarado. Quando ela lançou esse livro, "Orixás, caboclos e guias", eles tiveram que desenvolver um estudo pra saber a origem, pra eles poderem falar. E muita gente saiu do candomblé e foi lá pra dentro, o próprio Edir Macedo. Aí eles se apropriaram de imagens, de fotos, de uma série de coisas, além de aproveitarem os segredos que as pessoas conhecem.

A centralidade do segredo para o candomblé pode ser pensada como uma espécie de testemunho da raiz oral da sua lógica discursiva, onde o controle da transmissão direta do conhecimento estaria associado intimamente à administração da sua estrutura hierárquica, recortada por uma série de "cargos" que compõe o todo do seu quadro sacerdotal.[96] É esse controle dos meandros da liturgia e da mitologia através de uma informação lentamente disponibilizada pelos mais experientes que faz com que o principal critério de mobilidade e deferência dentro do sistema do candomblé seja o "tempo de santo".

Além desse elemento organizacional, Bastide (1971:345) destaca que o segredo ocuparia uma segunda importante função, essa relacionada ao processo de implantação do culto dos orixás no Brasil: a de arma de defesa do negro e da sua comunidade de culto diante da repressão da sociedade branca envolvente. Desse modo, o segredo, assim como o sincretismo religioso, seria fundamental para a constituição daquilo que Bastide definiu como uma estratégia de "duplo corte",

---

95. Mães feiticeiras primordiais.

96. Pode-se dizer que, para o candomblé, todos participantes são sacerdotes, tanto os ocupantes de cargos rodantes (onde acontece a possesão) quanto os de cargos não-rodantes, como as *ekedis* e os *ogãs*.

que protegeria a comunidade dos candomblés pelo ocultamento dos seus reais fundamentos. A partir dessa configuração, o homem negro da sociedade colonial habitaria dois mundos distintos relacionados hierarquicamente, um "verdadeiro" e um "representativo", podendo controlar de forma menos conflituosa a sua imagem pública de modo a preservar os seus valores mais caros.

No entanto, resta ainda a dúvida sobre a natureza desse segredo, debate que tende a ir além da sociologia desses grupos, e que se instalaria nos elementos mais particulares da sua cosmologia. Bastide nos dá uma dica, utilizando-se da linguagem nativa da reciprocidade: "(...) a lentidão na divulgação dos conhecimentos secretos do candomblé é uma espécie de inoculação progressiva, de vacinação de coisas cada vez mais fortes, para que o dom do segredo não se transforme em perigo, tanto para quem o 'dá' quanto para quem o 'recebe'" (Bastide 1971:346). O segredo teria, nesses outros termos, a função de dosar o acesso do neófito a um poder sempre permeado pelo perigo (Douglas 1976). Se, sob a ótica anterior, a finalidade dos segredos seria proteger a comunidade da repressão da sociedade colonial que a englobava, a idéia aqui seria proteger o candomblé de si mesmo, dos poderes imensos que ele intenta administrar, e que devem ser manuseados com a calma e a sabedoria que só a experiência pode proporcionar:

> Um lema muito cultivado da chamada lei-do-santo afirma que o mais velho sabe mais e que sua verdade é incontestável. Saber é poder, é proximidade maior com os deuses e seus mistérios, é sabedoria no trato das coisas de axé, a força mística que move o mundo, manipulada pelos ritos (Prandi 2005:47-48).

A frase de Prandi alerta adequadamente para o fato da centralidade do segredo para o candomblé estar associada a uma concepção radicalmente performativa de conhecimento, que aqui pretendo associar a uma concepção transbordante da agência mágico-religiosa, sempre apta a escapar de forma inesperada das formas rituais que tentam contê-la. A relação indissociável entre o conhecimento, a existência e a capacidade de intervenção no mundo (poder) é atualizada por uma concepção de pessoa que pode ser definida como "processual", como nos alerta Goldman (1985), mostrando que esse saber-poder do candomblé, progressivamente liberado, indica que quando se sabe mais se é de outro modo:

> Pode-se então dizer acima que é apenas aos vinte e um anos 'de santo', com seus sete orixás (ao lado do Exu, do Erê e do Egum) assentados, que a pessoa está realmente construída, já que é apenas nesse momento que seus múltiplos componentes encontram certa estabilidade mais duradoura de si (46).[97]

[97] Tal situação de integração plena, onde a pessoa torna-se "senhora de si" de modo definitivo (pelo menos até a sua morte e a tudo que ela carreta para o candomblé), tem como um indício interessante o freqüente encerramento das crises de possessão, espécie de síntese temporária que, nesse novo estado ontológico, perde a sua função.

A existência dos segredos indicaria, nesse sentido, uma espécie de deferência da comunidade do candomblé frente àquilo que a funda, que a coloca em movimento, e que insiste em excedê-la: o axé. Como mostra a fala de um babalorixá informante, o candomblé parece estar mais atento do que qualquer outro grupo religioso à diferença, defendia por Bataille (1981), entre "religião", entendia como código analítico e domesticador, e "sagrado", entendido como presença agregadora e transbordante.[98]

> Os segredos não se revela...O segredo não sai, você pode conhecer a filosofia, você pode conhecer os trâmites, alguma coisa, mas o segredo é segredo, se você revela deixa de ser segredo e está tudo perdido. É o axé, o segredo é o axé, é o *gunzo*,[99] o *gunzo* é a força, se você pega o seu gunzo, a sua força, e entrega você... olha aí, quando souberam do segredo de Sansão cortaram-lhe o cabelo e ele perdeu as forças. Todos os líderes dos grandes terreiros aqui de Salvador são sábios e sabem que só é revelado o que a gente quer que seja revelado. Agora, há uma preocupação com essas pessoas que se infiltram, é preciso que se tenha um cuidado muito grande, sabe a quem que se dá cargo, que cargo, o porquê, pra que isso não caia em mãos erradas e a pessoa fique exposta. Nós somos tão abertos, é uma religião tão aberta, entra quem quer, mas a nossa força deve ser manuseada com cuidado, pra não cair nas mãos erradas, e inclusive pra não machucar ninguém do nosso povo.

Comparando o axé iorubano ao *mana* polinésio, à *orenda* iroquesa e ao *manitu* algoquino, categorias hoje quase integradas à linguagem antropológica, Bastide destaca que ele seria uma espécie de "depositário de força sagrada" (77). Para isso, refere-se à sua utilização discursiva no cotidiano dos terreiros para indicar as ervas e os alimentos que compõem o culto, destacando assim as suas características mais substanciais. Juana Elbein também sublinha essa mesma dimensão material do axé, subdividindo-o em "axé do terreiro" (geralmente plantado em seu mastro central), "axé de cada orixá" (plantado nos *peji* dos *ilê-orixá*), o "axé de cada membro do terreiro" (adquirido pela iniciação) e o "axé dos antepassados do terreiro", acumulados nos assentos do *ilê ibo* (1986:40). No entanto, Elbein segue, demonstrando que antes de ser adjetivo ("isso tem axé"), e substantivo ("isso é axé"), o axé é verbo, sendo definido como uma espécie de poder de realização. Afirma ela, explicitando o registro maussiano da linguagem do axé: "trata-se de um poder que se recebe, se compartilha e se distribui através da prática ritual, da experiência mística e iniciática, durante a qual certos elementos simbólicos servem de veículo" (43).

98. A concepção "atéia" de sagrado defendida por Bataille, presente não somente na religião, mas também na experiência estética e erótica, vê nele um movimento de dissolução das barreiras que teriam a função de apresentar o cotidiano profano como um campo distintivo e analítico. A experiência do sagrado, do ponto de vista da sua economia pulsional, seria, então, o desnudamento do homogêneo que subjaze ao heterogêneo, que, neste caso, chega a unir até os inimigos mais declarados.

99. Versão angola para o "axé" iorubano.

Desse modo, o axé formaria antes de tudo um circuito, que tenderia a ser domesticado e capitalizado pela atividade ritual, capaz de organizar em seus inúmeros suportes materiais, objetos litúrgicos, instrumentos musicais, ervas, pedras, corpos etc., uma série de pontos concretos de captura e de transferência da sua força, que seriam consagrados e articulados pela ação integradora deste princípio motor. Nesse sentido, os limites da comunidade de candomblé seriam, tragicamente, os limites do próprio axé, uma força fluida e disseminadora, com um marcante desejo de alteridade, que insiste em se espalhar pelo mundo.

Além de colocar o sistema em movimento, o axé também teria a função de princípio de realidade do candomblé, sendo responsável por "incorporar" este mesmo sistema no mundo, fazendo com que a complexidade metafórica dos seus quadros classificatórios, que colocam Aiê (mundo natural) e Orum (mundo das divindades) "em paralelo", seja encarnada de modo efetivo nos entes. Assim, a dança da possessão feita sem axé torna-se "representação", "santo de *eké*", e nada do candomblé costuma acontecer no registro representativo.

Do mesmo modo, o terreiro sem axé suficiente tende a virar um simulacro, uma fraude, e uma fraude potencialmente perigosa. Manter a "verdade" do terreiro seria uma das funções das ialorixás e babalorixás, as primeiras também conhecidas como *ialaxés*, mães do axé, ambos portadores do máximo poder no terreiro, e responsáveis por zelar por seu uso correto e por sua herança.

São esses terreiros "fracos" que têm preocupado as comunidades mais tradicionais do candomblé de Salvador, e são eles que são freqüentemente responsabilizados pela fuga do axé para o lado do inimigo. Neles, o "Agô Ebomi!", saudação de deferência dos jovens aos mais velhos, tem sido abafada pela ânsia dos primeiros por conseguir o *deká*, fato que resultaria na colocação dos fundamentos da religião em risco. Em minhas visitas aos terreiros mais tradicionais, como o do Bogum e da Casa Branca, pude captar um perene descontentamento com as novas gerações, freqüentemente acusadas de desrespeitar a "lei-do-santo": "Hoje ninguém quer ser filho-de-santo, todo mundo quer ser logo pai. Ficam no terreiro o tempo suficiente pra colher o conhecimento e ir embora". Nesse ritmo de rápida transformação dos neófitos em mestres, os terreiros de Salvador estariam se multiplicando de forma descontrolada (fontes informais afirmam que hoje seriam mais de três mil), evento que viria acompanhado por uma forte queda qualitativa no seu axé.

Questionado sobre a saída de membros de terreiros para igrejas evangélicas, uma antiga liderança do terreiro do Bogum declara, interpretando esse fenômeno à luz da diferença entre terreiros "fortes" e "fracos":

> Sim, sai gente do povo-de-santo sim, mas de casas menos tradicionais e menos sólidas. Eu diria, com menos axé. Isso tem acontecido, tanto lá como cá tem falsos profetas, falsos sacerdotes, falsos religiosos, em todas as religiões e todas as profissões.

> Eu não posso negar que nas religiões afro-brasileiras também têm pessoas que usam dessa forma pra sobreviver e fazem coisas que não devem fazer. Vamos admitir que em um terreiro desses, falsos, onde tem um chefe que não sabe coisa nenhuma dos fundamentos religiosos, inicia uma pessoa, ele não está iniciando, ele está apenas atrapalhando a vida daquela pessoa. Mas ele se diz autêntico, se diz forte, se diz sabedor dos segredos. Essa pessoa passa mal, porque não foi iniciada da forma correta. De repente, passam pela porta dessa pessoa, que está enferma porque atrapalhou todo o ritmo do processo religioso dela, e oferecem acolhida, oferecem calor humano, oferecem oração, leite, pão, enfim, essa pessoa se passa pra lá, e vai professar a fé de uma forma mais carnavalesca dentro das igrejas. Lá ele tem alguém do lado dele todos os dias dizendo que ele tem de deixar de seguir a religião do satanás, e de repente ele melhora de vida. Claro, ele vai totalmente não querer mais pertencer a aquela religião que ele nunca pertenceu na realidade, ele foi vítima de um sabotador, vítima de um embusteiro.

Provocado pela tese da "transferência do axé", a sua fala segue, agora articulando essa diferença qualitativa entre terreiros ao processo de subversão dos segredos:

> Eu acredito que sim, eles levam as experiências que viveram dentro do roncó, dentro duma camarinha [aposentos utilizados na iniciação], pra essas neopentecostais. Eles viram, viram as coisas como são e vão lá e contam, e fazem, isso é fácil de entender. Mas o terreiro tradicional ou o não-tradicional tradicionalista que tem o processo forte de iniciação não sai nenhum religioso pra religião evangélica, não tem saído. Só essas pessoas falsas que não sabem como fazer. É como um médico, tem muita gente que não tem curso de medicina e professa, de repente alguém passa mal, isso quer dizer que todos os médicos são desonestos? Isso não pode ser.

Por outro lado, ele não deixa de destacar as resistências internas à relação orixá/iniciado a essa transferência indevida, as mesmas que vimos serem exercidas de forma ostensiva no caso de pai Jessé:

> Você sabe que há um juramento, há todo um processo litúrgico em que o iniciado se compromete a não estar revelando, e aqueles que revelam, passam mal... Eu já presenciei várias vezes a ira de um orixá com um filho desobediente. Os orixás, os voduns, os inquices, eles cobram. Não cobram inicialmente de forma acintosa, mas aos poucos as pessoas sentem que estão em situação difícil, vão lendo os sinais, vão vendo que eles vão piorando. Sabem que aqueles males passaram a existir porque descumpriram o regulamento, descumpriram o fundamento do axé.

Um babalorixá informante também corrobora a tese da transferência referindo-a aos terreiros fracos, e defende a lentidão tradicional na revelação dos segredos e no acesso aos cargos destacando a qualidade orgânica do sagrado no candomblé, que deve ser plantado e cuidado com a paciência adequada:

> Hoje os filhos de santo entram no axé porque o Exu dá um caminho, aí já se intitula pai-de-santo. Antigamente você tinha que completar o seu tempo, ou seja, seu rosário, você tinha que entrar, ser abiã, ser *yaô*, até completar a obrigação de um, de três, de sete anos. Hoje o sujeito entrou e já quer sair pai-de-santo, já quer sair com o deká. O fator econômico influencia muito, porque alguns pais-de-santo, ou seja, zeladores, carentes de recursos, abrem mão dos primórdios da religião, e por dinheiro se faz tudo... Aí depois, o inquice, o orixá dessa pessoa se afasta, porque não concorda com o que é feito. Aí você diz: Ah! O pai-de-santo (como se diz vulgarmente) agora é evangélico!". Mas ele perdeu a crença dele quando ele perdeu o respeito dele próprio, pra atender a ganância de alguns e a pressa em querer ser o que ainda não pode ser. Pra você colher um fruto, primeiro tem que se plantar, regar, ele tem que crescer, frutificar, ele ainda vai florar, tem muitos estágios até uma árvore frutífera realmente dar fruto. Claro, você não deita e acorda zelador do axé. Mesmo tendo o dom você tem que esperar o tempo, só no tempo certo pode, tem que ter tempo pra tudo.

Um outro informante definiu esses terreiros de axé fraco, aqui associados a uma certa inocência, como "pontos fracos" da comunidade como um todo, já que seriam prezas fáceis para a utilização ilegítima do axé que as une:

> Eles [os neopentecostais] criaram ao longo do tempo, estudos sistemáticos até, pra poder saber quais seriam, vamos dizer assim, "os pontos fracos", os pontos onde não tinham dentro dos terreiros uma maior instrução sobre os fundamentos. Era fácil você induzir uma pessoa dessas dizendo que a religião que ele aceitava era a religião do demônio, que ele precisava da salvação. É mais fácil você ganhar as pessoas pelo medo o que pela lógica, pela razão. Isso aconteceu por muito tempo com os evangélicos, eles começaram a fazer um trabalho de formiguinha, eu ainda me lembro muito bem quando as primeiras igrejas deles ali no Aquidabam, perto da Barroquinha, e eles já começaram agressivamente. Hoje, Edir Macedo tem a verdadeira "Umbanda de Edir Macedo", banho de descarrego, martelo de não sei o que, machado, e uma série de coisas... Através desses pontos fracos, saíram conhecimentos valiosos pro lado de lá.

O sacerdote chama a atenção para um outro fator importante que ajuda a compor esse contexto de abertura indevida do candomblé às religiões rivais: o dinheiro. E não é por acaso que se mostrou bastante comum ao longo do meu trabalho de campo a associação entre a inautenticidade desses terreiros de axé fraco com a sua inserção indevida no mercado de serviços mágico-religiosos:

> Olha, vou te dizer uma coisa. Muita gente vai às casas de candomblé com o fim de ganhar dinheiro. Mas eu vou lhe dizer uma coisa: quem realmente tem no seu eledá um vodun, um inquice, um orixá, um caboclo, não sai dessa religião. Agora, pessoas que desconhecem, só porque tomou um banho, só porque começou a freqüentar uma casa e tal, se intitulam pais e mães-de-santo, ou seja, zeladores e sacerdotes, e com pouquíssimo conhecimento saem lendo búzios, falando em nome sem poder. É esse o povo que tem

saído. Quem é da religião mesmo, conhece o seu mistério, não sai dessa religião. Quem tem o dom, ou seja, quem traz consigo o seu *odu*, o seu orixá não sai.

A partir dos anos 60, observa-se um processo gradual de aumento da legitimidade ou ao menos de diminuição da marginalidade do candomblé frente à sociedade nacional, fenômeno que se dá no rastro da disseminação da umbanda pelo país (Prandi 1996). Essa retirada do candomblé do campo das religiões étnicas, sinalizada pela sua abertura para um público branco e de classe média, efetua um corte qualitativo entre os freqüentadores dos terreiros, que passam a ser distinguidos em "seguidores" e "clientes" (20). Diferente dos primeiros, os clientes mantêm uma relação de externalidade frente à comunidade, indo aos terreiros geralmente para consultar o oráculo dos búzios e realizar sacrifícios propiciatórios recomendados (os *ebós*), serviços geralmente mediados por pagamento em dinheiro. Mesmo demonstrando curiosidade sobre o seu orixá de cabeça e freqüentando as suas festas, essa categoria se mantém fora do grupo dos iniciados e, portanto, não efetuam nenhum compromisso com a religião.

De acordo com Prandi, os clientes ocupariam duas funções centrais na configuração atual do candomblé no Brasil: "(...) antes de mais nada, sua demanda por serviços ajuda a legitimar o terreiro e o grupo religioso em termos sociais". A presença de uma grande clientela de classe média tornou-se um forte sinal de prestígio entre o povo de santo, que costuma ver neste sucesso um sinal de reconhecimento da seriedade do terreiro. Além disso, "é da clientela que provém, na maioria dos terreiros, uma substancial parte dos fundos necessários para as despesas com as atividades sacrificiais" (1996:22). A partir dessa dinâmica, a abertura do candomblé para o "mercado das crenças" teria transformado o cargo de ialorixá e babalorixá em uma promissora opção de carreira para um segmento social de origem pobre e com pouca educação formal, função dotada de um prestígio negado às profissões normalmente ocupadas por este setor sócio-econômico.

Por conseguinte, o candomblé parece ser cada vez mais habitado por forças ambivalentes. Por um lado, uma tendência contemporânea à profissionalização dos seus "serviços", colocando-o em um movimento de integração com o universo individualista da "religião à la carte" (Lenoir 2003), da descontextualização e submissão dos signos religiosos ao desejo pessoal de um fiel em constante mobilidade. Por outro, as tendências centrípetas, já seculares, observadas na discussão acerca dos segredos, que inserem no primeiro movimento uma diferença entre o "dentro" e o "fora" do terreiro, corte difícil de ser sustentado em sua inteireza, já que sempre ameaçado pela inclinação universalista à quebra dos códigos responsáveis pela proteção não só da força da "tradição", mas do próprio fundamento mágico-religioso do candomblé. Como se vê, esse campo de forças contraditórias no qual habita hoje a religião dos orixás torna-se, em Salvador, um terreno fértil para as experimentações discursivas sobre a sua relação orgânica com o neopentecostalismo, sobre a venda dos segredos e a fuga do axé.

Um dos meus informantes falou dessa delicada relação monetarizada entre os terreiros e o seu entorno, canal que, segundo ele, deve ser controlado com muito cuidado:

> Eu acho que tudo em excesso é sobra, se você botou muita água em um copo vai derramar. Todos os candomblés precisavam e precisam das ajudas dos filhos de santo pra manter o seu templo. Precisam também da ajuda do povo de fora, que nos procura pra algum serviço. A luz aqui dessa casa tem vez que chega por mês a 300 e poucos reais. A mãe-de-santo sozinha, imagine como ela poderia manter essas despesas. Os custos são elevados, manutenção da casa, obras. Os filhos de santo ajudam o ano inteiro no que podem, pra poder manter a casa, as pequenas reformas que vão sendo feitas. Aqueles terreiros que já têm um apoio do governo do estado, ótimo, mas quem não tem, tem que se virar dentro disso. Agora, eu acho que há uma diferença entre você cobrar por um trabalho, alguma coisa que você fez dentro do terreiro, a um cliente, a uma pessoa que venha, porque muitas pessoas também vêm pro candomblé e em um momento depois, ou se deu bem ou se deu mal, não voltam mais. A casa cobra um valor x, mas eu acho que deveria se ter também um bom senso na hora de fazer, pra não chegar, como eu já vi, em R$ 200,00. Eu acho isso um pouco complicado. Cobrar eles até podem, mas eu acho que vai muito no bom senso e na honestidade de cada um. O importante então é saber que uma coisa é o serviço pra fora, outra coisa é a vida do terreiro, o respeito pelo axé e pela ancestralidade.

Percebe-se que a fala do pai-pequeno é iniciada por uma distinção importante, que veremos se colocar com maior clareza na próxima seção, aquela entre terreiros com e sem a ajuda financeira do Estado. Além disso, destaca a disposição, existente nos terreiros fracos, de apagar a diferença "dentro"/"fora" acima referida, misturando-se indevidamente os campos do dinheiro e do sagrado. A sustentação dessa barreira seria o único modo do axé ser mantido de forma adequada no interior dos templos.

O debate acerca da extensão adequada do axé acaba por alcançar contemporaneamente mesmo alguns setores da esfera pública antes liberados, como a cultura popular. É o que demonstra a fala de uma *ekedi*, criticando as apropriações carnavalescas de signos e práticas da sua religião, tema que tem se rotinizado entre as lideranças do povo de santo na cidade:

> Não, o axé não vai pra rua não, quando vai é erradamente. Isso é visto no carnaval, isso é visto nas lavagens de bairro. Alguém que tem um pouco e aí leva, mas isso são pessoas despreparadas, são pessoas que não tem realmente a sua origem, como eu lhe falei, de berço, são pessoas que por dinheiro vendem até a própria alma.

Observa-se, nessa crescente demanda por deferência ao axé, o avanço do questionamento identitário e do critério qualitativo que diferencia grupos "autênticos", "sérios" dos "inautênticos", "falsos", até nos argumentos sobre o trânsito religioso para as neopentecostais, que vimos aqui estar freqüentemente associado à polêmica acerca do controle do movimento histórico de universalização do culto dos orixás. Como afirma um jovem *ogã* do tradicional terreiro de Oxumaré:

> Eu não sei se eles têm tirado gente que é do candomblé. Daqui do terreiro eu não conheço nenhum. Não conheço. Uma coisa é a pessoa ser, vamos dizer, simpatizante do candomblé. Ou que usa os serviços, vem aqui, joga búzios, ou em um dia de quarta nós temos amalá pra Xangô, eles vêm, tomam um banho e tal. Outra coisa é a pessoa que é do candomblé, que faz a sua obrigação religiosa, que faz o orixá, que é o filho-de-santo da casa. Desse terreiro não saiu ninguém.

A fala argumenta que, antes de discutir o trânsito, antes de projetar sobre a Igreja Universal a imagem de um candomblé subvertido, o culto dos orixás deve passar por uma redefinição da sua identidade, respondendo de forma clara o que ele "é" e o que ele "não é". Antes de lamentar a dádiva da magia roubada, a mesma que se torna o seu veneno, caberia ao povo de santo repensar as condições de existência da sua religião hoje, é isso que o debate acerca da autenticidade, reverberado pela presença da IURD na cidade, quer colocar como prioridade.

III. Um Exu evangélico?

Para finalizar o capítulo, inconcluso e aberto, assim como o fenômeno que ele visa analisar, resta continuar mergulhando no imaginário dos cultos afro-brasileiros sobre o neopentecostalismo, tentando agora abordar as especulações nativas acerca da natureza desse poder subvertido pela IURD, chegando ao tema das suas condições de utilização. Quem melhor desenvolveu essas questões ao longo das minhas entrevistas em campo foi "Mãe Helenice", ialorixá de um terreiro no bairro Mussurunga. Observa-se que o seu argumento se baseia em evidências colhidas por ela mesma e recebidas pelo intermédio de um informante que trabalhara para a Igreja Universal:

> Eu tenho uma pessoa, que já foi lá de dentro, foi segurança de lá. Pois é, ele me garantiu que lá na Igreja Universal, ali no Iguatemi [o Templo Maior da IURD em Salvador], tem um senhor quarto de Exu. Lá dentro. Além disso, outro dia eu mesma cheguei em São Joaquim[100] pra fazer compras e tinha uma carreta de quartinhas, de aguidar, já fretada que ia pra Igreja Universal. Quer dizer, as coisas que nós estamos usando para o nosso trabalho, para a nossa proteção, eles estão usando. É banho de descarrego, é banho de pipoca, é banho de sal grosso, é rosa não sei de

100. Grande feia popular, onde são comprados os objetos e os animais utilizados pelas celebrações do candomblé da cidade.

> quê, e aí? Isso mostra que tem gente que foi do candomblé que está lá. São essas pessoas fracas, que não têm fé, que não têm confiança no seu orixá, que por qualquer coisa no candomblé se decepcionou, e vai pra lá dar de mão beijada as nossas origens. Olhe só: um quarto de Exu pra ninguém botar defeito!

Mais uma vez, o motivo dessa transferência de pessoas e categorias é colocado na ganância e na fé fraca de determinados setores do povo-de-santo: "Eu acredito, pois o dinheiro faz tudo, né? Pra eles. E aí pessoas enfraquecidas, que não têm coragem de mudar, de batalhar, vão e se entregam. Geralmente é gente desses terreiros de segunda, sem tradição nem axé. Eu, por dinheiro nenhum eu vou abandonar o meu candomblé!". Através dessas pessoas, a IURD teria conseguido invadir o campo de ação do candomblé, apoiando-se, de acordo com a ialorixá, na figura mais complexa e ambígua do seu panteão, que tem servido secularmente como signo-chave da sua alteridade: o Exu, também conhecido como Elegbara, na nação Jeje, ou Inzila, em sua versão angola.

De acordo com Verger, e a mitologia confirma, o orixá Exu seria dotado de uma série de qualidades a princípio "negativas" para olhos estrangeiros. Ele seria "suscetível, violento, irascível, astucioso, grosseiro, vaidoso, indecente" (1999:119). Talvez por isso, "os primeiros missionários, espantados com tal conjunto, assimilaram-no ao diabo e fizeram dele o símbolo de tudo o que é maldade, perversidade, abjeção e ódio, em oposição à bondade, pureza, elevação e amor a Deus" (idem). A associação entre o Exu e o diabo, corroborada não só pelos cultos da IURD, mas também por setores mais cristianizados dos próprios cultos afro-brasileiros, como a umbanda e a quimbanda, mostra-se incorreta caso seja observada sob a ótica iorubana, incorreção devida principalmente a dois desentendimentos principais.

O primeiro é aquele que traduz o Exu patrono da cópula, Príapo africano, deus da fertilidade, associado ao elemento central da organização social iorubá, a ancestralidade, como o Exu guiado por uma sexualidade descontrolada, selvagem, anti-social, evidenciada pelas representações materiais da divindade, geralmente marcadas por grandes signos fálicos. O segundo é aquele que traduz o deus mensageiro, mediador entre o *Aiê* e o *Orum*, associado à atividade oracular, interpelado pelo homem através dos sacrifícios votivos, como o Exu interesseiro, imoral, mesquinho e mercenário. Em suma, a figura de Exu parece tocar de forma indevida duas pedras fundamentais do imaginário ocidental, fato que torna difícil deixá-lo passar ileso à sua fúria: a oposição entre a sexualidade e o sagrado e a distinção dicotômica entre ações livres e altruístas, pertencentes ao campo da moral e da religião, e as ações interessadas e egoístas, associadas ao campo utilitário do profano.

Nesse sentido, Exu seria dotado de uma espécie de existência medial, expressa não somente nas ambigüidades que ele inseriria nas categorias cristãs, ocidentais, ou modernas. Também para o mundo dos candomblés, Exu estaria associado a um poder distinto dos outros orixás, e mais do que nenhum outro estaria vinculado à capacidade de promover mudanças, de alterar o *status quo*.[101] Tal poder transgressor de Exu pode estar sediado na especificidade da sua função na estrutura classificatória do candomblé: a de termo capitalizador das relações, elemento móvel envolvido com a promoção dos nós de aliança. Por articular mundos, Exu sabe e participa de tudo, seu poder é extenso, mais do que intenso.[102]

Assim, Exu parece retirar a sua autonomia frente às hierarquias do candomblé da sua situação de mediador de todos os vínculos, situação que o entrona como a peça essencial tanto na dinâmica ritual quanto na magia.

> Como mensageiro dos deuses, Exu tudo sabe, não há segredo para ele, tudo ele ouve e tudo ele transmite. Ele pode quase tudo, pois conhece todas as receitas, todas as fórmulas, todas as magias. Exu trabalha para todos, não faz distinção entre aquele a quem deve prestar serviço por imposição do seu cargo, o que inclui todas divindades, mais os antepassados e os humanos. Exu não pode ter preferência por aquele ou este (Prandi 2005:74).

Por "trabalhar para todos", Exu se instaura como uma porta de entrada para o novo, tornando-se a principal categoria de alteridade do candomblé. Não por acaso, ele se estabelece como um significante-chave para as especulações do povo-de-santo sobre o atual contexto de conflito e apropriação entre a sua religião e a dos evangélicos neopentecostais. Assim Helenice descreve a sua visão mais genérica sobre o senhor das encruzilhadas:

> Exu domina o movimento de todo o processo divinatório. É ele que agita as peças sistemáticas na comunicação dos seres humanos. Ele é a comunicação, pro mal ou pro bem, entendeu? Aí depende de quem o direciona, somos nós. Se alguém pegar ele pra trabalhar pro mal, ele vai ser do mal. Se a gente executar ele pro bem, vai ser do bem. Ele é ligação, entende? No entanto é necessário abraçar o lado favorável de Exu. Pois o seu lado caótico poderá estar vibrando no momento a ser evocado. Nesse caso, tudo poderá ficar exposto a grande dano. Essa é a origem do bem e do mal, é equilíbrio ou desequilíbrio. É por isso que ele é tratado por ignorância como algo ruim, associado até ao diabo. Logicamente, o ruim é aquele que se dedica de maneira desajustada a mexer com as coisas desconhecidas dependendo do contexto da cabeça de cada um. Amigo espiritual, Exu é um ser comunitário, comunicativo e social.

---

101. A qualitade de "trickster" de Exu na mitologia demonstra a sua postura crítica e mesmo jocosa diante dos outros orixás, exemplificando um tipo de poder dos fracos.

102. Tal existência medial, a um só tempo interna e externa, é expressa na posição de observador participante ocupada por Exu no processo de criação do Aiê, como destaca o mito que narra como ele ganhou o poder sobre as encruzilhadas: "Exu ficou na casa de Oxalá dezesseis anos Exu prestava muita atenção na modelagem e aprendeu como Oxalá fabricava as mãos, os pés, a boca, o pênis dos homens, as mãos os pés, a boca, a vagina das mulheres. Durante dezesseis anos ali ficou ajudando o velho orixá. Exu não perguntava. Exu observava. Exu prestava atenção. Exu aprendeu tudo" (apud Prandi 2003:40).

Por outro lado, a seguir ela descreve o tipo particular de aliança costurada entre esse orixá "comunicativo e social" e a Igreja Universal:

> Com Exu, depende de como manda, de como faz, de como deseja, você tá entendendo? Esse mesmo que eles da Universal devem ter lá assentado, ele vai sair daquela pessoa que vai no culto deles e vai trabalhar pra eles encaminhando o dinheiro todo que eles têm ganhado. Eles livram e guardam ele ao mesmo tempo. Quando eles ficam naquela chamada, naquela coisa do "sai, sai, sai...", quer dizer, ele sai de um jeito e eles firmam de outro. Você acha que ele foi, mas na verdade eles tão é firmando, senão pra quê que eles iam voltar lá? Não vai deixar solto. Quando vão essas pessoas fracas, possuidor até de coisas boas, mas que passam por um momento de desespero, de perturbação, então, eles aproveitam, e vão fazer a segurança do outro lado.

Nos termos colocados pela ialorixá, a relação fiel/IURD/sobrenatural passa a ser lida como uma espécie de círculo vicioso, que colocaria o fiel na necessidade perpétua de retornar ao processo ritual de libertação. Percebe-se que através de uma linguagem "nativa", a minha informante chega a uma conclusão não muito diferente da que eu mesmo cheguei no primeiro capítulo: a de que a IURD seria resultado de uma espécie de hiper-ritualização do pentecostalismo, operada através de um deslocamento narrativo do problema do mal do controle, ou melhor, do auto-controle do sujeito. É interessante notar, por sua vez, que o argumento parece ser inverso, mas simétrico, à visão que a própria IURD defenderia sobre o candomblé: a de que a crença do inimigo indicaria uma decadência da troca, ou do sacrifício, em expropriação, realizada pela predação dos bens e da subjetividade de fiéis iludidos. Assim, a aliança entre a igreja e Exu teria transformado a primeira em uma espécie de máquina ritual devoradora de coisas e pessoas, fundada em uma economia de dívida perene e incontornável, e oposta a um movimento de reciprocidade, representado aqui pelo candomblé.

Dois elementos do caráter de Exu parecem ser potencializados por este acordo com a IURD: a sua capacidade de ludibriar e o seu pendor expropriatório, características presentes nas narrativas mitológicas do candomblé. Em "Exu ajuda um homem a trapacear" (apud Prandi 2003:51), percebemos de modo evidente a capacidade de este orixá simular situações tendo em vista alçar determinados fins para quem o requisite através do *ebó*. Nesse mito, um homem o evoca para ajudá-lo a iludir um rei acerca dos seus supostos poderes mágicos. Propõe à autoridade um desafio a princípio absurdo: ele plantaria inhames já assados, que não deixariam de brotar e criar folhas dentro de alguns dias. Na calada da noite, Exu ilude os guardas que controlavam a plantação e troca os inhames assados por novos. No fim da aventura, o rei recompensa o suposto mágico tornando-o muito rico.

A própria ialorixá reconhece este lado ludibriador de Exu, apesar de não condená-lo eticamente em nenhum momento. Pelo contrário, demonstra uma espécie de apreço desresponsabilizador ao compará-lo a uma criança: "Exu é mestre em enganar as pessoas, ainda mais se você não conhece bem ele, o jeito que ele trabalha (risos). Ele é meio criança, entra nas coisas sem saber o que vai dar". Assim, com o consenso de Exu, a IURD teria montado uma espécie de encenação durante os seus cultos, um truque onde o orixá seria demonizado, assumiria o mal causado às pessoas, e seria "solto", sendo logo em seguida "preso" novamente, voltando a gerir a vida dos supostos "libertos". O motivo desta encenação seria fazer com que os fiéis nunca deixassem de retornar e doar o seu "dízimo", "oferta" ou "desafio" para a igreja.

Essa voracidade material seria a segunda característica de Exu potencializada pela IURD de acordo com a ialorixá. No mito "Elegbara devora até a própria mãe" (apud Prandi 2003:73-5), observa-se de forma exemplar a força insaciável desse orixá, a sua capacidade de consumo, assim como as alianças costuradas tendo em vista domesticá-la. O mito começa narrando o nascimento de Elegbara, filho de Orunmilá, a divindade oracular:

> Para espanto de todos, [Elegbara] nasceu falando e comendo tudo o que estava diante de si. Comeu tudo quanto era bicho de quatro pés, comeu todas as aves, comeu os inhames e as farofas. Engolia tudo com garrafas e garrafas de aguardente e vinho. Comeu as frutas, o mel e os de azeite-de-palma, quantidades impensadas de pimenta e noz-de-cola. Sua fome era insaciável, tudo o que pedia, a mãe lhe dava, tudo que lhe dava a mãe, ele comia. Já não tendo como saciar a medonha fome, Elegbara acabou por devorar a própria mãe (74).

Pretendendo controlar tamanha fome, que acaba voltando-se contra ele mesmo, Orunmilá entra em um acordo com Exu. Assim, Exu passa a trabalhar para Orunmila, levando oferendas e mensagens dos homens. Como contraparte, ele adquire o direito de ser saudado antes dos demais orixás, e sempre que um sacrifício for feito para algum deles, Exu deve ser o primeiro a comer.

A associação entre o poder e o ato de comer acontece como uma invariável cosmológica em quase toda a África negra, fato que o articularia fortemente à instância do consumo, e não da produção (Fabian 1998).[103] O mito parece figurar em Exu um poder levado às últimas conseqüências, à anti-socialidade, e mesmo à autodestruição. Por outro lado, esta fonte "natural" de poder passa a ser canalizada graças ao estabelecimento de uma aliança, que socializa e codifica a sua capacidade de intervenção ao conformar aquilo que antes era mobilidade predatória em uma força de mediação comunicativa. Assim, declara-se a paz da guerra que é Exu, mas uma paz fundada em um contrato nem um pouco perpétuo, já que fadado à renovação cotidiana.

---

103. De acordo com Fabian, utilizando-se de uma frase nativa, quando se trata de política na África negra, deve-se saber que lá "le pouvoir se mange entier" (127).

Nesses termos, e continuando com o *insight* da ialorixá, a IURD parece deixar correr de forma distinta a propensão predatória deste orixá, capitalizando a troca em consumo, e não o contrário.

> Outro dia mesmo eu tive que salvar um homem ali no Iguatemi. O homem saiu desesperado, eu tava com meu filho, e ele louco, com a mão na cabeça. Eu disse: "Ave Maria, ele vai se jogar do túnel! Vamos parar pra ver". E meu filho disse: "Não, minha mãe, o que é que a senhora vai fazer aí, deixe lá, deixe lá!". Peguei o rapaz, botei assim em um canto e disse: "O que é rapaz, o que é que você tem?". Ele tava desesperado, saiu do emprego, esperava receber um seguro desemprego veio outro, muito pouco. Ele desesperado com tanto compromisso que tinha pra pagar, casa, tudo, foi pra Igreja Universal. Chegando lá, mostrando ao pastor, chorando, se lamentando, o pastor disse: "Bote meu filho, bote aqui, que vai render, vamos pedir a Jesus que vai render!". E ele bota o dinheiro todo, quando é daqui a pouco, ele esperando. Cadê o pastor? Ele já tinha ido lá pro fundo da igreja, se picou, e ele perdeu o dinheiro todo. Isso é ajudar? O rapaz tava desesperado, onde é que ele ia ver mais esse dinheiro? Não tinha prova concreta, ficou o dito pelo não dito. Quer dizer, muitos de levar televisão, par de aliança grossa de ouro, terreno, tomando carro, tudo, quem botar o dízimo maior vai ter a salvação maior. Eles devoram tudo, querem tudo que você tem, e não importa se você pode ou não pode dar, eles são um poço sem fundo.

Ela segue com o argumento, desdobrando-o na oposição sacrifício/expropriação, e aliás colocando o catolicismo ao lado do candomblé, ambos ocupando o primeiro pólo:

> Quando, lá no candomblé, chega uma pessoa perturbada, uma pessoa desesperada, a gente tem um banho, a gente tem um remédio, um acalento. E todas as pessoas que chegam no candomblé desesperadas, eles saem em paz..Porque ele vai receber o sacrifício, pro ori. O ori, a cabeça, estando sã, o corpo anda. É como a Igreja Católica, lá também tem o sacrifício que eles fazem. Colocam o santíssimo sacramento dentro de si, pra dar paz. E essas igrejas estão fazendo o que? Só tirando. Dar o dinheiro, dar o dízimo, arrancar. Aqui no candomblé é diferente, na maioria das vezes a pessoa vem sem nada, sem nada. E sai todo feito, todo bonitinho, todo arrumado, pra depois dar... Uns te reconhecem depois, outros não.

É interessante notar que essa força expropriatória dos "evangélicos" se expressaria não somente na sua relação com as pessoas, mas também em um outro campo fenomênico, intimamente associado ao humano na visão do candomblé: a natureza.

> Eu tô doida pra comprar uma camerazinha dessas, que já duas vezes que eu vou botar oferenda no Abaeté, eles tão fazendo o batismo ali. Tão batizando lá. Uma mulher que você vê que era de candomblé, fazendo aquelas coisas todas pra batizar. Coisas nossas, ali é a água sagrada de Oxum, é a fonte de Oxum, onde nós sempre fizemos nossas coisas. Por isso que a água ta secando, só secando...

Assim, esse poder ambíguo atualizado em Exu institui-se como o significante essencial do espelhamento metonímico da ofensiva evangélica por parte do candomblé. O de Jessé cobrando de forma vingativa, anulando violentamente os seus anseios de mudança, o da IURD, montando mais uma das suas trapaças de "trickster", que, nesse caso, volta-se curiosamente contra a sua própria família de origem. O que resta dessa tentativa de amostragem das experimentações do candomblé sobre o conflito (muito mais ampla e variada do que aqui expressa) é a sensação disseminada de que "os evangélicos", generalização produzida pelo povo de santo a partir da IURD, fundariam a sua eficácia mágica em um poder familiar porém alheio, já que pouco domesticado e, por isso, potencialmente perigoso tanto para os outros quanto para si mesmos:

> Deus deu a cada um a consciência de suas capacidades mentais e de poder de captação e destituição do axé. A fé não pode esbarrar na falta de conhecimento de deus, da natureza e do homem mesmo. O desconhecimento pode levar praticantes de toda e qualquer religião à destruição de sua auto-crítica. Você tá entendendo? Porque se não tiver convicção do que é, do que está fazendo, chega ao ridículo. Eu tenho convicção do que eu estou fazendo. Eu tenho convicção nos meus trabalhos, eu sei até onde eu estou certa, eu sei onde até eu tô errada. Portanto, sei onde eu tô pisando. Eles ["os evangélicos"] estão mexendo com coisas que não conhecem, porque as nossas coisas são da nossa ancestralidade, isso já existia, isso existe na nossa mãe África, né? As nossas origens têm os nossos ancestrais não sei há quantos mil anos. E eles agora que chegaram que querem roubar e aterrar isso? Por quê? Com que objetivo? Eu temo até por eles mesmos.

Ao mesmo tempo, a concepção do neopentecostalismo como um "candomblé elitizado", assentado sobre um sagrado selvagem e irascível é acompanhada, por parte dos setores mais antigos do povo de santo, por uma atitude de paciência, justificada pela crença de que um dia, na hora certa, eles receberão a sua punição por terem se "aberto" aos poderes do axé de forma tão acintosa:

> ["os evangélicos"] Levaram o axé, mas levaram em parte. Em parte, porque aquilo que é bom não se arranca assim. Mas levar em parte, sem saber a fundo como é a lei do axé, isso também deixa eles fragilizados. Eles se encontram fragilizados, porque a força está ainda com nós, que estamos vivenciando a tradição, que estamos dando força, dando valor. Eles que tão fazendo isso, tão ficando cada vez mais próximos da gente, eles que se preparem...

CAPÍTULO 4

Especulações políticas: rompendo o campo do outro

> O importante pra mim é ter paciência, é não responder às provocações, é não entrar no campo de batalhas que eles estão montando.
>
> Everaldo Duarte

> Há um mal-estar, que se nós não tomarmos cuidado, poderemos estar chegando em algum espaço e em algum momento em uma guerra mesmo, santa, que ao meu ver, pode acabar se tornando necessária pra que se tenha respeito. Candomblé é uma religião em que as pessoas são estimuladas a não acatar determinadas coisas. Os orixás não são cordeirinhos. Os orixás são mesmo de guerra, de briga, de falar desaforo, de dar o que é certo, de fazer.
>
> Marcus Rezende

No capítulo anterior, descrevi e analisei eventos e narrativas que julgo ilustrarem os modos discursivos metonímicos do povo de santo responder aos avanços da "batalha espiritual" neopentecostal, repercutindo a sua textualidade a partir da velha linguagem de circulação de poder e eficácia mágica associada ao axé e aos orixás mediadores, como Exu. No atual capítulo, apontarei algumas cenas tendo em vista iluminar as dimensões metafóricas dessa mesma resposta. Com esse termo, pretendo designar a tendência de parte do povo de santo a ler os fenômenos de conflito religioso em que são inseridos sob um registro gramatical distinto, agora articulando-os verticalmente ao campo da "política", entendida no sentido oficial e moderno de reivindicação de direitos.

A relação entre o candomblé e o idioma da cidadania, da pessoa à luz dos quadros narrativo e valorativo do Estado-nação, tem sido um tema estudado de forma insuficiente pela antropologia brasileira, insuficiência que talvez resulte da confusão entre o silêncio de grande parcela do povo de santo sobre temas explicitamente "políticos" e a ausência de reflexão sobre eles. Diferente da "ausência", a "omissão" me parece, de fato, ser o signo-chave desta relação em ambos os lados que a compõem, situação pouco surpreendente caso nos atentemos ao fato de a religião em questão remeter historicamente a um povo que veio ao Brasil sem ser convidado para a festa da nação, e que construiu a sua existência nas franjas dos valores oficiais, atualizados por um Estado que, de fato, jamais legislou sobre os seus interesses. Além disso, se o fosso entre aparelho estatal e realidade nacional, no Brasil, é classicamente lido como uma marca estrutural da sua formação (Faoro 1975), no caso das populações de origem africana essa distância parece ser estendida ao seu limite, já que, como vimos anteriormente no debate acerca do segredo, as condições sociológicas da inserção do candomblé no Brasil fizeram do ocultamento de si, ou da fala indireta, estratégias centrais para a articulação segura entre a sua comunidade e a sociedade na qual teria sido inserida.

Segato (1992) parece entender bem as implicações dessas estratégias de invisibilidade para a proposta antropológica de captar um "discurso político" nos cultos afro-brasileiros – em seu caso específico, no Xangô do Recife. Através de uma interessante saída analítica, encontra no caminho alternativo da "linguagem cifrada do mito e da organização social do culto" (1992:3) uma expressão comunicativa suplementar, capaz de dotar com um sentido propositivo o silêncio do povo de santo sobre a ordem social que o cerca. Nessas instâncias, encontra uma espécie de "microcosmos" que, apesar de marginal e minoritário, comprova que os cultos afro "também produzem um 'pensamento social', uma teoria sobre o Estado, e participam do processo de construção da idéia de nação, mesmo que seja, como nesse caso particular, negativamente" (4).

Após um mergulho atento na mitologia dos orixás, a antropóloga encontra em Iemanjá e Oxum categorias nativas, associadas à maternidade, com as quais se escreve um discurso indireto sobre dois tipos de autoridade. A primeira representaria a ordem estatal, dada a sua legitimidade, e seria vinculada à hipocrisia e ao formalismo sem fundamento: "a posição de mãe de maneira puramente formal, burocrática, como uma administradora fria e distanciada" (10). A segunda, sempre ocupando as muitas brechas deixadas pela primeira, seria associada a uma posição que, apesar de ilegítima, seria a da mãe autêntica, que de fato cuida, se preocupa e se doa aos seus filhos: "(...) assim, no espaço deixado vazio pela maternidade instituída de Iemanjá, entra a autêntica vocação materna de Oxum" (idem).

A partir da análise da sua gramática mítica, percebe-se que os cultos afro-brasileiros alimentariam uma visão cética ante a lógica oficial, trabalhando no registro da oposição entre aquilo que é real (o "dentro" do terreiro) e aquilo que é legítimo (o "fora" do terreiro). No entanto, a adequação entre esse ceticismo e uma postura reivindicativa, passagem aparentemente óbvia, parece nunca se dar, fato que se observa na resistência visível do povo de santo em somar-se às frentes e aderir integralmente ao discurso dos movimentos negros.[104]

---

104. Tal característica poderia ser lida, do mesmo modo, como um paralelismo cosmológico daquilo que defini, no capítulo anterior, e através de Bastide, como a "estratégia de duplo corte"

> Enfim, alguém pode, ingenuamente, perguntar-se: se as narrativas míticas contêm uma crítica metafórica ao Estado; se suas instituições são invalidadas, por que não dar essa mensagem claramente: "Somos afro-brasileiros, esse Estado não nos representa"? Por que camuflar essa mensagem em mito? Por que não transformar-se em grupo negro, em busca de uma cidadania negra? Por que não somar-se às filas dos movimentos sociais? E a resposta é não, pelo menos, todavia não (Segato 1992:17).

A constatação da ausência de representatividade do Estado é seguida, nesses termos, pelo afastamento completo do seu campo de problemas do universo da religião. Diferente de um ceticismo reivindicatório, político, descrença fundamental à cultura democrática, pois instauradora de um ímpeto para a ação, estaríamos aqui diante de um ceticismo paralisante, mantenedor e mesmo assegurador do abismo entre o campo de ação do Estado e o conjunto de coisas que de fato interessam à comunidade religiosa. Essa postura de suspeição sobre o universo da legitimidade se justificaria, em última instância, pela caracterização desses grupos como coletivos "não-essencialistas" (Segato 1992), ou ainda "tautológicos" (Segato 1995), ou mesmo como "religiões trágicas" (Segato 2003b).

Com essa terminologia, a antropóloga visa assentar a abstinência política do povo de santo, no que tange o sentido mais convencional do termo "política", em algumas barreiras de ordem cosmológica. Primeiramente, na incompatibilidade entre a gramática identitária do candomblé, marcadamente universalista, em que todos possuem um santo de cabeça, e o modelo "étnico" do movimento negro. Conseqüentemente, por esse universalismo não vir acompanhado por uma concepção de pessoa individualista (dimensões que, agregadas, comporiam a figura do "cidadão"), ou seja, interiorizante, responsabilizadora e prescritiva, mas antes por uma postura descritiva ("tautológica") e explicativa ante o mundo, o outro e o si mesmo.[105] Assim, o candomblé pode ser definido como "um comentário sobre a realidade social, *a posteriori*, por parte de quem não partilha da responsabilidade de impor uma direção a uma sociedade" (Segato 1995:416). Por fim, desse universalismo não-individualista, a-ético, em que mais vale o "tabu" (remeter o infortúnio a um "contato" indevido em um quadro classificatório) do que o "pecado" (remeter o infortúnio a um erro proveniente da interioridade subjetiva de um ator), resultaria uma visão de mundo marcada pela ausência de utopia.

(1971:345) do candomblé, que, através do segredo e do sincretismo metafórico, distinguiria uma existência "real" de uma "disfarçada", a primeira correspondente ao "dentro" do terreiro e a segunda ao "fora" da esfera pública.

105. Tal postura descritiva seria capaz de fornecer ao indivíduo a compreensão *a posterirori* do comportamento dos outros e de si mesmo a partir de uma especulação sobre os santos que comporiam a "cabeça" dos agentes em questão e não de julgar o estado de coisas a partir de um estado interior ou intersubjetivo do sujeito ou dos sujeitos que dele participam.

Com isso, agrega-se, por um lado, um conteúdo "democrático" ao culto, referente à sua capacidade quase ilimitada de absorver setores marginalizados pela ordem dominante, mas, por outro, seriam alimentados valores associados à paciência e à adaptabilidade, em detrimento daqueles relativos ao descontentamento e à mudança. O que resta, então, é sempre uma espécie de transgressão conservadora, tranqüila e silenciosa quanto aos seus efeitos, já que pouco prescritiva. Desta cosmologia específica resultaria, enquanto atitudes fundamentais do candomblecista em sua inserção na sociedade brasileira, ou a paciência ilimitada e o apelo indireto de um Oxalá ou o charme e o fascínio dissuasivos de um Xangô.

Um caso interessante, que parece corroborar e representar de forma icônica essa espécie de indiferença do candomblé ante os signos "oficiais", foi recolhido por mim em uma reportagem do *Jornal da Bahia* do dia 2 de julho de 1966. Nela, aponta-se que a famosa ialorixá Mãe Senhora havia sido condecorada pelo então embaixador do Senegal, Henry Senghor, com a medalha do Mérito da Ordem Nacional do Senegal, sob a justificativa de que a matriarca seria "um símbolo da presença africana na Bahia". A reportagem continua, destacando o fato jocoso de a ialorixá ter confundido a medalha oficial com um ornamento, uma peça "para usar no pescoço", e ilustra o aparente engano com uma foto onde ela, com as suas vestimentas tradicionais, é vista sorrindo e expondo a medalha como mais um dos seus adereços, aquela hora já ocultada pelas contas, búzios e sinais de prata que compunham o grande colar que sustentava no pescoço. O texto é finalizado pela constatação de que "embora sem demonstrar estar alcançando o seu verdadeiro sentido, a 'Senhora' mostra-se muito satisfeita com a condecoração", seguida por uma frase da sacerdotisa, em que declara que "o embaixador do Senegal é muito boa pessoa" e que estava "muito feliz com a gentileza", desejando que "Deus proteja a todos".

A Senhora parece encarnar, na cena descrita, a concepção de que o mundo da pompa, do formalismo burocrático, das palavras superlativas, seria um assunto alheio, sobre o qual o candomblé teria muito pouco a declarar. Inserida em uma situação explicitamente "oficial", como o é uma cerimônia de condecoração, a sacerdotisa se vê colocada em um limite de tradução, sobrando a ironia e o humor como as marcas do insucesso da tentativa de capturá-la através das redes de uma linguagem estrangeira, falada pelas coisas, gestos e enunciados dos "homens grandes". Assim, se no capítulo anterior tivemos contato com uma espécie de paroxismo da capacidade do candomblé de englobar o outro como um outro-eu, mesmo quando esse outro em questão coloca-se em uma postura aberta de enfrentamento violento à sua comunidade de origem, agora parece que chegamos ao ponto em que essa mesma capacidade se exaure.

Caso levemos ao limite essa linha de raciocínio, chegaremos à conclusão de que, se há outro de fato no mundo do candomblé, uma fronteira de contenção para a sua extensão de si, esta se encontraria mais no Estado do que nas diferentes religiões com que o culto aos orixás tem se defrontado em sua trajetória histórica. Todo o resto é refletido e desdobrado, mantendo-se intocado e alheio nesse processo apenas o "pacto da nação", com o qual o candomblé dialoga tradicionalmente através de uma "ideologia do prestígio" (Lima 1987:153), atualizada pelo poder personalista, carismático e irônico de suas lideranças. Nessa dinâmica, e sem nunca adentrar o universo de ação do pacto, são tecidas alianças pontuais, gestos desorganizados sempre vindos "de fora" do seu campo de ação. A história de resistência do candomblé em Salvador em vários momentos exemplifica essa hipótese: já que não se reivindica do poder público, enreda-se nele pela troca, recebendo proteção (ou apaziguamento da repressão) e suporte financeiro enquanto se estende à autoridade laica o apelo sagrado do terreiro, instituído progressivamente, ao longo do século XX, como um centro da cultura popular e da identidade baiana. Assim fizeram os antigos, como tentarei demonstrar a seguir.

Tendo a hipótese acima como contraponto, o presente capítulo se desenvolverá guiado pelo objetivo de destacar o avanço contemporâneo gradual de um modelo "oficial" de ação política dentro do candomblé de Salvador, o mesmo que aparece como obliterado no argumento acima exposto. Este avanço, ainda em ocorrência, e por isso desenvolvido aqui como uma tendência, mais do que como uma realidade plenamente estabelecida, parece apontar o desabrochar de um novo candomblé na cidade (um "candomblé dos novos"), como veremos a seguir. É importante destacar que não entendo que tal movimento estrutural tenha tido a sua origem no recente confronto do povo de santo com os grupos evangélicos, mas que a instauração do debate acerca do conflito inter-religioso na cena pública soteropolitana me parece ter sido um fator crucial para a sua ocorrência, agindo como uma espécie de variável catalisadora de processos até então adormecidos. Ocupando um lugar central nesta química política insurgente estaria a "intolerância religiosa", tida aqui como uma categoria nativa de alteridade do povo de santo, que teria a função de balizar uma nova economia identitária, implicada em novos critérios de liderança e em uma nova postura da religião diante da esfera pública e do Estado, uma postura que pode ser definida, grosso modo, como "politizada".

Nesse novo registro, as agressões e apropriações, antes pensadas pelas figuras mediais do trânsito e do "axé da IURD", passam a figurar em um universo marcadamente político, onde passam a ser lidas como atos de "intolerância religiosa". Desse modo, a retirada do axé da IURD, o reconhecimento nela de um outro de fato, torna-se um dado básico para se entrar no combate com reivindicações, passeatas e manifestos, e não mais com paciência e *ebós*. Só se luta contra um outro, que é construído, nesse caso, através do explícito anulamento, por parte das jovens lideranças do candomblé, daquela que tem sido a fonte inesgotável das fusões metonímicas da sua religião com as demais: a eficácia mágico-religiosa. Sob a ótica desse novo candomblé, as curas e os "fetiches" evangélicos passam a ser lidos como farsa ou charlatanismo e não como uma manipulação diversa de princípios compartilhados. São alguns elementos desta ótica ainda em desenvolvimento que tentarei apontar ao longo deste capítulo.

Antes de desenvolver a discussão, cabe a mim destacar desde já que a divisão entre reações "religiosas" e "políticas" é aqui posta para ser questionada, tanto por mim quanto pelos "nativos" cuja fala ajuda a compor o capítulo, não passando de um recurso analítico que deixaria como resto uma série de eventos mais matizados. Para isso, remeto ao comentário de um informante sobre uma das mais importantes conquistas do "Movimento Contra a Intolerância Religiosa", nome dado à frente "política" do candomblé da cidade: o "Dia Municipal de Combate à Intolerância Religiosa". O comentário gira em torno da votação do projeto de lei que instituía a data oficial, e foca o embate entre a vereadora Olívia Santana, criadora do projeto e membro do movimento, e "Tia Erom", vereadora ligada à Igreja Universal do Reino de Deus:

> Foi Olívia Santana que conseguiu o Dia Municipal "Contra" a Intolerância Religiosa pra gente, o dia 21 de janeiro. Esse projeto foi árduo, ela levou várias vezes pra poder colocar em votação e Tia Erom e o restante da bancada dos evangélicos, todos eles recusaram o processo. Parecendo que foi coisa de orixá, de inquice, de vodum, estávamos lá sentados, fomos convidados a presenciar a sessão, e o projeto subiu novamente. Eu não acreditava nem mais que o projeto passasse, quando de repente "projeto da vereadora Olívia Santana...", eles dizendo que estava lá pra ser contemplado. E ninguém escutou o que o cara falou. Ele falou em boa voz e bom tom, novamente repetiu-se, nada foi dito. Até que na terceira vez o projeto passou. Quando passou foi que Tia Erom ouviu: "Projeto aprovado". Ela: "Não, não, não", esperneou, mas não tinha mais jeito, já tinha passado.

A narrativa é então concluída por um enunciado que serve de advertência para todo o capítulo: "Veja só, lá dentro [na Câmara dos Vereadores] eles [orixás, voduns, inquices] também funcionam...".

I. O "Movimento Contra a Intolerância Religiosa": do trágico ao utópico na presença do inimigo

> *Pour soulever les hommes, il faut avoir le diable au corps.*
>
> Mikhail Bakunin

No decorrer dos últimos cinco anos, a "intolerância religiosa" tem se mostrado um termo e um tema dos mais recorrentes no cotidiano da cidade de Salvador, saindo do âmbito de convivência dos grupos religiosos mais diretamente envolvidos e ganhando a opinião pública. Uma rápida passagem pelos jornais lançados neste período me permitiu acessar, junto aos eventos de conflito entre evangélicos e praticantes de cultos afro-brasileiros e da sua repercussão dentre autoridades, intelectuais, fiéis e sacerdotes, uma série de manifestações e encontros articulados à demanda por maior "liberdade religiosa" para o povo de santo. Tais acontecimentos, organizados a princípio de modo fragmentário, passam a ser veiculados posteriormente sob a insígnia do "Movimento Contra a Intolerância Religiosa" (MCIR).

A concepção do MCIR surge em 2000, e parte de intelectuais do CEAO (Centro de Estudos Afro-Orientais), integrado à Universidade Federal da Bahia (UFBA). A idéia era, provocados pelo aumento de casos de conflito religioso, principalmente após o avanço do neopentecostalismo na cidade, convidar representantes de várias religiões, lideranças do candomblé, católicos, protestantes, espíritas, budistas e judeus, tendo em vista realizar um debate acerca do convívio religioso e os seus limites. Organiza-se, no mesmo ano, o Fórum Baiano Contra a Intolerância Religiosa, tendo em vista avançar com a discussão e torná-la mais pública.

Ao longo do fórum, o foco genérico na "intolerância religiosa" logo recai para uma defesa do candomblé contra os grupos neopentecostais, quase sempre referidos através da Igreja Universal do Reino de Deus. Com isso, instaura-se a defesa do sincretismo contra o segregacionismo, utilizando-se do candomblé como um exemplo de religião espiritualista e não-expancionista e a IURD como o modelo de uma religião agressivamente, e mesmo ilegalmente, proselitista. Desse modo, através desses dois grupos religiosos, passa-se a configurar um contraponto entre duas visões de mundo, elevando-os a pólos discursivos propícios à reflexão de um amplo estado de coisas. Para os intelectuais, defende-se a "cultura baiana", marcadamente sincrética e aberta ao outro, contra uma modernização opressiva e homogenizadora. Para outras lideranças religiosas, defende-se a "liberdade religiosa" contra o autoritarismo evangélico. Para os setores históricos do protestantismo, defende-se a divisão entre evangélicos "falsos" e "verdadeiros". Para o candomblé, através da fala de lideranças tradicionais, pede-se paz para poder continuar a cultuar os seus orixás e a sua ancestralidade.

A partir desse evento inicial, o termo "intolerância religiosa" rapidamente se populariza, até mesmo dentro dos terreiros, e o movimento é progressivamente ampliado e reforçado em seus setores não-religiosos, destacando-se inicialmente a forte presença de organizações do movimento negro, além da própria política partidária. Com a penetração desses grupos no debate, passa a ser enfatizado no próprio interior dos terreiros um discurso que também tende a deslocar o tema do conflito com os evangélicos do seu âmbito estritamente "religioso". Tal fato me possibilitou escutar da boca de membros mais novos do povo de santo frases como: "Às vezes acho que não há nada de religioso na tal da intolerância religiosa, ela é um movimento político mesmo...", ou ainda, "Intolerância religiosa, isso é outro nome pro racismo que sempre existiu nessa cidade". Juntamente com o avanço desse discurso, o candomblé passa a dar voz a um novo tipo de liderança: jovens, principalmente *ogãs* e *ekedis*, vindos de terreiros tradicionais, médios e pequenos, que tiveram problemas diretos ou não com invasões de terreiro e agressões de evangélicos, mas que se assemelham pelo perfil combativo e reivindicativo com que representam a sua comunidade.

A) "O INIMIGO QUE FALTAVA"

Originalmente articulado por segmentos acadêmicos e envolvido com uma abordagem mais intelectual da temática do conflito religioso, o MCIR passa a crescer para todos os lados, de modo ainda a perder um comando visível, as suas reivindicações infiltrando uma série de organizações civis sem, no entanto, perder o caráter representativo ante um setor em crescimento na nova configuração do candomblé baiano. Novas e velhas lideranças do povo de santo de Salvador foram unânimes em destacar o grau de mobilização política inédito que a chegada do neopentecostalismo na cidade foi capaz de gerar em torno dos terreiros, seja através do anulamento de antigos conflitos existentes entre eles, seja através da atração de novos membros e simpatizantes:

> Agora, com a IURD e as demais pentecostais parece que o diálogo entre a gente está aparecendo. Os terreiros voltam a se organizar, e se no dia 20 de novembro você ainda estiver aqui em Salvador está convidado, às 19hs, nós vamos estar fazendo uma reunião aqui no Oxumaré, e já convidamos diversos terreiros, outras organizações da sociedade civil, pessoas físicas, porque no 20 de novembro nós vamos fazer uma caminhada, saindo do Engenho Velho da Federação, local onde tem a maior concentração de terreiros do Brasil, os mais antigos inclusive do Brasil, essa região aqui, pra dar um abraço no dique. Os terreiros hoje atendem ao apelo, se juntam, conversam, sentam, discutem sobre isso e vão sair de mãos dadas pra resolver isso. Eles estão construindo uma resistência muito forte. Até aqueles que, em um determinado momento, eram do movimento negro e não eram de terreiro, não eram de candomblé, passaram a se identificar como de candomblé. Muitos jovens também. Hoje tem gente inclusive que fala: "Eu não sou de terreiro não, mas eu defendo o terreiro porque não pode esses ataques". Tá começando a acontecer isso. A Universal tá atacando tanto que estão fazendo com que pessoas cheguem pros terreiros somente para defendê-los, coisa que não acontecia. Nesse caso a gente tem até que agradecer esses esforços que eles têm feito pra isso.

Tendo a finalidade de corroborar esta tese, foi freqüente a textualização da presença do neopentecostalismo na cidade como a chegada do "inimigo que faltava", expressão que pude escutar repetidas vezes ao longo das minhas entrevistas, com a finalidade de sublinhar o fato de os ganhos relativos à batalha espiritual terem sido maiores do que os danos causados pelas ações intolerantes que dela resultaram:

> Eu acho que esses evangélicos eram aquilo que tava faltando na vida dos terreiros realmente. A gente tem que pensar que, às vezes, um inimigo pode ser algo muito bom. Em parte, como eu já dizia antigamente, os evangélicos estão sendo ótimos pra muitos candomblés, sabe? Porque aqui em casa eles só tentaram essa única vez [uma invasão], quando eles viram que o meu poder de ação era bastante forte, eles recuaram. Eu acho que nunca mais, enquanto vida eu tiver, e outra gestão, de outros filhos de santo vierem aqui pra dentro, eu acredito que nós vamos voltar a ter essas agressões. O terreiro mudou. Mas daí foi quando veio a surgir vários outros segmentos que se formaram, como o grupo da intolerância, o grupo 1, o grupo 2, como já denominam hoje, o grupo 3, um diz que combate o ódio religioso, o outro diz que combate a intolerância, o outro é de defesa do negro. Nesses tantos combates, quem está lucrando agora é o filho-de-santo, porque esse povo tá ganhando organização nos seus terreiros, está fundando as suas sociedades civis, está podendo colocar em suas portas, em suas janelas, aonde for, o nome da sua casa, sem ter medo de qualquer repressão. Os tempos mudaram, saímos de uma época de ditadura, de opressão, de repressão, e passamos pra uma época de liberdade. Mas nós só passamos a ter essa liberdade, eu digo só de 2001 pra cá, sabe? Foi quando a gente iniciou um grito de "não quero mais", "não vou aceitar mais", e "vou denunciar à imprensa", "vou mostrar, vou mostrar ao povo". E aí foi que todo mundo embarcou nesse barco e "vamos botar junto" e todo mundo foi junto e deu certo.

A declaração é de "Jijio", do "Terreiro do Beirú", invadido por fiéis da Igreja Universal da Graça em setembro de 2001, sob circunstâncias já descritas no capítulo 2, que surge a partir desses eventos como uma das lideranças ativas do movimento. No mesmo terreiro, organiza-se, em maio de 2003, um dos marcos da aproximação recente entre os terreiros e o Estado, espécie de *feedback* dessa estratégia de maior exposição política do povo de santo: uma audiência pública da Assembléia Legislativa, iniciativa da Comissão para Assuntos da Comunidade Afro-Descendente (Cecad), que se dá em meio a tambores e cantos para Ogum. Ao pisar o solo sagrado do terreiro em busca de informações, os vereadores e deputados estaduais davam a indicação de que a "intolerância religiosa" àquela época já se estabilizara como um campo fértil para exercerem a sua função representativa.

Um pouco antes, em 20 de março de 2003, observa-se de forma ainda mais ostensiva os resultados da pressão realizada pelo Movimento na esfera da política partidária. Em reposta a um "Manifesto Contra a Intolerância Religiosa", enviado ao presidente Lula pelo MCIR em janeiro do mesmo ano, inteirando-o sobre os eventos de conflitos que se desenrolaram nos últimos anos em Salvador, realiza-se uma Sessão Especial na Câmara dos Deputados em homenagem às religiões afro-brasileiras, cujo mote foi a crítica e o debate acerca da discriminação religiosa do país. A sessão, organizada pelo deputado Luís Alberto (PT-BA), foi composta por organizações do movimento negro, pelo presidente da Fundação Palmares, pelo ministro da cultura Gilberto Gil, deputados (em sua maioria da Bahia) e uma série de lideranças do candomblé baiano,[106] da capital e do interior, todos quebrando o protocolo ao preencher o ambiente com as suas vestes brancas tradicionais.

No discurso dos deputados, observa-se um duplo enfoque. Por um lado, uma forte tendência a se falar, através dos eventos ocorridos em Salvador, da nacionalidade, referindo-se ao neopentecostalismo como um fenômeno atípico na cultura brasileira. Nas palavras do próprio coordenador da sessão: "Na certeza de que o nosso País não fará parte da lista de Estados que têm como característica a intolerância religiosa, provocada pela postura de falsos religiosos, estes sim, agente, pela sua postura, em espalhar o ódio e a discórdia entre os nossos povos". Por outro, e retirando o caráter extraordinário desses eventos, houve também a tendência a associá-los à repetição de um fenômeno estrutural da sociedade brasileira, o racismo, tido como "uma realidade no Brasil, embora disfarçado em atos como a intolerância contra os cultos afros", nas palavras do deputado Alceu Colares (PDT).

Logo no final da sessão, o deputado Bispo Rodrigues (PL-RJ), da IURD, que assistira aos debates sentado na primeira fila, pede a palavra e tenta uma estratégia conciliatória:

> Fui pastor na Bahia durante cinco anos, durante os quais exerci meu direito constitucional, sem agredir a religião de ninguém. Saí de lá amando aquela terra e deixando grandes amigos. Estou aqui no Parlamento, ouvindo tudo que está sendo falado, para levar essa discussão às comunidades de bispos e pastores evangélicos, a fim de que tudo que agride o direito de todos seja revisto.

O discurso, que deságua mesmo na proposta de "consertar nossos erros", é respondido, por sua vez, por um protesto dos representantes do candomblé, que, em conjunto, viram as costas para o pastor no momento em que ele começara a falar.

Apesar da boa repercussão nos poderes legislativo e executivo, observada nos dois acontecimentos citados acima, pode-se dizer que o foco principal de mobilização do Movimento, e o meio mais eficaz para a sua intenção de alterar efetivamente a inserção pública dos neopentecostais na cidade, tem sido o poder judiciário. A ênfase na demanda por "justiça", feita pelo intermédio do idioma dos direitos, sempre aplicado a casos pontuais, tem dado a tônica das mobilizações, como exemplifica o panfleto reproduzido a seguir:

106. Cerca de 200 pessoas, segundo o jornal *A Tarde* de 21/03/2003.

NÃO À INTOLERÂNCIA RELIGIOSA

O povo de Candomblé, da Umbanda, Católicos, Judeus, Espíritas, Cristãos e não cristãos, cidadãos religiosos e não religiosos, defensores da liberdade de culto e do respeito à pluralidade religiosa, protestam contra os graves acontecimentos de intolerância e incitação à violência religiosa, que vêm se repetindo em nosso estado, principalmente a utilização da mídia impressa e televisada, por denominações religiosas neopentecostais, a exemplo do Programa Ponto de Luz, veiculado pela TV Itapoan/Rede Record, para disseminação de práticas de intolerância, contrariando a Constituição Federal e a Declaração Universal dos Direitos Humanos.

As práticas intolerantes desses setores resultaram em agressões físicas e verbais a líderes religiosos, invasões a terreiros, o desrespeito à produção cultural e histórica do povo negro, a exemplo do ocorrido com Mãe Gilda de Ogum, localizado em Nova Brasília de Itapuã, que veio a falecer vítima de enfarte ocasionado pela utilização de sua foto publicada, sem autorização, no jornal Folha Universal, vinculada a manchete depreciativa e caluniosa.

Por tudo isso, exigimos JUSTIÇA e RESPEITO à LIBERDADE DE CULTO, pois NÓS ACREDITAMOS NOS ORIXÁS, INQUICES, VODUNS E CABOCLOS!

MOVIMENTO CONTRA A INTOLERÂNCIA RELIGIOSA

O panfleto menciona as duas maiores derrotas da IURD desde a instalação da batalha espiritual em solo baiano, ambas resultantes de processos acionados por praticantes de candomblé e pelo Ministério Público. Não por acaso, ao longo das minhas entrevistas com as novas lideranças do candomblé da cidade, foi comum a referência a leis e artigos de lei. Dentre os mais citados, posso destacar: i) o artigo 5º, em seu parágrafo VI: "é inviolável a liberdade de consciência e de crença, sendo assegurado o livre exercício dos cultos religiosos e garantida, na forma da lei, a proteção aos locais de culto e a suas liturgias"; ii) a Lei 7716/89, de combate ao racismo, modificada em maio de 97 de modo a incluir a "intolerância religiosa" como prática discriminatória em seu artigo primeiro: "Serão punidos, na forma desta Lei, os crimes resultantes de discriminação ou preconceito de raça, cor, etnia, religião ou procedência nacional";[107] além iii) do Artigo 275, da Constituição Estadual, que define que é dever do Estado "preservar e garantir a integridade, a respeitabilidade e a permanência dos valores da religião afro-brasileira". A partir do sucesso desses contra-ataques via poder judiciário, observa-se a visível rotinização de uma abordagem jurídica da realidade por parte das comunidades de terreiro de Salvador.

Tendo como objetivo reforçar a proteção específica fornecida às religiões de matrizes africanas pela Constituição Estadual da Bahia, é criada pelo Ministério Público Estadual, em 1997, agindo no interior da 2ª Promotoria de Justiça e da Cidadania, um departamento especial com a função de apurar casos de intolerância religiosa.[108] Os dois casos citados no panfleto passaram pela alçada da Promotoria da Cidadania, e podem ser indicados, juntos com a tentativa recente de proibição do livro "Orixás, caboclos e guias", como as três grandes causas que contaram com a participação do órgão desde a sua fundação.

O processo contra o programa televisivo "Ponto de Luz", da IURD, o mesmo utilizado como material etnográfico no capítulo 2, foi aberto em abril de 2003, e teve como réus o bispo Sérgio Correa e os pastores Gilberto Pereira e Aurélio Trindade. Acusados de infligir o artigo 20 da lei 7716/89,[109] os responsáveis pelo programa foram condenados, recebendo como sanção a mudança do seu horário de 13 horas para o fim da noite.

Por sua vez, o segundo caso descrito pelo panfleto contou com uma ajuda parcial da Promotoria da Cidadania, através do processo aberto em janeiro de 2001 contra Eliane Araújo e André Moura, integrantes da Igreja Assembléia de Deus, por ingressar sem permissão no terreiro Axé Abassá de Ogum, da ialorixá Gildásia dos Santos, em agosto de 1999. Mesmo sob protestos de mãe Gilda, que passou mal após o ocorrido, os fiéis invadiram uma cerimônia, declarando que a casa pertencia ao demônio e desafiando os presentes que aquele lugar iria cair e que lá seria erguido um templo evangélico. Não satisfeitos, os mesmos invasores retornaram e repetiram o procedimento no fim de semana seguinte, agora com a finalidade de converter a mãe-de-santo. O processo ainda está em andamento.

107. O texto original era: "Serão punidos, na forma desta Lei, os crimes resultantes de discriminação ou preconceito de raça ou de cor".

108. O órgão, único no Brasil, surge a partir de um primeiro caso, envolvendo o Museu Estácio de Lima, de criminalística, que reunia peças litúrgicas do candomblé apreendidas pela polícia junto a objetos históricos vinculados ao crime, como armas, drogas, fotos e fichas de criminosos etc. Na visão da Promotoria, tal fato tendia a vincular de modo perigoso, para os olhos dos espectadores, a religião dos orixás ao crime. Por fim, através de uma série de reuniões com a diretoria do museu, ficou acordado (sem a necessidade de abertura de processo) que as peças seriam movidas para um anexo do Museu da Cidade.

109. "Praticar, induzir ou incitar a discriminação ou preconceito de raça, cor, etnia, religião ou procedência nacional."

Os desentendimentos entre mãe Gilda e "os evangélicos" ainda continuaram, implicando a maior derrota jurídica dos segundos desde o início da batalha espiritual em Salvados, dessa vez fruto da iniciativa pessoal da própria ialorixá e da sua filha, Jaciara Ribeiro dos Santos. O processo, desta vez, teve como tema de acusação danos morais e uso indevido da imagem da ialorixá por parte da Igreja Universal e, como narra Jaciara, remete a fatos ocorridos em 1992:

> Mãe Gilda, que é minha mãe biológica, em 1992 ela saiu na revista Veja, fotografada em uma manifestação pelo impeachment do Collor, Na época ela apareceu como a ialorixá que tava querendo que o Brasil melhorasse, né? Fazendo um ato público para tirar as coisas ruins e junto ir o presidente Collor. Depois de 7 anos, a IURD em São Paulo, a editora da Universal, pegou a foto dela e botou no jornal deles. O jornal dizia: "Macumbeiros e charlatões lesam o bolso e a vida de clientes". E eu passando nas ruas daqui de Itapoã, peguei o jornal e vi e disse: "se não fosse o povo de candomblé eles não teriam o que falar". Aí quando eu abri, olha a foto da minha mãe! Enlouqueci, né? Foi um choque tremendo, que eu cheguei aqui e não deu mais tempo pra preparar a minha mãe. Já tava todo mundo aqui com o jornal "Mãe Gilda, a senhora com uma tarja preta, aparecendo os lábios!". [Referiam-se à traja preta que teria a finalidade de esconder a identidade da ialorixá]. Quer dizer, a linguagem deles, né? O povo quando não tem um estudo termina visualizando de outra forma. Mas foi chocante, eu perdi assim a razão, fui na Igreja Universal, peguei o pastor pelo paletó assim, joguei ele lá e peguei cinco jornais. Ele falou que ia me processar, que aquela não era a minha mãe não.

O impacto desse acontecimento na vida da sacerdotisa foi traumático, tanto social quanto espiritualmente, culminando em sua morte no dia 21 de janeiro de 2000, aos 65 anos, um dia após ter assinado a procuração para iniciar a ação contra a IURD. Jaciara, que herdou tanto a direção espiritual do terreiro quanto a ação judicial, defende a existência de um vínculo direto, médico e religioso, entre a atitude da IURD e a morte da sua mãe:

> Ela chorou muito... "Minha filha eu não quero morrer com essa tarja no rosto. Por que Ogum deixou isso acontecer?". É a questão da religião, eu senti que a minha mãe morreu por isso, se sentiu abandonada pelo santo. Antes de eu entrar com o processo, eu fui procurar os médicos dela. A minha mãe tem um plano de seguro da aeronáutica, então desde que ela teve o primeiro filho, até o último dia da vida dela ela foi acompanhada pelos médicos. Para não passar por ridículo também, né? Pois se ela já tivesse com um problema agravado eu não ia nem processar. Mas eu tenho plena certeza.

Destaca ainda que as resistências para que ela tomasse alguma atitude contra a IURD vieram de todos os lados:

> O cotidiano dela complicou, porque as pessoas ficaram com medo. Os próprios clientes e filhos de santo. "Não, não vá não, que eles vão terminar espancando a gente também!". As igrejas começaram a fazer culto aqui na frente, rumaram várias

> pedras no terreiro, depois que minha mãe já tinha procurado advogado comigo, em um domingo, os mesmos que vieram aqui e rumaram a Bíblia na cabeça dela [refere-se à invasão de 1999] voltaram me procurando. "Cadê aquela sua filha?". Ela ligou pro meu celular super preocupada. Aí pronto, minha mãe foi ficando deprimida, deprimida, não tocou mais candomblé pra Iansã em dezembro. Quando foi em janeiro, dia 21, ela assinou a procuração no dia 20 e no dia 21 ela teve um infarto fulminante. Saiu bem, e voltou dentro de um caixão. Aí pra mim como filha,que já tava há quatro meses correndo atrás disso foi chocante, né? Eu fiquei no lugar dela, mas com uma questão de dar a minha vida por isso, né?

A atual ialorixá do terreiro Axé Abassá de Ogum me narrou também o processo de convencimento da sua mãe, representante de um tipo mais tradicional de liderança do candomblé:

> Ela não entendia nada, que existia lei de resposta, que a imagem dela não podia ser usada. Foi difícil até pra ela aceitar. Uma que a mãe pequena da casa, os filhos de santo que já tinham a cabeça mais antiga, junto com ela, "não, isso vai ser problema pro terreiro, eles vão exterminar, eles são exterminadores". Ela passou mal nessa situação, de escolher ou não o caminho, se poderia ou não processar a IURD. Ela ficou um pouco confusa, e eu "Não minha mãe, a gente vai conseguir, os orixás estão com a gente", mas isso deixou ela muito triste. Ela conseguiu através do orixá. Ela arriou comida pra Ogum e falou "Ô meu pai Ogum, com a sua espada corte tudo isso dentro do meu coração". Mas Ogum não pôde cortar tudo, porque ela teve um enfarte fulminante. A nossa religião tem a ver com o mágico, com a fé, mas a gente tem a nossa vida, a gente tem o que a gente vai passar, tem o destino também, né? Ela conversava comigo, e no dia da morte dela ela amanheceu o dia falando sobre isso, porque Ogum deixou acontecer isso com ela. Por que Deus fez isso comigo? Ela pede a Orum, né? Minha mãe era uma ialorixá muito integra à religião dela, sabe, ela respeitava demais, tudo dela era muito certo.

A fala destaca não só a ocorrência de um conflito de gerações dentro do terreiro no que se refere à avaliação da tomada de decisão sobre o caso, mas também um certo limite interno encontrado pela ré no campo da "religião", que acaba por empurrar a sua ação para o campo dos direitos. Afinal de contas: "Ogum não pôde (ou não pode?) cortar tudo". Jaciara mesma destaca o caráter não ordinário desta atitude reivindicativa por parte de um terreiro de candomblé, fato devido, segundo ela, à sua própria presença à frente da causa, defendendo assim as particularidades do seu perfil dentre o povo de santo:

> Se fosse uma casa que não tivesse uma filha como eu, isso ficava esquecido. Nem percebiam isso. Como é que um povo de candomblé vai ler o jornal da IURD? Não lê, eu li porque eu sou polêmica, eu já tinha isso em mim, de entender essa coisa de racismo, até porque eu morei em Curitiba, cidade completamente capitalista, racista, ucraniana, alemã, italiana, e eu ter que esconder que eu era ialorixá. Eu trabalhava na FEBEM, em uma fazenda com 80 meninos de rua, e eu não podia

> dizer que eu era de candomblé, porque a presidente de lá era evangélica. Um dia eu dei entrevista e falei, "eu sou do candomblé", que eu não era ialorixá. Aí todo mundo deixou de ir no meu apartamento, na minha casa. Lá eu era uma "baiana bruxa", então eu já venho com um pouco de intolerância vivida. Quando eu vejo na rua o tal jornal e que era a foto de mãe, aí eu caí. Eu fiquei louca. Como ela ia aceitar isso? Porque minha mãe era uma mulher de 65 anos, já viveu todo tipo de preconceito, mas que não sabia nem o que era intolerância religiosa, é complicado.

Percebe-se que Jaciara justifica o seu perfil combativo no fato de ter sido fortemente estigmatizada ao longo da sua vivência em Curitiba. No entanto, é interessante notar que não é exatamente essa experiência que a diferencia da sua mãe, já que logo a seguir ela mesma declara que mãe Gilda já havia sofrido uma série de preconceitos (algo corriqueiro para a maioria dos praticantes de candomblé no Brasil). Destaca, na verdade, que a sua mãe desconhecia, representante que era de um estilo antigo e tradicionalista de candomblé, a noção de "intolerância religiosa" (que conteria aspas na própria fala de Jaciara), categoria chave no atual processo de visibilização jurídica dessas atitudes preconceituosas, a mesma que em sua fala modernizante é articulada de imediato ao tema do racismo.

Jaciara também me informou sobre um outro tipo de resistência à continuação do processo, desta vez externo à sociabilidade do terreiro:[110]

> Pra mim isso virou uma questão de honra, inclusive quando eu processei a IURD depois da morte da minha mãe, que saiu no jornal e tudo eu fui ameaçada de morte várias vezes por telefone. Ligavam e diziam "eu to indo aí agora, cortar a sua cabeça!". Eu tinha que dormir em hotel. Foi horrível, bateram no meu carro, deu perda total. Eu não queria botar na cabeça que foi o povo da igreja, mas foi um evangélico, ele teve que pagar. Bateram no meu carro também no Pelourinho. Arranharam o meu outro carro todo. Deram um tiro uma vez aqui, no telhado, bateu

110. Uma outra pressão interna ao terreiro, e dessa vez de cunho estritamente religioso, foi a sucessão da casa, conquistada por Jaciara não sem muita insistência, como ela mesma destaca, projetando o seu caráter combativo para o próprio âmbito espiritual: "Tanto que eu, por estar aqui no Abassá de Ogum, por ser jovem, eu sou obrigada a aprender a conviver dessa forma. As filhas de Ogum já são mulheres muito sérias. Minha mãe era uma mulher muito tradicional. E eu sou filha de Oxum, e eu ouvi de gente mais antiga que pra ser sucessora da casa tinha que ter o mesmo orixá, agora só que muitas casas não têm isso. São seis filhos, e eu sempre tive ao lado da minha mãe, o orixá quis dessa forma. Eu sou filha de Oxum, é água né, Ogum é ferro. Um pai-de-santo até falou: 'Olha Jaciara, essa luta vai ser difícil pra você, que é filha de Oxum, a água vai estar estiando o ferro de Ogum'. Eu digo: 'Então Ogum vai ter que estar comigo, eu sou de Oxum e Oxóssi, então eu vou ter que estar chamando Oxóssi mais pra perto de mim nessa luta, com Xangô'. E eu acredito que nós não temos nada escrito, pra dizer é certo isso, é certo aquilo. Cada casa tem um jeito, eu acho que cada terreiro é uma família. Na minha casa eu fui criado de um jeito, você de outro, a mesma coisa é o candomblé. Um terreiro é feito de vários caminhos que a gente anda, com um balaio na mão, com o perfume na outra, mas se você não tiver o balaio, tiver a cuia, tiver a moringa, você não vai chegar ao orixá."

> na geladeira e eu tive que dormir em hotel. Já paguei pessoas pra dormir aqui no terreiro pra me fazer proteção.

Tais conflitos diretos com fiéis evangélicos, algumas vezes resultando, de acordo com a minha informante, em atos de violência explícita, foram também vividos por Jaciara no próprio seio da sua família:

> Eu também tive um problema sério dentro da minha casa, dentro da minha família, porque o meu irmão, ela passou a ser evangélico, e ele não vem mais aqui ver meu pai, nem entra aqui na minha casa. Outro dia eu tava aqui sem carro, meu pai passou mal, e ele não quis emprestar o carro porque eu era mãe-de-santo. [Pergunto: E no caso da sua mãe, eles apoiaram?]. Aí eu tive que fazer muito ebó, né? Acredito que o orixá mudou isso, pra eles me darem essa procuração. Eu tive que dizer que não tava brigando com a IURD, eu tive que forjar uma situação, dizer que era pela questão do terreiro, que a imagem ela foi maculada, tive que ter um texto que não era meu, eu tive que representar, né? Eu nunca represento na minha vida, mas pra conseguir isso eu tive que representar. Um dos meus irmãos não estava aqui, ele mora em Foz, o outro mora em Curitiba, e um aqui em Itapoã. São três, e são evangélicos. Com dois eu me dou até bem, mas um tem dois anos que eu não vejo, ele passa e vira a cara pra mim. É o que mora aqui, no outro lado da rua. Eu quando desço, eu não passo na rua dele pra não passar esse vexame.

A esse sem número de dificuldades já descritas, pressão evangélica, má recepção dos setores mais antigos do terreiro ao seu estilo "polêmico", conflito familiar, vem a se somar ainda a falta de apoio institucional dos órgãos representativos do candomblé, que tiveram de início uma postura reticente diante da envergadura do inimigo em questão:

> Aí nós andamos, outubro, novembro, dezembro, sem conseguir apoio nenhum de advogado. Tanto que a Federação [dos Cultos Afro] disse que era um caldo muito grosso, que eles não iam mexer na Universal. Fui na Federação dos Cultos Afro com a minha mãe viva ainda. Isso em novembro. Aí em dezembro, ela não conseguiu mais fazer o ritual da casa, do terreiro. Porque a comunidade de outras religiões e do terreiro começou a pressionar, né? Aí eu fui no Ministério Público.

O apoio do Ministério Público foi acrescido pela ONG ecumênica Koinonia, e pela Associação dos Advogados dos Trabalhadores Rurais (AATR), que disponibilizaram a assessoria jurídica para a abertura do processo, em janeiro de 2000. A partir de então, a causa é progressivamente divulgada, e passa a receber apoio de instituições a princípio alheias ao problema, como a imprensa e setores do movimento negro. Vindo a tornar-se o ícone do Movimento Contra a Intolerância Religiosa, mãe Gilda tem o dia da sua morte instituído pela Câmara dos Vereadores, em 2004, como o "Dia Municipal de Combate à Intolerância Religiosa", demonstrando que a essa época o termo já se estabilizara enquanto categoria política, até mesmo dentre o povo de santo, fazendo-se presente no tradicional terreiro Axé Opó Afonjá, em 2003, como principal tema de debate do Alaiandê Xirê daquele ano, a Semana da Herança Africana.[111]

Por sua vez, Jaciara, antes uma guerreira solitária, torna-se, nesse mesmo período, uma referência forte ante a opinião pública, representando um tipo ainda incomum de mãe-de-santo politizada (ela tem a sua participação na viagem a Brasília destacada pela mídia local). A processual visibilidade da "intolerância religiosa" em Salvador resulta em uma disparada nos processos contra igrejas evangélicas,[112] além da entrada progressiva dos terreiros nas fileiras do Movimento, representados em grande parte pelos seus filhos-de-santo ligados à intelectualidade (muito comuns nas casas mais tradicionais), mas também, e em sua maioria, por uma geração jovem que, assim como Jaciara, adquire cada vez mais prestígio no interior das suas comunidades.

Em janeiro de 2004, o processo contra a IURD é ganho em primeira instância, quando a igreja e a sua gráfica (Gráfica Universal) são condenadas a pagar à família de Mãe Gilda uma indenização de R$ 1.372.000, valor correspondente à tiragem do jornal Folha Universal, que havia estampado a foto da ialorixá em sua capa em 1999. No mesmo ano, e no clima dos acontecimentos, dá-se um outro evento central: uma passeata do povo de santo, que sai às ruas do bairro do Engenho Velho da Federação em uma caminhada organizada em torno da defesa da religião contra os seus mais novos opositores. A imprensa não tardou a destacar o caráter inédito da iniciativa: "esta é a primeira vez que os praticantes de candomblé vão às ruas para defender abertamente o direito à religião herdada dos africanos de várias nações".[113] O tom jurídico da manifestação é reforçado pela foto do jornal, onde um conjunto de crianças, representando o futuro da religião, porta um cartaz defendendo o "direito de culto" aos orixás.

Outra importante manifestação política, que demonstra o sucesso progressivo dessas estratégias "cidadãs" de mobilização dentre o candomblé baiano,

---

111. A reunião contou com a presença do bispo Gilio Felício, responsável pela implantação da Pastoral Afro na Bahia, e que viria, naquele ano, a assumir a Diocese de Bagé. A despedida de bispo Felício da cidade ainda resultou em um encontro com representantes de 20 terreiros, cuja tônica continuou sendo "uma manifestação de repúdio aos segmentos das igrejas evangélicas que têm criticado o sincretismo religioso na Bahia" ("Afros e católicos unidos contra a intolerância". *A Tarde*, 16/01/03), que conteve a negritude como um eixo inter-religioso e o racismo como principal categoria de acusação.

112. Dentre esses casos, posso citar o caso do babalorixá Anselmo Santos, do terreiro Onzó Ngunzo, primeiro a acionar a IURD, em outubro de 2002, o processo do Terreiro do Beirú contra Igreja Internacional da Graça, em janeiro de 2003, e o da comerciante de artigos de umbanda Antônia Natividade, da loja Taw tal Amin, que acusa a IURD como vítima de coação.

113. "Povo de santo vai às ruas pedir respeito". *A Tarde*, 24/12/2004.

acontece em maio de 2005, organizada por Jaciara tendo a finalidade de cobrar rapidez do Tribunal de Justiça no julgamento do recurso da IURD. Nesse momento, já se percebe uma forte diferença no tipo de inserção da jovem ialorixá no mundo do candomblé. Antes solitária, "polêmica", acompanhada apenas por alguns conhecidos em suas manifestações públicas, Jaciara agora é vista dentre ialorixás e babalorixás de grandes terreiros da cidade, como o Bogum, Tumba Juçara, Mansu Dandalunda e Ilê Axé Omin J Oba. Denominado "Comissão do Axé", o grupo, apoiado por mais de uma centena de manifestantes, levava uma série de faixas e cartazes acusando o Estado de racismo e discriminação. Em uma reportagem relatando o evento,[114] Jaciara defende a sua dimensão espiritual: "Eu não viso essa manifestação nossa pelo dinheiro, porque ele não vai trazer minha mãe de volta. É pelo mundo do candomblé, essa luta tem esfera espiritual". Ainda lembra que aquele dia era uma quarta-feira, dia de Xangô, orixá mais intimamente associado ao tema da justiça no candomblé baiano.[115]

B) MORTE TRÁGICA/ MORTE UTÓPICA: O CASO DE MÃE GILDA

Assim, com a presença "intolerante" do inimigo, o candomblé de Salvador vai assumindo uma unidade e uma capacidade de organização e de mobilização inéditos em sua história de cismas e conflitos internos. Unificada após a chegada neopentecostal, propositora (mesmo que negativamente) de uma referência utópica para a sua inserção pública, a comunidade de candomblé acaba por vislumbrar na morte de Mãe Gilda uma espécie de evento redentor, função gramatical bastante central às religiões de salvação.

É o que se deixa ver de forma quase explícita em um panfleto produzido e distribuído pelo MCIR tendo em vista divulgar uma celebração pluri-religiosa que seria realizada na UFBA, em 2004. Na sua parte anterior, defende-se o encontro como parte de um "momento de pensarmos em nossos preconceitos, as nossas formas de julgar e excluir o outro; de apreciar as diferentes tradições religiosas que marcam a cultura da nossa cidade e de afirmarmos o princípio constitucional que determina que é inviolável a liberdade de consciência e de crença, sendo assegurado o livre exercício dos cultos religiosos e garantida, na forma da lei, a proteção aos locais de cultos e suas liturgias". O panfleto é concluído com uma interessante equação sintagmática: "Jesus Cristo, Mahatma Gandhi, Mãe Gilda de

---

114. "Candomblé pede justice". *A Tarde*, 05/05/2005.

115. O processo movido por Jaciara é ganho em segunda instância em 06/07/2005, a sanção indenizatória caindo para R$ 960.000,00, divididos entre a igreja e a gráfica, mas sendo acrescida pela obrigação da sentença ser publicada em duas edições consecutivas da Folha Universal. A IURD promete ainda recorrer à última instância.

Ogum. Todos eles foram vítimas da incompreensão/intolerância. E todos eles buscavam a paz".

A contigüidade entre a figura de mãe Gilda e a de Cristo indica a corroboração nativa da função utópica que entendo ter sido desencadeada pela morte da ialorixá, uma morte que, assim como a do Cristo, teria se instituído como um centro agregador e prescritivo, bastante distinto (um salto paradigmático?) do lugar convencional da morte no candomblé, francamente desagregadora.

A própria Jaciara destaca as dificuldades que passou para manter o terreiro de sua mãe funcionando logo após a sua morte, dada a imediata debandada dos seus filhos de santo, temerosos ante os acontecimentos:

> Os filhos da casa, quando uma ialorixá morre, não é todo mundo que está preparado. O povo de candomblé não está preparado pra esse lado... o natural e o sobrenatural, a passagem pro orum, a morte. É caso certo, morreu uma ialorixá todo mundo já tem que tirar a mão do eledá. Então as pessoas ficaram muito assim, nervosas com o que aconteceu, além de acharem que a igreja poderia pressionar mais ainda e eu perdi toda uma população que fazia parte da comunidade. As pessoas foram pra outro terreiro, hoje é que eu to mudando, revitalizando isso com uma dor muito grande. Hoje mesmo faleceu mãe Olga do Alaketu, e as pessoas temem, porque uma ialorixá tão antiga, com tantos segredos... e quando morre, o espírito é chamado novamente, pra ser cultuado junto com os ojés, e as mulheres não têm muito contato com isso, quem é preparado pra isso são os homens. Geralmente as casas de candomblé têm mais mulheres, quando o terreiro é de uma ialorixá são mais mulheres do que homens. As mulheres ficam mais sensíveis a esse medo. Quando a casa tem mais homens, *ogãs*, *ojés*, é diferente, eles conseguem conduzir tudo isso um pouco melhor. É nesse sentido que o povo fica meio confuso com a questão da morte, se fala que vai ter *axexê*, dizem que é uma cerimônia muito forte.

As incompatibilidades internas do candomblé com as questões suscitadas pela morte foram destacadas por grande parte dos seus estudiosos clássicos (Bastide 2001, Verger 1999, 1997; Santos 1986). Tal fato diferiria frontalmente a sua lógica das chamadas "religiões de salvação" (Weber 2000), de base ascética, que teriam o mundo como um meio e, portanto, a morte como um movimento de libertação ou, pelo menos, como um ponto externo de avaliação, prescrição e julgamento da vida. Diferente dessas textualidades religiosas construídas na perspectiva da morte, o candomblé seria, corroborando o fundamento trágico da sua visão de mundo, marcadamente pluralista e especulativo na tessitura de vínculos significativos e existenciais com o contraditório campo dos acontecimentos (a "vida", em sentido nietzscheano, o que incluiria a morte). As suas divindades mesmas, os orixás, são descritos pela mitologia como seres temerosos diante do fenecimento, à exceção de Iansã e Exu, os únicos que participam da cerimônia fúnebre do candomblé, o *axexê*, definido por Bastide (2001) como uma cerimônia de expulsão do *ori*, a força vital, antes assentado pela iniciação e alimentado pelos circuitos rituais. Após a morte, o que era *ori* se torna *egum*, sendo assentado em um espaço distinto dos *ilê-orixá*, a "casa de balé", onde é cultuado com uma série de cuidados especiais.

Os *eguns* causam temor na comunidade do candomblé, principalmente por nela ocuparem uma posição ambígua. Por um lado, a morte está associada a um elemento fundante do culto, a ancestralidade; por outro, os *eguns* são dotados de um poder de difícil controle, que, como afirmou Jaciara, foge freqüentemente do repertório de conhecimentos litúrgicos dos filhos e filhas de santo das casas, talvez pelas perdas da tradição em seu processo de diáspora. Assim, os *eguns* são cultuados, na Bahia, apenas na Ilha de Itaparica, onde reside mestre Didi, famoso *babaojé*, sacerdote encarregado pelos cultos dos mortos. No resto dos terreiros, os *eguns* são apenas afastados, compartilhando com Exu a oferenda do *padê*, que teria a finalidade de afastar a sua força imprevisível e assustadora de modo a propiciar a chegada dos orixás.

Por isso tudo, no candomblé, morre-se sozinho, sem o orixá: "Quando a morte se aproxima do indivíduo, o orixá a que pertence a cabeça foge espavorido, pois os deuses temem Icu, a selvagem ceifadora de homens" (Bastide 2001:65). Tal solidão tenderia a empurrar os praticantes da religião para a justaposição dos seus valores e sistema simbólico com os do catolicismo, religião que teria na morte um ponto de conforto, de encontro definitivo e redentor com o divino. Jaciara, ao longo das nossas conversas, apontou alguns sinais, sentidos por ela e por sua mãe, que sinalizavam o fim próximo de Mãe Gilda, incluindo aí a fuga do seu santo de cabeça:

> Vou lhe dizer bem uma coisa que aconteceu. Eu morava aqui no terreiro, mas tinha um salão de beleza em Lauro de Freitas. Eu não vinha pra casa na noite que ia anteceder a morte da minha mãe. Quando eu fui no açougue, comprar algumas coisas eu senti um buraco abrir assim, um buraco que eu não vi, mas senti que era algo negro. Eu ia caindo, aí eu passei mal pensei: "Pô, o que foi isso...". Eu não quis ir dormir lá, na casa de uma irmã de santo minha. Vim pra casa e falei com a minha mãe, bati na porta "Agô ia!", que a gente pede agô [a bênção] minha mãe. E ela não olhava nos meus olhos. "Oxente minha mãe, tem alguma coisa?". Aí meu irmão ia chegar de Foz, ele tinha 5 anos que não via minha mãe, chegou uma hora da manhã e ela ficou o tempo todo assim, acordada... Eu tenho certeza que teve um aviso, porque o povo de candomblé tem isso. E quando foi no ano novo, geralmente a ialorixá no ano novo ela abre a porta do quarto do santo, o orixá vem, desde menina, desde que eu me entendo por gente, de 7 até a minha idade. Antes da minha mãe falecer, o Ogum dela vinha pra saber qual era o orixá que ia reinar naquele momento e no ano da morte dela o orixá não veio. Ela passou mal, falou "Minha filha, eu não consigo sentir meus pés no chão!". Ela ficou do dia primeiro até o dia 21 dizendo que tava andando fora do chão, ela falava muito isso... Aí eu dizia: "Pô, minha mãe, deve ser porque a senhora não deu festa de Iansã". Mas ela não tava com nada

> de saúde pra eu levar ela pro hospital, e ela saiu às 9 da manhã e teve um enfarte fulminante. Então foi isso que aconteceu, ela saiu e foi despreparada.

Se, sob a ótica de uma textualidade tradicional, observamos na fala acima o encontro trágico e solitário da ialorixá com a sua morte, a apropriação *a posteriori* desses eventos sob uma ótica utópica permitiu a Jaciara e ao MCIR, como um todo, o desencadeamento de um *telos* coletivo, ou, nas palavras da sua filha, de uma "missão": "Depois dessas dificuldades todas, eu comecei a perceber que a morte da minha mãe tinha um sentido. Ela colocou uma missão para mim e pro candomblé de Salvador: tomar as rédeas do seu destino".

A frase sintetiza a natureza modernizante deste *telos* encarnado na morte da ialorixá, que, por sinal, demonstra ter uma série de pontos de contato com aquele extraído por mim do rito de cura da IURD, no primeiro capítulo, principalmente no que se refere à prescrição de um acesso à liberdade através do controle autônomo e autêntico de si.

C) FRAGMENTOS DE UM DISCURSO UTÓPICO

É essa dimensão "cidadã" que se vê enfatizada de modo exemplar em vários momentos da fala de Jaciara, herdeira mais direta da "missão" acima apontada. Mostrou-se recorrente em nossas conversas a idéia da tomada de "posse de si" do candomblé, realizada através de uma postura marcadamente pública e ostensivamente política, movimento freqüentemente atrelado à postulação da necessidade de "abrir" a religião, retirando-a do campo dos segredos e dos mistérios, que teriam gerado uma comunidade desagregada e pouco solidária:

> O candomblé tem que se abrir para ser respeitado. Eu sei disso por que hoje eu sou uma pessoa totalmente diferente do que antes da minha mãe falecer. Eu mudei completamente a minha visão, até porque eu aprendi uma vivência nova com o que minha mãe passou aqui. A invasão do terreiro, a imagem dela, a falta de amor da própria religião com si própria, que demorou a se unir na causa. Percebi que o candomblé é sempre falado pelos outros, e que ele deveria assumir a sua voz, sabe?

Com o avanço dessa dimensão discursiva, observa-se a ampliação do já referido "efeito mimético" da IURD no campo religioso brasileiro que, nesse caso, passa a abranger, mesmo que negativamente, até o seu principal inimigo. Um dos fenômenos que expressa a ação de tal efeito é o crescente desejo de exposição pública da religião, assumido assim pela fala de Jaciara:

> Se a IURD falasse: "você quer R$ 1.372.000 ou quer a mídia na sua mão?". Eu preferia a mídia, eu preferia ir pra Faustão, pra Gugu, botar foto da minha mãe em todos os outdoors: "Mãe Gilda sem tarja preta". Isso é que vai trazer a dignidade de volta ao povo de candomblé. Dinheiro, dinheiro a gente faz, a IURD, se ela me

> desse o templo dela lá do Iguatemi, pra eu colocar lá "Igreja Universal Abassá de Ogum", aí sim. Era uma posse bem feita, entendeu?

Jaciara prossegue, descrevendo uma experiência protagonizada por ela na área da comunicação: um programa veiculado por uma rádio comunitária do seu bairro, Itapoã, que ela passa a apresentar no crescendo da divulgação da causa da intolerância religiosa na cidade, mas que acaba sendo fechado por uma série de pressões dos setores evangélicos:

> Meu programa de rádio era polêmico, porque eu dava bom dia em iorubá e tudo mais. Eu consegui um grande número de ouvintes, de ligar na minha casa, de vim trazer presente pra mim, eu já tava me sentindo a tal... Eu chegava em um restaurante e já queriam pagar pra mim, porque eu era a ialorixá que fazia o programa. Mas é isso, o candomblé faz festas belíssimas, cura as pessoas, tira as pessoas da droga, muda caminhos de mulheres que são espancadas, que o marido abandona. A ialorixá consegue conduzir as pessoas para uma vida melhor. E isso a gente não pode passar na televisão, a gente não pode mostrar isso como uma "glória", na linguagem deles. A gente não tem esse espaço. Tanto que, pra mim, estar na rádio foi ótimo, poder mostrar essas coisas.

Como contraparte deste desejo, observa-se a crítica ao modo tradicional de exercer o poder nos terreiros, encenado de modo reverente, distanciado e muitas vezes silencioso. Comentando uma tentativa de encontrar-se com Mãe Estella, do tradicional terreiro do Opó Afonjá, logo após o falecimento da sua mãe, Jaciara me confidenciou:

> Ela [Mãe Estella] é muito tradicional. Eu tive lá no candomblé dela e não tive acesso nenhum. A gente fica sem ter acesso. Eu pensei até por ela ser essa matriarca, tão famosa, que seria importante eu estar em contato, mas ainda não tive abertura nenhuma. Falar da minha dor, ter até o colo de uma iá, entende? É uma coisa muito fechada, parecendo que tinha seguranças em volta. Isso até me chocou...

Além desse caso particular, a atual ialorixá do Obassá de Ogum ainda aponta de modo geral as dificuldades impostas à sua relação com os terreiros mais tradicionais durante as atividades do MCIR. Sublinhando o corte de gerações que a separaria das ialorixás mais clássicas, ela declara:

> Eu já visitei terreiros grandes, que eu pensei que eu fosse ser tratada de uma forma: "Ah! Você é a ialorixá que processou a IURD!". Mas as pessoas acham que "Ah, você ta se expondo muito, você tem que falar menos, cuidar mais da nossa religião". Tudo que eu tô falando aqui com você, se fosse uma ialorixá mais antiga ela não falava nem certas palavras, ela não falava de *egun*, ela não falava de *axexê*. Eu falei de algumas coisas que a gente só fala e faz com quem é de dentro do candomblé.

Percebe-se nesses encontros o choque entre duas configurações específicas do candomblé em sua relação com a esfera pública: uma centrípeta, que entende que preservar a religião implica manter as suas questões no interior dos limites do terreiro (corroborando a visão tradicionalmente negativa ou desconfiada frente à sociedade nacional), e uma centrífuga, modernizadora, que teria na exposição pública um meio eficaz de reivindicação de direitos, o seu modo particular de "proteger" a religião.

Outra importante área de abrangência deste mimetismo do candomblé em relação à IURD seria a política partidária, área tida como de inserção fundamental para as novas lideranças como Jaciara:

> Então eu acho que a gente precisaria um pouco disso, né? De pessoas ligadas à política mesmo, né? Aqui em Salvador, a gente tem um grande problema, a gente não tem nenhuma representação da religião de matriz africana na câmara. Você vai lá e vê 500 pastores, todos evangélicos, eles vão fazer tudo pra igreja deles. Agora, procura uma *ialorixá*, ou *ogã*, ou *ekedi* lá, vestida. Não adianta também você ser do candomblé só de noite, botar o fio de contas, assumir isso. Então eu me preocupo com esse lado, os evangélicos acabam conseguindo abafar o povo de candomblé por causa da presença deles na política. Isso que aconteceu aqui no terreiro, acontece em vários outros terreiros, e a pessoa não sabe a quem procurar. O povo de candomblé é muito organizado, da porta para dentro, pra fazer festas belíssimas, a gente tinha que usar isso também em outras áreas.

Jaciara segue, revelando ainda a sua intenção de candidatar-se futuramente a algum cargo eletivo:

> Eu virei a ialorixá polêmica dentro de Salvador, porque eu sou jovem tenho uma carinha ainda de menina. E as pessoas ficam meio assim, e eu chego junto mesmo. Pego o microfone... Acho que uma coisa é o fundamento, é você fazer o axé no terreiro, outra coisa é você ser política, e eu consegui conduzir vários terreiros de candomblé em meu favor, no programa de rádio. Eu vou acabar me candidatando, algum dia, eu acho isso importante, uma ialorixá. Se não fosse eu seria outra, a gente precisa ter esse respeito, acho que tá faltando acontecer isso na Bahia também. Não temos representações do candomblé na câmara. Não temos pessoas que realmente queiram mudar essa história, e é difícil.

No registro do discurso da "libertação", a ialorixá associa a postura retraída do candomblé mais tradicional ao fenômeno da escravidão, usando do sincretismo como um exemplo desta maneira subordinada de reagir aos estímulos e desafios vindos da sociedade envolvente:

> Se a gente ficar se escondendo muito, o candomblé vai ficar igual ao mico-leão aí, vai estar em extinção. Eu acho que isso foi devido a própria escravidão. O sincretismo, o modo dos escravos cultuarem os orixás, por exemplo, eles enterravam os orixás, Ogum, e botavam Santo Antônio pra branco achar. Entende? Eu acho que isso ficou enraizado. É igual uma família, você é educado na sua casa almoçando meio dia, tomando banho antes do jantar, isso fica, você vai envelhecer assim. Eu acho que o sagrado é

> que traz o mágico pra próximo, mas eu acho que a gente não pode botar tudo isso no sagrado. A gente tem que começar a separar, e trazer para público, pro âmbito político, social, a coisas que possam vir a dar fortaleza à religião.

O discurso utópico atualizado na fala de Jaciara, que visa uma libertação acessada através da maior e mais controlada exposição pública da religião, tem as suas particularidades sublinhadas quando colocado em contraste com a fala de uma liderança antiga, representante de um discurso avesso à idéia de uma inserção explícita do candomblé na cena pública. Esse contra-discurso foi por mim acessado quando tive a oportunidade de debater as características desse novo candomblé com um *ebomi* do tradicional terreiro do Bogum:

> Aí de repente a gente se depara com uma questão muito mais intransigente que é a violência religiosa por parte dos evangélicos, e principalmente por parte de uma igreja evangélica, que é a igreja do Edir Macedo. Foi a que começou tudo isso, todo mundo sabe disso, não se precisa falar mais, porque já está tão divulgado... Como eu me sinto nessa história toda? Com muita força pra resistir, mas pra não descer à linha de combate. A IURD já provocou muitas vezes a gente das religiões afrodescendentes pra sair pras ruas, pra uma guerra religiosa, isso a gente nunca admitiu, nós nunca cedemos às provocações dessa igreja. Sabemos que eles fazem tantas coisas usando os nossos dogmas, usando as nossas crenças... Em uma ocasião, em um seminário, na Barroquinha, me perguntaram: "Como é que o senhor pode resistir a essas provocações todas e não reagir?". Eu respondi: "Porque não é de nosso costume reagir", e citei que nós temos sobrevivido em todos esses 400 anos de Brasil sem nunca ir à luta direta com o inimigo, entre aspas, né? A gente sempre teve a paciência de preservar a nossa cultura, a nossa religiosidade dentro da nossa própria comunidade, isso nos fortalece. Isso faz com que cada um dos nossos ascendentes tenham essa consciência de se preservar com dignidade, forte, e não descer ao nível da provocações dos evangélicos nessas questões de intolerância.

O choque com a fala de Jaciara é visível. O foco aqui é a contenção, o controle da reação, acompanhado por uma leitura rotinizadora das agressões sofridas por parte dos neopentecostais, imediatamente inseridas no bojo de "400 anos de Brasil". Desenha-se então um inimigo que leva aspas, assim como um candomblé que se nega a adentrar no campo de batalhas por ele proposto. Por sua vez, o valor mestre aqui ratificado é a paciência, qualidade associada à ênfase na "dignidade" e na "preservação", e não na "libertação" ou "justiça". O importante, no calor dos eventos, é "não descer à linha de combate".

A necessidade de manter um critério de distinção perante os seus agressores, de negar o seu mimetismo, é justificada pela defesa da oposição tradicional mencionada no início do capítulo: aquele que entende que o perene, o válido, o fundamental, estaria para além do campo do visível, do ostensivo, do oficial, esse sim o território de ação de grupos como a IURD.

> De certa forma, a gente acredita que nenhum império dura uma vida toda, ou muito tempo. Uma vida até que pode durar, 2, 3 gerações, mas ele se acaba como todos os impérios. A história tem mostrado. Pode durar 100 anos ou 200, mas eles vão se esfacelar. A nossa impressão, e os búzios tem mostrado isso, é que dentro da própria estrutura da igreja, eles próprios vão se devorar. Eles vão se comer uns aos outros e nós vamos continuar livres com a nossa religião. Contra a maré, mas sempre sobrevivendo.

O *ebomi* defende que, por habitar um território alheio ao conturbado campo do perecível, real objeto de disputa dos seus "inimigos", o candomblé de fato já é livre, ou sempre foi livre, tendo a liberdade como um dado, e não como um objetivo. Meu informante usa a relação histórica entre o culto dos orixás e a polícia para corroborar o sucesso dessa estratégia paciente e perseverante:

> Pode durar 10 dias ou pode durar 10 anos, ou 50 anos ou 100 anos, e agora eu acrescento, coisa que eu não havia acrescentado antes, mas eu até falei hoje na reunião, a polícia, a forma da polícia nos bater, nos violentar, destruir nossos objetos sagrados. Fomos esperar quanto tempo? 200 anos pra que os policiais percebessem que essa perseguição era uma bobagem, é uma tolice. Dessa forma, é bem provável que a igreja evangélica, daqui a 200 anos nem exista, e ainda estaremos professando a nossa religião.

Parte fundamental dessa mesma estratégia seria resistir às pressões relativas à entrada da religião na arena da política partidária, como ele mesmo destaca, logo a seguir:

> Muita gente diz: "Por que vocês do candomblé não elegem pessoas partidariamente falando, político-partidário, pra defender vocês na prefeitura, no Estado, no senado, senadores negros candomblecistas!". A gente nunca fez isso nesses 400 anos, acho que não é por aí o caminho. A religião afro-descendente, eu acho que não tem vocação político-partidária, eu acho que não tem e nem nunca vai ter. A gente pode ter um deputado, um senador aí, esporadicamente. Não pela religião, mas pelo prestígio que ele tem, pelas coisas que ele tem feito, ele pode ser eleito. Mas acho que nenhuma pessoa pode esperar ser eleita para um cargo político, partidário, em função da religião. Os vonduns e os orixás não querem isso.

Assim, na fala do *ebomi*, a política volta a ser o território de um outro instransponível, alheio aos interesses reais do candomblé, que se opõe à lógica oficial do Estado-nação assim como o movimento e a tensão das águas profundas se oporiam à superfície tranqüila do mar que as torna visíveis. O discurso segue, demonstrando que subjacente à falta de "vocação política" da religião estaria de fato uma categoria de "política" semanticamente diversa, que assegura que a negação dos voduns e dos orixás em expor as suas questões na arena partidária não implica o anulamento do seu caráter profundamente político. A política real é outra: é a da administração cotidiana de vínculos e alianças móveis, exercida sempre no âmbito exterior à ação do terceiro estatal, uma política norteada por outras regras e práticas, mas, antes de tudo, por outros entes e agências. Essa seria uma política maior e incapaz de ser contemplada pela "esfera política":

> Então eu digo, nunca foi vocação nossa eleger pessoas pra cargos eleitorais. Que as coisas não se misturem. Nossa política é interna, de preservar, de viver com a natureza, políticas bem definidas, comportamentais, hierárquicas, a gente preza por isso, até o louvor aos deuses que nós acreditamos tem toda uma política, bem arrumadinha por acaso. Agora, de conquistar o outro, essa nunca foi a nossa. A gente nunca foi de conquistar o outro, sempre fomos de deixar um espaço para que o outro venha a nós, com suas dificuldade, nas suas necessidades, e que a gente possa abrir os braços e ajudá-los. E assim tem sido, tem funcionado. Nossa política é outra.

Por fim, analisada sob a ótica dos seus efeitos, a presença particular do inimigo neopentecostal (com ou sem aspas) parece provocar, no mínimo, uma desestruturação e uma colocação "em jogo" (Gadamer 1997) da economia identitária do candomblé de Salvador. Se, ao longo das "reações mágico-religiosas", tentei fazer o inventário de algumas cenas em que observamos a tendência a dissolver esse outro evangélico em uma nova versão de si mesmo e se, ao longo das reações políticas "utópicas", vimos a construção bem delimitada de um outro intolerante tendo em vista produzir, através da sua ação, um *telos* coletivo antes inexistente, estamos aqui em uma posição média, que também delimita esse outro, mas com a finalidade de resistir ao seu efeito mimético. Cientes de que a oposição é mais uma das modalidades deste mimetismo, alguns setores do velho candomblé, o candomblé dos velhos, manifestaram freqüentemente o sentimento de que, ao encarar o inimigo em seu próprio campo de ação, o MCIT parece estranhamente perder a guerra, mesmo vencendo as batalhas:

> Como eu te falei, todo império acaba um dia, todo partido político também acaba um dia, todo mandado de deputados e vereadores acaba um dia. Agora, nossa presença religiosa nunca acaba. Se você começa hoje a eleger um vereador, um deputado, você tem que permanecer sempre reelegendo outros e outros e outros, isso preocupa muito, isso gasta tempo e nós não teremos tempo de cuidar do que realmente interessa...Tem gente no candomblé, principalmente os jovens, que quer combater esses evangélicos assim, na política, na TV, nas ruas. O problema que eu sinto é que quanto mais eles vão pra guerra, mais ficam parecidos com quem eles querem combater!

II. Candomblé e Estado: da repressão e das políticas de aliança às "políticas do reconhecimento"

No início deste capítulo, como parte de uma reflexão acerca das diferentes configurações históricas do candomblé de Salvador, associadas a tipos distintos de economias de alteridade, apontei o pacto da nação como um possível outro mais outro da religião dos orixás, situação que parece ter sido alterada, ou pelo menos problematizada contemporaneamente pela instalação do neopentecostalismo no campo religioso local. No entanto, se a IURD e o seu lastro de influências no evangelismo representaram, para os setores modernizantes do candomblé baiano, a chegada do "inimigo que faltava", não se deve concluir daí que não faltaram inimigos em potencial ao longo de sua história. Nina Rodrigues já destacara que, de verdadeiras religiões de Estado no contexto africano, garantido pela ordem e pela tradição, esse cultos teriam se tornado, na Bahia, "prática de feitiçaria, sem proteção das leis, condenadas pela religião dominante e pelo desprezo, muitas vezes apenas aparente, é verdade, das classes influentes que, apesar de tudo, as temem" (1935:214).

Como se vê, os inimigos foram muitos, destacando-se, dentre eles, o próprio Estado brasileiro, que, alimentado por fortes canais oficiais e não-oficiais com o catolicismo, muitas vezes mudou o registro da sua relação com as religiões de matrizes africanas da omissão para a repressão.

A) A "POLÍTICA DOS ANTIGOS": PERSONALISMO E SACRALIZAÇÃO DA ORDEM OFICIAL:

Ao longo de uma cuidadosa pesquisa em arquivos jornalísticos, Lühning (1996) descreve com riqueza o fenômeno da repressão policial ao candomblé em Salvador, realizada de modo sistemático ao longo de toda a primeira metade do século XX, através da recuperação de uma série de eventos associados à figura hoje quase mítica do "delegado Pedrito". Pedro Azevedo Gordilho, tido como uma espécie de símbolo da perseguição ao candomblé na cidade, foi chefe de polícia entre as décadas de 20 e 40, quando promoveu uma série de batidas violentas em terreiros, resultando na prisão de pessoas e na apreensão ou quebra de objetos litúrgicos da religião.

Passando além e aquém da garantia de liberdade religiosa existente tanto na Constituição de 1891 quanto na de 1937,[116] Pedrito agia movido por queixas

[116] Na Constituição de 1891 lê-se no artigo 72: "A constituição assegura a brasileiros e a estrangeiros residentes no país a inviolabilidade dos direitos concernentes à liberdade, à segurança individual e à propriedade, nos termos seguintes: § 3º Todos os indivíduos e confissões religiosas podem exercer livremente o seu culto, associando-se para esse fim e adquirindo bens, observadas as disposições do direito comum". Já na Constituição de 1937, lê-se no artigo 122/4:

que ocultavam o seu fundo valorativo (autorizado à época por uma opinião pública fortemente informada pelas teorias racistas vigentes na Europa),[117] apelando para tipos jurídicos tais como: "distúrbio da ordem pública", causado pelos atabaques e supostos gritos e discussões ocorridos nas cerimônias; "distúrbios à higiene e limpeza pública", causado pelos ebós ofertados em espaços públicos, ou ainda "curandeirismo" e "charlatanismo", incidindo sobre as práticas terapêuticas e as atividades oraculares da religião.[118] O texto indica ainda a diversidade das reações do povo de santo a essas iniciativas repressivas, que podem ser reunidas em três categorias principais: i) a invisibilidade; ii) os ataques e defesas de ordem mágica e iii) a infiltração direta ou indireta na ordem oficial.

No que concerne à primeira categoria, além das estratégias já citadas, o segredo e o sincretismo, Lühning recolhe nos jornais pesquisados outras atitudes do mesmo tipo tomadas pelos praticantes de candomblé com a finalidade de passar despercebido diante dos olhos policiais:

> Outros tiveram o máximo de cautela, procurando não chamar a atenção com nada, escondendo os *pejis* e os objetos de culto, só tocando de madrugada, depois da meia-noite, em um horário em que as "caravanas" policiais supostamente já tivessem passado, outros fecharam a casa, para depois reabri-la, ou na periferia ou como centro espírita, dotado de estatutos etc., de modo a serem cobertos pelo "parágrafo constitucional que assegura o livre exercício de todas as religiões" (201).

O universo da segunda categoria, as atitudes mágico-religiosas, é ilustrado por uma série de casos interessantíssimos, demonstrando como os feitiços foram utilizados com recorrência pelo povo de santo tanto como arma de ataque às autoridades quanto como arma de defesa e anulamento da sua capacidade interventora. O evento abaixo exemplifica o primeiro tipo de reação:

> (...) até a própria polícia ou outras autoridades receberam ebós, tanto o promotor público, quanto o subcomissário do Rio Vermelho, como também uma pessoa do palácio Rio Branco. Este último episódio é descrito com bastante humor. Relata como uma moça, trajada com elegância, deixara tranqüilamente um pacote, embrulhado

---

"Todos os indivíduos e confissões religiosas podem exercer política e livremente o seu culto, associando-se para esse fim e adquirindo bens, observadas as disposições do direito comum, as exigências da ordem publica e os bons costumes".

117. Sobre essas pressões da esfera pública no policiamento do candomblé, Nina Rodigues declara, criticando a imprensa baiana de sua época: "Não é menos para lamentar que a imprensa local revele, entre nós, a mesma desorientação no modo de se tratar o assunto, pregando e apregoando a crença de que o sabre do soldado de polícia boçal e a estúpida violência de comissários policiais igualmente ignorantes hão de ter maior dose de virtude catequista, mais eficácia como instrumento de conversão do que teve o azorrague dos feitores" (1935:239).

118. Lühning aponta ainda outras categorias jurídicas utilizadas, como a leitura da reclusão e das escarificações feitas nas *yaôs* durante a iniciação, como respectivamente "seqüestro" e "tortura".

com bom gosto, na porta do palácio. Quando os transeuntes abriram o objeto, supostamente caído sem querer, descobriram "um autêntico feitiço" (202).

Por sua vez, uma história transmitida oralmente no Opó Afonjá, que se passa no tempo de Vovó Aninha, serve bem como um exemplo dos usos defensivos da magia:

> "Vinte e nove de junho de 1912... Começou a festa. Horas tantas, o homenageado principal já chegara – ouviu-se um tropel de cavalos; era a polícia que, a mando do 'Homem', vinha acabar com aquela manifestação de negros, 'coisa de gente ignorante, primitiva...'. Xangô dançava tranqüilamente. No melhor da dança, determinou a um *Ogã* que lhe trouxesse três rolos de linha: uma preta, uma vermelha e uma branca. Entoando cantigas, desenrolou os novelos, um a um. O barulho das patas dos animais estava mais e mais perto: sentia-se o cheiro de cavalos. Filhas de santo entravam em pânico, pensando no pior: surra dos policiais, atabaques furados, saias rasgadas. Aconteceu o encanto; os soldados se embrenharam mato adentro e 'nada de conseguirem achar o barracão do candomblé'; continuou a festança, com atabaques e fogos, comidas, bastante aruá e muita alegria" (203).

No entanto, é a terceira categoria, a influência direta ou indireta na polícia, que consta historicamente como a estratégia mais responsiva à tarefa de evitar os excessos policiais. Lühning destaca que vários policiais participavam da vida dos terreiros, como iniciados ou parentes de iniciados, fato nada extraordinário se atentarmos ao fato de esses supostos algozes serem originados, em sua maioria, da mesma classe social, dos mesmos bairros e da mesma origem étnica das suas supostas vítimas:

> Esse aspecto – segundo me consta – nunca foi abordado, mas aparece com tanta freqüência nos jornais, que parece ter sido um dos elementos-chave para que o candomblé pudesse manter a sua integridade. Os policiais estavam entre os freqüentadores (público), alguns tinham cargo de *ogã*, ou algum outro cargo de confiança, se não eram "feitos", ou talvez fossem maridos, irmãos ou, enfim, parentes de filhas-de-santo. Os jornais, muitas vezes, fazem alusões à cobertura que o candomblé recebe da polícia, e censuram a falta de conseqüência e coerência nas campanhas contra o candomblé (202).

A citação destaca também uma importante forma indireta de o candomblé exercer influência sobre as ações policiais, que teriam como alvo primário não somente os seus altos comandantes, mas também uma série de outras autoridades oficiais: a produção de alianças através da cessão de cargos não-rodantes, principalmente o de *ogã*. Bastide já destacara a função eminentemente política que a posição de *ogã* detinha no candomblé baiano:

> Há duas espécies de *ogã*. Alguns são escolhidos devido apenas à situação social e financeira, servindo de protetores do candomblé com relação às autoridades cons-

> tituídas; defendem-na contra as possíveis arbitrariedades da polícia; auxiliam-na em caso de necessidade, lançando mão de seus próprios recursos. Outro, porém, conservando algo da origem sacerdotal do termo, *ougangas* (ou sacerdotes, no Gabão), formam uma espécie de sacerdócio secundário (Bastide 2001:59-60).

Médicos, juristas, políticos, artistas e intelectuais, dentre eles uma série de antropólogos, foram *ogãs* dos terreiros mais tradicionais de Salvador. Como observa Artur Ramos, que ocupara esse cargo por anos no terreiro do Gantois: "o *ogã* é quase sempre um branco, senhor, a quem os negros respeitam, enxergando nele um protetor do terreiro" (1988:51). A cessão de cargos de proteção representa, contudo, apenas uma das manifestações de uma tendência mais ampla dessas comunidades: a de responder à sua marginalização cultural e valorativa através de uma atitude englobadora, apesar de não-reativa, tendo em vista a produção de laços pontuais de troca com os seus supostos inimigos. Referindo-se à década de 1950, quando a repressão policial direta dá lugar a um controle de natureza mais jurídica, realizado através da solicitação de licenças junto à Secretaria de Segurança Pública antes da realização dos cultos, além da instituição, por parte do Estado, de um calendário litúrgico para as festas, Braga afirma que:

> (...) muitos desses candomblés já desfrutavam de grande prestígio junto ao poder constituído, com bom trânsito nas classes mais altas e com efetivas alianças com autoridades policiais que os isentavam dessa obrigação. Essa situação era ideologicamente trabalhada e usada por esses candomblés como um símbolo de prestígio social e de poder, não somente na comunidade inclusiva dos terreiros, mas também junto à sociedade baiana de uma maneira geral (1993:57).

A existência deste novo aspecto injeta uma boa dose de ambigüidade na relação entre Estado e candomblé, até aqui descrita de forma exclusivamente negativa: ou pela omissão ou pela repressão. Torna-se visível, através do seu sucesso, um certo fascínio por parte da ordem oficial pela religião de origem africana, muitas vezes utilizada como um meio para a sacralização do seu poder laico ante a cultura popular, permitindo agregar à sua imagem pública um tipo de prestígio que vai além da impessoalidade dos critérios meritocráticos. É na gramática do prestígio, e nunca na pressão ostensiva ou na reivindicação, que estaria o foco dessa política dos antigos, sendo ele a sua principal moeda de troca:

> O conceito de prestígio talvez possa ajudar na compreensão deste tipo de relato e de outras formas verbais: enquanto a polícia, em nome de um certo segmento da sociedade, partia para a agressão, e os jornais empregavam um discurso partidário e ideológico contra o candomblé, este simplesmente desmontava tanto o discurso quanto o ataque, através da transformação verbal do agressor de prestígio em membro do grupo, adquirindo por extensão, dessa forma, seu prestígio (Lühning 1996:203-4).

Implantada no solo fértil do personalismo brasileiro, a lógica de circulação de prestígio acima citada gerou uma série de importantes frutos para os terreiros. Dentre estes, destaca-se a amizade entre o governador Juracy Magalhães e o babalorixá Bernardino do Bate-Folha, que garantiu uma trégua entre a polícia e os terreiros durante a sua gestão, de 1934 a 1937. Um outro importante nó de aliança tecido entre esses mundos apartados foi aquele entre Osvaldo Aranha e Mãe Aninha, do Opó Afonjá, o primeiro sendo filho-de-santo da segunda e chefe da Casa Civil do presidente Getúlio Vargas, o que tendia a potencializar esse vínculo direto com o candomblé em uma extensa influência indireta no aparelho estatal. O caso descrito logo abaixo dá o real peso e extensão do poder dessas velhas lideranças do candomblé de influenciar ações governamentais, servindo também como ilustração dos mecanismos comuns à sua lógica de circulação de prestígio:

> Com a implantação do Estado Novo, em 10 de novembro de 1937, o Interventor da Bahia era o Dr. Bulcão Viana. Embora a situação não permitisse a realização do candomblé com uso de atabaques, o seu governo não proibiu. Posteriormente, o Dr. Bulcão Viana cedeu lugar ao Dr. Landulfo Alves de Almeida. Nesta época era comandante da IV Região Militar o General Renato Onofre Pinto Aleixo. Estando proibido o uso dos atabaques nos candomblés, o General Pinto Aleixo, que estava em divergência, mandou, por intermédio do Sr. Antônio Leão, que o terreiro do Gantois tocasse uma de suas festas. Para tanto, mandou uma guarnição comandada por um capitão, para garantir a realização da festa. Uma hora após o começo da festa, chegava uma "banheira" ou "viuvinha", nome dado na época ao que hoje se chama radiopatrulha. Ao ver o terreiro guarnecido pelo exército, deram meia-volta e não disseram para que foram. Três ou quatro dias depois, o Sr. Jorge Manuel da Rocha foi à Delegacia de Jogos e Costumes, para tirar uma licença para tocar candomblé, e a mesma foi dada com uma ressalva: "É proibido o uso de atabaque". Diante disso retrucou o Sr. Jorge: "Não está mais proibido, foi concedido ao Gantois". O delegado respondeu: "O Gantois tocou por ordem do Comandante da IV Região Militar. Vá a ele, se ele lhe conceder conforme feito com o Gantois você toca também". Dito isso, o Sr. Jorge procurou tomar providências. Ele era Ogã do terreiro do Axé Opô Afonjá e sabia que a ialorixá Aninha, do mesmo terreiro, tinha influência com Getúlio Vargas, Presidente da República, em razão de ser seu filho-de-santo, o Sr. Oswaldo Aranha, Chefe da Casa Civil do Presidente Vargas. Por esta razão, o Sr. Jorge viajou para o Rio de Janeiro à procura da ialorixá Aninha em sua residência. Lá chegando contou-lhe as ocorrências. A mesma Ia telefonou para o Sr. Oswaldo Aranha, informando-lhe o que havia. O mesmo ouviu também o Sr. Jorge, após o que marcou uma audiência com Getúlio. Dessa audiência resultou o Decreto Presidencial n. 1.202, amparando as religiões e seitas, liberando os terreiros, que voltaram ao uso dos atabaques. De volta à Bahia, o Sr. Jorge Manoel da Rocha trouxe o "Diário Oficial" que publicou o referido decreto. Aqui chegando, foi à Delegacia de Jogos e Costumes com a finalidade de mostrar a decisão e fez sua festa, acompanhado pelos seus reais instrumentos que são os atabaques (Barbosa 1984:70).

Trata-se, como vemos, de uma descrição "nativa" dos trâmites que deram origem a um decreto que assegurou o candomblé por alguns anos na cidade de Salvador. A lei é nela textualizada como o resultado de uma série de pressões pessoais, que começam "de baixo" e se disseminam lentamente, até chegar ao próprio presidente da República. O decreto aparece então como uma espécie de cristalização de vínculos pessoais em um mecanismo impessoal, fruto de um lento processo de convencimento levado à frente pelo *ogã*, com a finalidade de ampliar o espectro de ação das decisões oficiais de ordem pessoal colocando-as em contraste consigo mesmas. Assim, a questão colocada pelo *ogã* para os seus aliados no Estado é sempre "Se pode o Gantois, por que não pode o Opó Afonjá?" e nunca a reivindicação universalista de "liberdade de crença" ou algo do tipo.

Uma outra figura de destaque desta espécie de "fase heróica" do candomblé baiano foi Mãe Menininha do Gantois. Assumindo o comando espiritual do terreiro em 1922 e vindo a falecer em 1986, Menininha parece levar ao apogeu a via carismática de inserção da religião dos orixás na esfera pública soteropolitana. Em um artigo sobre a trajetória de Menininha, Santos (2000) destaca como, na época da repressão policial, instalou-se no Gantois uma espécie de "tradição científica" (137), resultante da estratégia de capitalizar o interesse intelectual pela religião através do englobamento de importantes *ogãs*, como o já citado Artur Ramos, além de Nina Rodrigues e Estácio de Lima.[119]

A partir da década de 1960, reduzida a repressão policial, o terreiro do Gantois parece acompanhar a inclinação mais auto-referenciada da nacionalidade brasileira, encarnada na figura do presidente Jânio Quadros, passando a ter a sua inserção pública mediada agora pela arte e pela cultura popular, de um modo geral. Jorge Amado, Dorival Caymmi, Carybé e outros foram figuras centrais nesta fase de valorização da cultura de origem africana em Salvador, que passa a abordar o candomblé principalmente através da sua exuberante dimensão estética. Em contrapartida, ao serem pintados, cantados e narrados, o Gantois e Menininha adquirem uma divulgação e uma respeitabilidade nacional, fato que gera a supervalorização da sua moeda de prestígio.

Saindo das margens da sociedade para se tornar um ícone privilegiado da baianidade, Menininha torna-se peça importante para o, à época crescente, projeto de apropriação turística da identidade africana da cidade, estabelecendo, nesse processo, pontes bem fundadas com a elite política local. Referindo-se à relação especial nutrida por Mãe Menininha e pelo então governador Antônio Carlos Magalhães, que implicou a transformação do segundo, por muito tempo, em uma espécie de guardião

---

119. Essa inserção privilegiada no mundo acadêmico, que continua com Ruth Landes, Donald Pierson e Roger Bastide, elevou o Gantois a uma espécie de modelo teórico do candomblé, outro exemplo do sucesso desta política de cristalizar laços pessoais em tipos impessoais.

do candomblé baiano, Santos parece indicar uma espécie de fórmula geral subjacente a toda a fase carismática da relação entre o candomblé e a política na Bahia: "glorificação do poder sagrado e sacralização do poder da política" (2000:133). Esse seria um mote geral, que comandou a dinâmica desses vínculos hierárquicos e recíprocos por alguns anos: o Estado dá proteção, divulgação, prestígio e recursos, recebendo em troca a aura sagrada do candomblé e, por que não?, alguma proteção espiritual, troca que, no caso de ACM, resultou na explícita mistificação da amplitude e da longevidade do seu poder na cena política local.

B) DAS ALIANÇAS AO "RECONHECIMENTO":

Todavia, além do estabelecimento de uma série de "áreas protegidas" (Lühning 1999:203), irrigadas pelos recursos públicos através de canais personalistas, essa "política dos antigos" deixou, de acordo com os olhos contemporâneos, um outro legado, desta vez negativo: a falta de "solidariedade de classe" do povo de santo de Salvador. Foram recorrentes, ao longo das minhas conversas com as lideranças associadas ao MCIR, as queixas acerca do exclusivismo de certos terreiros (geralmente os mais tradicionais) no acesso ao financiamento estatal, fato que teria impedido o florescimento anterior de movimentos reivindicatórios mais organizados:

> Tá certo, as batidas policiais acabaram, a gente nem precisa mais de licença da Secretaria de Segurança Pública, os terreiros viraram autônomos. Mas acabamos desenvolvendo, nesse caminho, a idéia de que cada qual vai garantir o seu próprio espaço, mesmo porque esse próprio Estado acabou sendo apoiador de alguns e deixando outros de fora, a questão das políticas, né? Ao invés de reprimir, com antes, você pega aquele que passa por necessidades e faz ofertas. Então, se não tivermos o pé no chão, formos muito centrados, muitos acabam cedendo. O Estado acaba ajudando nesse esfacelamento das relações. Por que? Porque vai gerando inveja, né? "Tudo é pro Gantois!". "Não sei quem recebe todas as benesses!". Então aquilo vai criando um mal-estar entre as casas e as casas vão se afastando, mesmo sem perceber. Assim foi com o candomblé aqui em Salvador.

A fala destaca o efeito supostamente desestruturador dessas políticas de alianças na capacidade de agência coletiva dos terreiros, que acabariam por arruinar, em disputas internas, a sua unidade potencial. Antes de um "candomblé baiano", o que haveria de fato entre os antigos seriam "candomblés", terreiros isolados, ilhas desagregadas entre si, muitas vezes em conflito. Assim, construiu-se, ao longo do tempo, um grande eixo qualitativo, que antes distinguia os terreiros de "dentro" e de "fora" do campo de ação das leis e do controle policial, e que, posteriormente, passaram a distinguir terreiros de "dentro" e de "fora" das fontes de recursos públicos. Vislumbrando essa situação com um olhar "utópico", meu informante tende a concebê-la como uma estratégia consciente do Estado tendo em vista a dominação indireta da comunidade afro-brasileira da cidade.[120]

Devo destacar que várias atitudes de cooperação e ajuda mútua por parte dos antigos foram apontadas no decorrer do meu diálogo com as novas lideranças, que, apesar de visarem o estabelecimento de uma nova política para a religião, demonstram freqüente respeito e reverência pelos modos anteriores de resistência: "Pense no próprio navio negreiro! Negros que eram inimigos na África, de etnias inimigas, acabavam se juntando aqui". Ou ainda:

> Nós temos cartas aqui de Mãe Menininha pra Simplícia. Iá Simplícia de Ogum, falando: "Olha, eu estou aqui esperando o dia de chegar o meu ponto na Caixa porque a gente tá em uma grande dificuldade". Aí Mãe Simplícia fala assim: "Oi querida, dessa vez eu tenho um dinheiro aqui sobrando, como você me emprestou outro dia eu posse lhe emprestar, porque eu confio".

Contudo, esses casos sempre aparecem como parte de uma fala em que a cooperação e a reciprocidade (com o Estado e com os outros terreiros) parecem ter perdido a sua centralidade para o âmbito da reivindicação de direitos e de inserção definitiva, e não mais pontual, no universo da cidadania: "É como se antes a gente estivesse nessa época mais preocupado mesmo em sobreviver, e pra que isso acontecesse, era importante manter a distância, agora a gente ainda tem essa preocupação em sobreviver, mas percebemos que o caminho melhor é cobrar aquilo que tiraram da gente aí fora, nas ruas mesmo".

Desse modo, a chegada do "inimigo que faltava" em Salvador, um inimigo com quem não se produz trocas e alianças, mas se sofre expropriação ou "intolerância", parece também dar agilidade à mudança no tipo de relação histórica costurada entre o candomblé e a ordem oficial. Continuamos aqui, assim como no capítulo anterior, ainda em um campo de fenômenos em aberto, pois que em plena ocorrência, mas é visível a continuidade entre ele e o processo que defini como o avanço de um tipo de narrativa "utópica" dentro dos terreiros. Se, anteriormente, observamos essa narrativa sendo realizada nos movimentos reivindicatórios

---

120. É curioso pensar que, corroborando esta tese, a associação entre a política personalista e a falta de solidariedade interna aos terreiros parece estar na própria origem da religião em Salvador. De acordo como Silveira (2000), logo na virada do século XVIII, as comunidades afro-brasileiras, antes perseguidas de forma rígida pela administração do Conde da Ponte, observaram uma mudança de tratamento por parte do seu sucessor, o Conde dos Arcos. Tendo em vista alimentar a rivalidade entre essas comunidades, o governo resolve apoiar financeiramente e oficializar a irmandade jejê-nagô da Barroquinha, a Irmandade dos Martírios, afastando a possibilidade de uma perigosa união entre esta e a Irmandade Nossa Senhora do Rosário dos Pretos, de origem angolana, de maior destaque até então. Esse apoio resulta na construção de um salão nobre, anexado à igreja da Barroquinha, lugar que hoje é tido como o primeiro terreiro de candomblé de Salvador.

organizados pela religião tendo como alvo o judiciário, o Estado e a opinião pública, agora passamos à participação coletiva dos terreiros no terceiro setor e no próprio âmbito governamental, uma guinada da política personalista para a organização civil apoiada no espelho das "políticas do reconhecimento" (Taylor 1994).

De acordo com Taylor, a tese fundamental que estrutura o universo de reivindicações organizado sob essa insígnia é:

> (...) nossa identidade é parcialmente moldada pelo reconhecimento ou por sua falta, geralmente pelo reconhecimento errôneo ["misrecognition"] dos outros. Assim, uma pessoa ou um grupo de pessoas podem sofrer um dano real, um distorção real, se as pessoas ou a sociedade em volta delas refletirem uma figura limitada, depreciativa ou desdenhosa delas mesmas. Não-reconhecimento ["nonrecognition"] ou reconhecimento errôneo ["misrecognition"] pode implicar danos, pode ser uma forma de opressão, prendendo alguém em um modo de vida falso, distorcido e reduzido (1994:25).

Apesar de indicar, a princípio, uma ruptura com o *ethos* universalista da cultura política liberal e democrática, Taylor entende que as demandas apoiadas na tese acima, geralmente observadas nos movimentos feministas e das minorias étnicas,[121] indicariam na verdade o reforço de uma outra dimensão desta mesma matriz, desta vez associada ao âmbito da identidade individual e coletiva: a noção de "autenticidade". A politização da diferença estaria sempre associada ao debate sobre a reflexividade desses grupos, realizado na forma de uma luta semântica na arena sempre polissêmica da alteridade. Uma vez criticada a *misrecognition* do outro, deve-se definir, ou pelo menos propor, aquilo que viria a ser um reconhecimento "verdadeiro" de si, ou seja, "autêntico", indicando assim um ponto onde a alteridade (a textualização por parte do outro) deva coincidir de modo adequado com a reflexividade (a auto-textualização).[122] Não por acaso, a entrada desses grupos na arena política tende sempre a vir acompanhada pela problematização das suas identidades, que, assim como no caso do candomblé, passam a funcionar como uma nova moeda de negociação, agora formalizada, com os centros de poder. Na fala de um informante:

> Toda a demonização, toda a perseguição na televisão, toda a distorção que nossa imagem sofreu com os evangélicos, fez com que a gente repensasse onde nós estávamos. Quem somos nós? Porque teve gente que acreditou na imagem que eles criaram, algumas pessoas realmente saíram dos terreiros... Depois de colocar essa questão, vimos que a nossa diferença podia ajudar em uma série de ações, podia se

121. A idéia de "minoria" e "maioria" aqui aplicada tem uma natureza gramatical, e não quantitativa. De acordo com Deleuze: "é evidente que 'o homem' tem a maioria, mesmo se é menos numeroso que os mosquitos, as crianças, as mulheres, os negros, os camponeses, os homossexuais.. etc. É porque ele aparece duas vezes, uma vez na constante, uma vez na variável de onde se extrai a constante" (1995:52).

122. Refiro-me aqui à noção de *self-textualization* de Crapanzano (1992b).

> transformar em uma alternativa, mas pra que a nossa diferença virasse alternativa a gente tem que mostrar pra sociedade o que a gente é de verdade, entende?

A partir deste novo referencial político, que retira a diferença das "franjas" da sociedade com a finalidade de defendê-la enquanto alternativa política e valorativa, aumenta a possibilidade de setores do candomblé serem inseridos na esfera pública da cidade através da execução de "projetos" organizados em torno das particularidade culturais da religião e construídos em parceria com uma série de Ongs e órgãos de governo. Contribuem para o sucesso desta reflexividade étnica algumas vicissitudes da diáspora das religiões africanas, dentre elas a impossibilidade de reproduzirem no "Novo Mundo" a sua situação original de culto aos antepassados, fato que teria enraizado a sua economia identitária no Brasil em torno de "nações", e não mais de linhagens. Angola, Congo, Jeje, Queto e Ijexá são algumas designações de nação do candomblé de Salvador, indicando a origem africana da visão de mundo ali atualizada, percebida através de traços lingüísticos e cerimoniais distintivos.

Entretanto, como afirma Serra (2003), tal dimensão étnica do culto de modo algum depõe contra a existência de uma tradição de fato compartilhada pelo povo de santo da cidade, vindo a assumir hoje uma função de ordem mais "estilística":

> No mundo do povo de santo, as marcas étnicas caminham para uma estilização. As nações tendem a cifrar-se em liturgia; sua música, sua dança, aspectos cerimoniais, mais que fazê-las reconhecer, informam-nas e nelas encarnam. Um fundo comum de tradição compartilhada sustenta o brilho das particularidades que se destacam. O étnico estiliza-se, deixa-se dominar pelo simbólico, no campo do mistério, de uma forma que aproxima dos jogos da arte (2003:61).

Toda a história das religiões africanas no Brasil se desenrola sobre o campo de forças complexo, mas nunca contraditório, de propensões particularistas e universalistas, que se concretizam contemporaneamente, de acordo com Prandi (2006), em dois fenômenos principais: a entrada bem-sucedida dos terreiros no "mercado das crenças" e a re-africanização. O primeiro, que concerne à já citada "clientela" e à prestação de serviços mágico-religiosos, reforça a veia universalista do culto, principalmente a sua ênfase descritiva na individualidade e no destino. O segundo, que concerne aos "iniciados", indica o processo, originado nos anos 60, de crítica ao sincretismo (entendido cada vez mais como um mascaramento metafórico de uma configuração originária) e de recuperação do conteúdo estritamente (e supostamente) africano da religião.[123] Tal movimento teria como efeito

---

123. Originado na tradição nagô, esse processo de busca de legitimidade étnica do candomblé tem como marco histórico o II COMTOC (Conferência Mundial da Tradição dos Orixás e Cultura), realizado em 1983 em Salvador, de onde se retira um manifesto contra o sincretismo assinado por algumas grandes ialorixás e liderado por Mãe Estella, do Opó Afonjá. Esse manifesto é analisado de forma mais detalhada por Consorte (2006).

ainda a crescente homogenização da "nacionalidade" dos terreiros, ocorrendo, junto com a sua "descatolização", a "desbantualização" e a conseqüente "iorubanização" das suas práticas, a última indicando a língua e a etnia que abrigariam os candomblés tidos como os mais nobres e resistentes ao contato com o catolicismo (Silva 2006:156).

Logo, se o nascimento da umbanda nos anos 20 teria ocorrido como uma via de imersão da religião de origem africana na sociedade nacional através do seu branqueamento, da sua moralização e da exclusão dos seus elementos tidos como mais "incivilizados", tais como o sacrifício de sangue, a iniciação excessivamente traumática e a língua nativa, essa mesma imersão se daria, nas circunstância atuais, pela ênfase contrária, nos diacríticos de africanidade e na quebra dos vínculos internos com o cristianismo. Observa-se que a entrada de valores de pureza e autenticidade étnica, relegando ao campo da inautenticidade traços associados à brasilianidade, não significam, portanto, o estabelecimento de uma contradição com a universalização dos cultos afro-brasileiros, indicando, para alguns autores, até mesmo formas complementares de adaptação às condições impostas pelo atual campo religioso brasileiro:

> (...) sem paralelismos e outras impurezas a religião se torna mais coerente, discernível, aberta a sistematizações e codificações do seu campo cosmológico que, em certas circunstâncias, podem torná-la mais apropriada ao consumo pelo mundo moderno (principalmente por uma clientela interessada também na coerência das tradições de sua religião em termos teológicos e filosóficos) (Silva 2006:155).

A intelectualização da religião através da formulação de uma tradição escrita é freqüentemente citada como outra conseqüência desse processo de formulação de um corpus litúrgico e mítico mais coerente para o consumo (esse nunca tão coerente) de uma nova clientela, muitas vezes branca e com maior poder aquisitivo.[124] As viagens à Nigéria e Benin através dos "cursos de África" são outros exemplos dados por Silva (2006) de estratégias associadas à africanização dos terreiros de São Paulo, hoje talvez os mais "africanos" do país, assim como os que contam com o maior número de membros brancos.

Esse conjunto de forças distintivas internas a um campo religioso cada vez mais supranacional em que a diferença serve como meio de atração de um fiel

124. Nos anos 70, Bastide já parece perceber esse processo, na época ainda insipiente: "Pois seria um erro acreditar que os 'zeladores' (nome pelo qual se designam hoje os pais-de-santo) são pessoas ignorantes. Eles lêem os livros que se escrevem sobre eles e pode haver uma influência dos mesmos sobre as suas crenças ou religiões, principalmente na medida em que esses livros cotejam os fatos brasileiros com os fatos africanos, pois, na impossibilidade de ir à África, como se fazia outrora, o zelador de hoje estuda a África através dos livros para reformar sua própria religião" (1973:168).

ansioso pelo acesso à novidade e exotismo, vê-se acirrado, no caso de Salvador, por um modelo cada vez mais étnico de visibilização dos terreiros ante o campo a princípio "externo" das políticas do reconhecimento. Vítima mais direta das inclinações analíticas tanto da relação "religiosa" construída entre os terreiros e a sua nova clientela quanto da relação "política" construída entre os mesmos, o Estado e o terceiro setor, o sincretismo, antes peça fundamental para a sobrevivência das religiões africanas no Brasil, torna-se progressivamente "desnecessário". Nesse trajeto, as pontes historicamente construídas entre os dois paradigmas são ruídas pela metaforização do seu fundamento, processo adequado ao desejo geral de outros mais outros, que, no caso do candomblé, significa ser mais africano e menos brasileiro.

Um dos meus informantes narra o paralelismo existente entre o grau de africanização dos terreiros e a sua tendência maior ou menor a perder filhos para o neopentecostalismo. Sua fala destaca também, de forma interessante, como esses terreiros se vêem fortalecidos diante da comunidade na qual estão inseridos a partir das áreas de interseção produzidas pelos "projetos", além de sublinhar a centralidade da "imagem pública" como termo de fato em disputa nos conflitos com os evangélicos:

> Essa idéia de um candomblé que é norteado por valores ligados a sua matriz, a África, não deve ser modificada. Nós temos que ver que pessoas de candomblé que eu conheço desses terreiros, nenhuma foi pra IURD. Você vem aqui em um dia de festa e esse barracão não cabe de gente, esse espaço aqui não cabe de gente. Se eu tenho mais de 1300 pessoas aqui naquele curso e tenho 250 crianças todas terças, quintas e sábados aqui nesse terreiro, mais 80 de um outro projeto, mais 30 de um programa de discussão de juventude. Então, podem ter tido terreiros que perderam fiéis, terreiros mais fracos, menos africanos, mas o que mais um terreiro tem pedido com os ataques da igreja é a imagem pública.

Por sua vez, uma cena protagonizada por mim e por uma ialorixá em campo exemplifica de forma exata as condições ainda inexatas dessa espécie de adeus ao sincretismo. Após uma série de falas corroborando a necessidade de uma comunidade de culto mais "verdadeira", ou seja, "com o pé bem fincado na África", seguidas pela avaliação de que "não há mais necessidade pro sincretismo aqui na cidade", questiono a sacerdotisa sobre um quadro, dependurado em uma das paredes da sua sala, representando Santo Antônio. Após certo desconforto inicial, a mulher declara:

> Eu não sou católica, mas é como diz... Nós temos esses quadros antigos... Na verdade, a minha trajetória começa aí, eu era da Igreja Católica antes de ser do candomblé, e por muito tempo eu fui dos dois, né? Hoje o candomblé é outro, mas eu não desfaço do catolicismo, aquilo ali é como o retrato de um pai, de uma mãe, de um ente querido

> nosso que se foi. A gente vai jogar no lixo? Não vai entendeu? É como o retrato de uma pessoa amiga nossa, uma amigo antigo, que a gente se afastou, mas que entende e que gosta. Eu não vou abandonar um amigo. Eu não vou pegar a imagem de Santo Antônio, que é representado no culto de candomblé como Ogum, quebrar ele e jogar no lixo. Não, eu vou manter ele ali até quando ele quiser ficar...

A defesa nostálgica deste velho amigo, hoje não tão conveniente, demonstra como a entrada ostensiva do candomblé na luta contra a sua *misrecognition* por parte da sociedade envolvente estaria implicada com uma lógica de auto-caracterização que parece empurrar os seus protagonistas para uma sala de espelhos, ante-sala aparentemente necessária à sua libertação. As intensas polêmicas acerca do sincretismo afro-católico na cidade, a sua crescente (mas nunca unânime) textualização política na forma de "máscara branca", demonstra as dificuldades impostas ao avanço do discurso da autenticidade em uma cosmologia acostumada a entronar tragicamente a multiplicidade, a ambigüidade e a presença sagrada circulante em detrimento de uma lógica em que vale a contradição, a ambivalência e a dualidade presença/representação. Desse modo, saindo do mundo sintético do "... e...", das cadeias sintagmáticas quase infinitas, o candomblé adentra, em graus bastante diversos de profundidade e estratégia, o mundo oficial do "ou... ou...".

C) ESBOÇANDO O *TELOS* DO RECONHECIMENTO:

Um dos marcos do avanço das políticas do reconhecimento no mundo dos terreiros foi o 1° Seminário de Políticas Públicas para Comunidades de Terreiros, organizado pela SEPPIR[125] em Salvador no final de outubro de 2005, encontro do qual participei como ouvinte. O objetivo principal da reunião foi apresentar e filtrar, do ponto de vista da sua constitucionalidade, as demandas das comunidades de terreiros apresentadas na 1ª Conferência Nacional de Promoção da Igualdade Racial (CONAPIR), ocorrida no final de junho e início de julho do mesmo ano. Ambos os encontros aconteceram como fóruns de debate entre representantes dos

---

125. A Seppir (Secretaria Especial de Políticas de Promoção da Igualdade Racial) foi criada pelo Governo Lula em março de 2003. Segundo uma fonte oficial: "A missão da Seppir é estabelecer iniciativas contra as desigualdades raciais no País. Seus principais objetivos são: i) Promover a igualdade e a proteção dos direitos de indivíduos e grupos raciais e étnicos afetados pela discriminação e demais formas de intolerância, com ênfase na população negra; ii) Acompanhar e coordenar políticas de diferentes ministérios e outros órgãos do Governo Brasileiro para a promoção da igualdade racial; iii) Articular, promover e acompanhar a execução de diversos programas de cooperação com organismos públicos e privados, nacionais e internacionais; iv) Promover e acompanhar o cumprimento de acordos e convenções internacionais assinados pelo Brasil, que digam respeito à promoção da igualdade e combate à discriminação racial ou étnica; v) Auxiliar o Ministério das Relações Exteriores nas políticas internacionais, no que se refere à aproximação de nações do continente africano" (http://www.planalto.gov.br/seppir/).

governos federal, estadual e municipal, membros da sociedade civil organizada (principalmente do movimento negro) e lideranças das comunidades de terreiros.

Se a "intolerância religiosa" tem marcado até então a entrada mais reivindicativa do candomblé baiano no campo antes alheio da política, no Seminário não foi diferente, a categoria constando logo na justificativa do evento, transcrita na ata da reunião:

> O eixo Religiões de Matriz Africana – Comunidades de Terreiro teve destaque na conferência e apresentou as principais demandas desses grupos, pois, não obstante a relevância da participação da cultura africana na formação da nação brasileira, a cosmovisão africana continua a ser alvo da ação do racismo estrutural e da intolerância que se retroalimentam de forma cíclica e recorrente no país. As conseqüências danosas da intolerância se manifestam não somente de forma material, mas também simbólica, reafirmando continuamente preconceitos, estigmas e estereótipos, que interferem significativamente no processo da diversidade cultural brasileira.

Na mesma ata, pode-se ler os objetivos específicos do Seminário, que sinalizam a progressiva institucionalização do – até então informal – avanço da gramática dos direitos e da cidadania nas comunidades de terreiros. Dentre esses objetivos posso citar:

> I – Dialogar com segmentos das comunidades de terreiros na perspectiva de fortalecimento e empoderamento deste setor, promovendo o fortalecimento institucional e o controle social.
>
> III – Incentivar as casas de terreiros, espaços vivenciais de tradição da matriz africana e/ou afro-brasileira a implementarem, em seus territórios, atividades que contribuam para promover os direitos humanos e civis, restabelecendo a dimensão da cidadania dos vivenciadores de terreiros.
>
> IV – Estimular a implementação de políticas públicas para ampliar a sustentabilidade das comunidades de terreiro, levando em consideração a natureza e relevância social do trabalho desenvolvido nestes espaços de tradição e matrizes africanas.

Metas como (I) estimulo à autonomia e controle de si, (III) promoção do discurso dos direitos humanos no interior das comunidades e como filtro jurídico da relação delas com a sociedade envolvente, e (IV) incentivo à protagonização de políticas publicas sinalizam também o engajamento do próprio Estado no projeto de dissolução da distinção paralizante entre oficial/real sobre a qual funcionaria o candomblé classicamente.

As demandas, 62 no total, foram divididas em 12 áreas de atuação, correspondentes aos 12 grupos de estudo em que seriam discutidas: políticas públicas "em geral", "de direitos humanos", "de saúde", "de acesso à previdência social", "de educação", "de patrimônio cultural", "de infra-estrutura e equipamentos sociais", "de acesso ao sistema de telecomunicações", "de fomento ao desenvolvimento econômico sustentável", "de meio ambiente", além de "produção de conhecimento estatístico" e "propostas de alteração da legislação vigente". A noção de "intolerância religiosa" aparece de modo quase onipresente nelas, o seu anulamento ou apaziguamento constando como a principal força dinamizadora das propostas, e talvez de todo o Seminário.

Algumas essas propostas mais diretamente relacionadas ao problema do combate à intolerância religiosa foram:

> 11. Criar um conselho inter-religioso para a promoção de campanhas periódicas, estratégias para a construção do respeito à diversidade religiosa, bem como para recebimento de denúncias de intolerância.
>
> 12. Estimular que Estados e municípios solicitem audiências públicas sobre a intolerância religiosa com as promotorias ambientais, o legislativo e as secretarias de justiça, do meio ambiente e de direitos humanos.
>
> 13. Promover, com subsídios da Seppir, o intercâmbio e a integração dos terreiros de Matriz Africana, com vistas a potencializar ação coletiva que coíba a intolerância.
>
> 16. Combater a intolerância religiosa e assegurar, no Plano Nacional de Direitos Humanos, a inclusão de legislações que definem e punem a intolerância étnico-religiosa, a discriminação e o preconceito contra as religiões de modo a dar cumprimento ao preceito constitucional que assegura o livre exercício da fé e da coletividade afro descendente.
>
> 20. Assinar e ratificar a declaração para a eliminação de todas as formas de intolerância e discriminação fundadas em religião ou crença (OEA, 1981).
>
> 26. Estabelecer um Fórum permanente contra a intolerância religiosa e pela diversidade.

De forma geral, as solicitações demonstram não somente a felicidade da textualização dos ataques e desentendimentos que tem como objeto a religião afro-brasileira como atos de "intolerância". Expressam, da mesma forma, a capacidade da categoria funcionar como um centro agregador: i) em torno do qual os terreiros podem se organizar entre si (11, 13), ii) cujo debate media a aproximação (agora mais diplomática do que sincrética) de outras religiões (11, 26) e iii) cuja reivindicação serve de meio de acesso à ordem oficial (12, 16, 20).

Assim, a "intolerância religiosa" se estabiliza como uma categoria-chave para os dois movimentos fundamentais às políticas do reconhecimento do candomblé: a assunção dos danos causados pela "misrecognition" do outro e a virada desta assunção em um pólo motivador da agência coletiva – ambos os movimentos articulados e interpretados como uma espécie de ajuste de contas histórico, que aparece transcrito de forma evidente na ata da reunião:

> 14. Reconhecer a dívida com os líderes e seguidores das religiões de matriz africana, pelos séculos de perseguição perpetrados a essa forma de manifestação religiosa, seus territórios, objetos sagrados e aos seus adeptos e envidar todos os esforços no sentido de superar as formas de estereótipos que ainda se mantêm, bem como lhes conferir direitos idênticos aos das demais religiões e fortalecer os mecanismos legais que punam exemplarmente as ações segregatórias e discriminatórias.

Pensada sob essa ótica, a demanda destacada logo acima funcionaria de fato em um outro registro discursivo, subjacente a todas as outras reivindicações, já que operaria como a sua condição de possibilidade. Nesses termos, a defesa do ancoramento da linguagem abstrata e consensual dos direitos no campo concreto das contradições históricas através da postulação de um laço de dívida seria uma espécie de meta-demanda desses movimentos. Este deslocamento indicaria o desvelamento crítico, por via da positivação do particularismo cultural desses grupos marginalizados, das particularidades inerentes ao próprio universalismo liberal, dotando de cor, classe e historicidade a figura do "indivíduo", o seu principal pressuposto gramatical.

Como vemos, as políticas do reconhecimento são políticas da imagem, no sentido mais profundo, ou seja, realizadas enquanto politização da semiose[126] e luta por controle da auto e da "alter" caracterização. Talvez por isso, as demandas associadas à visibilidade pública da religião foram as mais recorrentes durante o Seminário, a regulamentação sobre os meios de comunicação de massa, arma que vimos ser fundamental à "batalha espiritual" neopentecostal, merecendo um grupo de estudos específico, cujas reivindicações foram:

> 49. Cumprir a legislação internacional e nacional referente à discriminação e/ou ao preconceito com as religiões de matriz africana, revisando a concessão de rádios e televisões que veiculem em seus programas a intolerância religiosa, o trato pejorativo, o desrespeito e a perseguição à religião de matriz africana.
>
> 50. Instituir cotas específicas para as religiões de matriz africana nos meios de comunicação e nos espaços de visibilidade e representatividade, para divulgação de seus valores, crenças e de seu papel sóciopolítico, cultural e econômico.
>
> 51. Realizar e convocar os meios de comunicação (rádio, tv's, revistas e jornais) para vincular programas contínuos, em rede nacional contra a intolerância religiosa, informando e esclarecendo sobre as religiões de base africana e indígena, de acordo com a lei nº 7716/89, art. 20.

No entanto, o debate supera de longe o âmbito específico da mídia, recaindo no problema geral da inserção das religiões afro-brasileiras na esfera pública

[126] A idéia peirceana de "semiose" refere-se a qualquer tipo de ação do signo, ou seja, à ação e circulação de um signo em sua capacidade de gerar ou produzir um interpretante de si mesmo.

nacional e resultando na proposição de novas estratégias de visibilização para os terreiros, como demonstram as solicitações abaixo:

> 1. Reconhecer a participação das religiões de matriz africana no cenário político e social do país, incluindo os religiosos de matriz africana nos espaços e fóruns públicos e nas cerimônias ecumênicas.
>
> 21. Reconhecer as sacerdotisas e sacerdotes das religiões de matriz africana, assim como os pajés e xamãs, assegurando a respeitabilidade e legitimidade social das funções por eles(as) desenvolvidas. Garantir seu livre acesso a cemitérios, hospitais e presídios, mas mesmas condições dos demais representantes religiosos.
>
> 29. Assegurar que a presença e a expressão de líderes religiosos de matriz africana seja equivalente aos demais sacerdotes religiosos que se façam presentes em todo e qualquer evento público.

Se, na seção anterior, tentei ilustrar, no bojo do Movimento Contra a Intolerância Religiosa, o impulso crescente dado ao discurso e ao *ethos* utópico pelo candomblé baiano, as demandas aqui apresentadas visam indicar de modo mais claro a face propositiva desta mesma tendência, fornecendo um desenho mais detalhado do *telos* político em questão. Percebe-se que a idéia de "reconhecimento" é peça fundamental dessa construção – não apenas o reconhecimento da importância histórico-cultural da religião de matriz africana para as populações negras e/ou brasileiras, de um modo geral (1), mas, antes disso, e como seu pré-requisito, o reconhecimento definitivo e legítimo da própria "religiosidade" desses grupos, ainda obscurecida pela sobre-representação e mistificação da sua dimensão mágica (seja ela "branca" ou "negra") no senso comum e nas outras religiões (21, 29).

Em contraposição necessária a esta luta por reconhecimento, observa-se a substituição das estratégias tradicionais de invisibilidade por uma visibilização cada vez mais jurídica dos terreiros, explicitadas por duas demandas em especial: "47. Desenvolver ações para o resgate e legalização dos espaços ocupados pelas comunidades de terreiros" e "52. Realizar campanhas de divulgação dos direitos das casas religiosas de matriz africana". Indo além das medidas que visam a familiarização da linguagem dos direitos humanos no cotidiano dos praticantes dos cultos afro-brasileiros, outro importante modo dessa visibilização é a organização jurídica das suas comunidades na forma de sociedades civis, dotadas de estatuto, ata de fundação, diretoria e funcionários, fato cada vez mais comum em Salvador. Enquanto sociedade civil, os terreiros passam a ter uma existência formal que possibilita a eles a protagonização de políticas públicas em parceria com o Estado e outras associações, os "projetos".

A demanda por visibilidade jurídica funcionaria ainda como pressuposto para uma série de outras reivindicações, como as citadas abaixo:

32. Garantir a divulgação dos direitos de aposentadoria dos sacerdotes e sacerdotisas daqueles que professam a religião de matriz africana de acordo com a Lei 6696/79.

58. Garantir a isenção de impostos para os terreiros, a exemplo do benefício concedido às casas religiosas de outras confissões.

59. Isentar as casas de cultos das religiões de matriz africana de cumprimento da lei do silêncio, considerando a sua especificidade.

60. Estimular o reconhecimento dos efeitos civis dos casamentos religiosos nas casas de cultos afro-brasileiros.

Desse modo, o candomblé parece lentamente assumir o fato de que para existir aos olhos do Estado deve adequar-se a uma ordenação jurídica, ou seja, que para ser "sujeito de direito" deve antes ser "sujeito para o direito". Aqui a idéia política de "reconhecimento" sócio-cultural comunga diretamente com o problema do reconhecimento jurídico de determinadas categorias até então exclusivamente nativas. Assim, torna-se essencial que o conjunto de casas, a estrutura material do terreiro, seja traduzida juridicamente como "templo" para que assim possa pleitear determinadas garantias legais hoje inexistentes (58, 60). Do mesmo modo, é necessário que babalorixás e ialorixás sejam reconhecidos como "sacerdotes" antes de reclamarem acesso a benefícios como a aposentadoria[127] (32).

Outra área estratégica desta luta por reconhecimento por parte das religiões afro-brasileiras é a educação, as demandas associadas a ela tendo merecido um grupo de estudos próprio ao longo do Seminário, que teve como algumas das suas principais reivindicações:

34. Cumprir o que estabelece o artigo 33 da Lei de Diretrizes de Base, no que se refere à pluralidade religiosa nas escolas, efetivando os parâmetros que dizem respeito à diversidade religiosa na educação formal e na formação de educadores.

35. Garantir a implementação de projetos pedagógicos alternativos nos espaços de terreiro, utilizando-o para o desenvolvimento de atividades de educação.

36. Destinar verbas para estabelecimento de espaços de referência religiosa das culturas afro-descendentes, indígenas, como bibliotecas, memoriais, arquivos, museus e publicações mediante a criação, manutenção e contratação e formação de quadro técnico especializado.

---

127. Essa nova visibilidade implica, da mesma forma, o aparecimento de novas contradições. No caso da legalização das funções religiosas, tive contato em campo com uma polêmica acerca da definição de "sacerdote" que, no caso do candomblé, uma religião de iniciação, corresponderia a um espectro maior do que apenas os pais e mães-de-santo. "Por que aposentadoria só pra mãe-de-santo? Quem corta também é sacerdote! Quem toca também é sacerdote! A gente não é cristão não!"

Através da promoção de atividades educacionais sobre as religiões de matriz africana nas escolas (34), no interior dos próprios terreiros (35) e em parceria com lideranças da religião (36), a idéia fundamental é de utilizar essa que seria a principal fonte dos valores compartilhados do Estado-nação, como uma via de dissolução da *misrecognition* historicamente projetada sobre esses grupos no Brasil. Essencial para o sucesso deste projeto é a Lei 10.639, sancionada em janeiro de 2003, que reforma a lei de diretrizes e bases da educação nacional tendo em vista incluir no currículo oficial da rede de ensino a obrigatoriedade da temática "História e Cultura Afro-Brasileira". Providencialmente a lei foi citada em duas demandas específicas relacionadas à educação:

> 38. Monitorar a implementação da Lei n° 10.639, contribuindo para desmistificar e combater a folclorização das religiões afro-brasileiras.
>
> 40. Assegurar a participação de religiosos de matriz africana na formação e capacitação dos educadores, inclusive os de nível superior, como também na elaboração de materiais didáticos a serem adotados de acordo com a lei n° 10.639/2003.

Portanto, se antes a luta pelo reconhecimento do candomblé como uma "religião" legítima foi destacada em oposição às tendências que ainda insistem em textualizar as suas práticas na forma da "magia" ou da "seita", nesse momento, essa mesma luta realiza-se em oposição a uma outra categoria de *misrecognition*, esta bastante alimentada, no caso baiano, pelo mercado de turismo: o "folclore" (38). Contrárias a essa visão excessivamente estética, estática e dessacralizante das suas práticas, o povo de santo aponta duas demandas em específico, ambas vinculadas ao processo descrito anteriormente como a "africanização" da religião, responsável pela ênfase contemporânea na sua dimensão étnica:

> 5. Promover ações afirmativas às religiões de matriz africana compreendendo intercâmbio com os países africanos e da diáspora africana.
>
> 33. Incluir na grade curricular dos níveis superior e médio os idiomas africanos iorubá e quimbundo.
>
> 41. Fazer valer os instrumentos normativos de combate à descaracterização dos valores culturais dos afro-brasileiros.

Demandas como estas demonstram que a politização da semiose identitária seria um fenômeno sempre associado a uma politização do tempo, realizando-se pelo movimento simultâneo de construção da contemporaneidade e da ancestralidade desses coletivos. Nesses termos, luta-se para que seja "reconhecida" uma dada "presença" cultural, que já estava lá, mas que se encontrava obliterada, ao mesmo tempo que essa mesma presença é "produzida" e adiada, de modo cada vez mais autêntico, em suma, mais africano. Conclui-se que antes de ser designativa, tendo em vista corrigir no presente um erro histórico (passado) na referencialidade da sociedade nacional sobre esses grupos-signos, a ação política do "reconhecimento" é fundamentalmente performativa, e por isso reorienta passado, presente e futuro.

Um último conjunto de reivindicações associadas à visibilidade pública da religião, e que merece todo um grupo de trabalho no Seminário, é aquele que tem como tema o seu reconhecimento estatístico, cujas principais solicitações foram:

> 56. Garantir a inclusão dos campos religiões de matriz africana, indígena e cigana no quesito referente às religiões no censo demográfico (IBGE).
>
> 57. Fomentar pesquisa nacional, realizada pelo IBGE, para coletar dados sobre as religiões de matriz africana, buscando mapear e identificar as casas de umbanda, candomblé e demais variantes da religiosidade de matriz africana e criar um banco de dados, a ser disponibilizado através dos meios de comunicação (portal, e-mail, ou qualquer outro), com vistas a promover o resgate histórico e cultural dessas comunidades.

O desejo de definição, descrição e divulgação estatística mais acurada da religião sinaliza bem a intenção de institucionalizar a sua imagem através desta que é a mais oficial e, por isso, a mais legitimada das linguagens. Demonstra, da mesma forma, que a luta pelo reconhecimento dos particularismos desses grupos pressupõe a sua existência no âmbito de uma gramática universalista, ainda insuficiente no caso brasileiro, que de fato não seria a "inimiga" das políticas do reconhecimento, mas sim o palco em que se desenhariam as suas batalhas.

Até então, tentei apresentar as demandas debatidas no Seminário através da sua distinção analítica em dois grupos: aquelas associadas à produção de uma nova visibilidade pública para a religião (uma imagem mais "verdadeira") e aquelas associadas à protagonização de políticas públicas por parte das suas comunidades, que passaria a abordar de forma mais detalhada neste momento. No entanto, o desvelamento do caráter performativo da própria idéia de "reconhecimento" demonstrou, ao longo da análise, a impraticabilidade de distinções entre informação e ação no que tange as políticas do reconhecimento. Reivindicações que exemplificam essa fusão de modo explícito são aquelas em que ocorre o encontro entre a idéia de "reconhecimento" e de "políticas públicas":

> 4. Reconhecer os espaços dos terreiros de candomblé, de religiosidade indígena e de outros grupos discriminados como irradiadores de políticas públicas, disponibilizando para essas comunidades recursos públicos destinados à promoção, desenvolvimento, fomento, resgate e preservação desses espaços e de sua função social.
>
> 30. Reconhecer a importância das tradições de matriz africana na preservação, manutenção e conscientização da saúde física e mental das pessoas e comunidades em seu entorno, assegurando-lhes condições para a sua atuação.

Com base em uma releitura da tradição sob a ótica dos "serviços públicos", a exemplo da textualização das práticas curativas seculares da religião como atividades de saúde e terapia (30), o candomblé anuncia, defendendo a existência de uma perene "função social" (4) na sua organização, que a principal meta das suas demandas seria regulamentar e oficializar atividades já existentes. Agindo com uma lógica simultaneamente conservadora e modernizante, o novo candomblé faz política sobre a tradição e a história, as fontes últimas da sua nova autoridade e legitimidade política, e nunca contra ou além delas. É justamente em torno dessa autoridade tradicional, que deve ser modificada sem rupturas, que os terreiros constroem hoje novos vínculos de financiamento com o Estado:

> 2. Subsidiar ações que proporcionem estruturação, politização e maior organicidade e afirmação às religiões de matriz africana.
>
> 3. Desenvolver políticas públicas para ampliar a sustentabilidade das comunidades de terreiros, levando em consideração a natureza do trabalho desenvolvido nesses espaços e garantindo iniciativas com incentivo concreto do poder constituído nas áreas de saúde, educação, meio ambiente, geração de emprego e renda, e cultura.
>
> 46. Apoiar a reforma das casas de terreiro, bem como promover a sua ampliação.
>
> 53. Incentivar e apoiar oficinas, seminários, cursos de formação com e para as comunidades de terreiro.

Realiza-se, desse modo, uma espécie de distinção funcional entre os meios e os fins da política dos terreiros. Por um lado, é o estatuto jurídico e político de "comunidade tradicional", adquirido através da adequação a determinados padrões oficiais de visibilidade (não mais de alianças pessoais), que dota os terreiros de capacidade reivindicatória, até de financiamento, a sua existência constando como um fim em si e um dever do estado. Por outro, os meios pelos quais se dá a luta pelo reconhecimento desses espaços enquanto patrimônio histórico-cultural nacional e fonte alternativa de organização social, educação, saúde, emprego etc. têm sido cada vez mais fóruns "modernos" de participação, além de uma mediação mais jurídica que personalista, fato que tenderia a alterar os modos internos de distribuição de poder nos terreiros. Essa ruptura formal com a política de alianças, ou com a "política dos antigos", na terminologia nativa, indicaria a tendência a se fazer política cada vez mais por causa e em nome tradição, e cada vez menos através de meios tradicionais.

É essa mesma inclinação histórica que se observa de modo explícito em uma das "meta-demandas" apresentadas no Seminário, que versa diretamente sobre as novas condições de mediação da relação candomblé/Estado em Salvador: "6. Garantir a participação igualitária das casas religiosas de matriz africana nos projetos sociais desenvolvidos pelos órgãos governamentais, sem monopólio, simpatias, preferências e opções pessoais". Se o enunciado expressa a intenção de parte do povo de santo de desestruturar antigos canais pessoais que sustentara, por muitos anos, a política dos antigos, resta lembrar que, organizado enquanto um conjunto de demandas, ele tende a expressar, pelo menos por enquanto, um desejo, e não uma realidade já dada.

D) NOVAS POLÍTICAS, NOVA TRADIÇÃO:

Na seção anterior, destaquei o desenhar de uma ruptura modernizante entre os modos políticos antigos e contemporâneos de mediação entre o candomblé e o Estado em Salvador. Permanece ainda o problema de definirmos ou ao menos esboçarmos a nova configuração interna que dá suporte a essa nova visibilização pública do candomblé, além de tentar examiná-la não apenas a partir das demandas que dela resultam, mas da própria fala de suas lideranças. Conversando com os representantes de comunidades de terreiros presentes no 1° Seminário de Políticas Públicas para Comunidades de Terreiros, tentei ter acesso a esse dois aspectos de modo um pouco mais detalhado.

Um rápido contato com esses representantes me revelou de imediato a atualização de uma velha figura de mediação da religião, o *ogã*, que agora tenderia a atuar com a companhia mais freqüente da sua contraparte feminina, a *ekedi*. A fala de um desses *ogãs* ilustra bem as condições de reaparição do cargo na cena política de Salvador:

> Muitos *ogãs* voltaram a ter aquele posto político. É verdade. Isso já acontecia no passado. No Opó Afonjá nós tivemos grandes homens políticos, na Casa Branca tivemos grandes mulheres políticas também, mas você via que a idéia era conseguir gente de fora da comunidade pra dar suporte ao terreiro. Você vai observar que isso já acontecia no passado, só que aí depois, quando os chefes, as grandes iás foram morrendo, algumas casas perderam isso, e outras novas não tinham essa força de liderança, sabe? De querer ir lá pra fora. Muitas vezes a mãe-de-santo, como lá em casa, fica muito mais recuada. Você vê, hoje eu tô fazendo entrevista com você, a maioria das entrevistas sobre a casa quem dá sou eu. Porque ela fica muito mais recuada, eu acho que é um perfil de quase todas elas hoje, a de cuidar das questões espirituais. Então a gente que está de junto da ialorixá, assessorando nas outras questões.

A declaração esboça a nova configuração, interna aos terreiros, que teria a função de sustentar os seus modos contemporâneos de funcionamento: a mediação política quase sempre nas mãos de um cargo não-rodante, ocupado por alguém da própria comunidade, geralmente jovem e com maior grau de educação formal, enquanto o comando religioso é concentrado, à maneira tradicional, nas mães e pais-de-santo. Assim, o novo e o velho candomblé parecem ter adequado as suas diferenças ao fazê-las funcionar de modo justaposto em alguns terreiros, o segundo especializando-se nas questões propriamente "religiosas", cada vez mais delimitadas enquanto tal, e o primeiro se ocupando das questões "políticas" da comunidade (essas também cada vez mais restritas semanticamente), ambos embasados em critérios distintos de autoridade.

Questionado sobre a ausência de ialorixás e babalorixás na reunião e provocado a falar sobre a pouca participação políticas delas, um desses representantes declara:

> Aí é que está a visão destorcida, eles estão participando, eles é que comandam a nossa vinda. São eles que orientam esses *ogãs* e essas *ekedis* a participarem. Nenhuma dessas pessoas se arriscaria a ir pra um seminário sem a autorização da ialorixá ou do babalorixá. A questão é que os zeladores têm muito compromisso dentro da própria comunidade, o que impede que eles passem o dia inteiro sentado aqui participando dessas discussões.

A fala destaca que essas duas funções, a política e a religiosa, não estariam tão dissociadas como se poderia imaginar, demonstrando que os zeladores do axé exerceriam um tipo de comando à distância sobre essas figuras mais públicas do atual candomblé. No entanto, o raciocínio segue, sublinhando o fato de as diferenças entre o "dentro" e o "fora" do terreiro resultarem em certa resistência a uma atitude mais ostensiva por parte dos sacerdotes:

> Alguns deles também não têm a paciência pra essa coisa (risos), tem que ter uma outra disciplina. É engraçado, você falou uma coisa interessante, é que cada babalorixá e cada ialorixá dentro da sua comunidade é a figura maior, ele é o rei, ele é que dá ordem. Agora imagine se essas pessoas tivessem sentadas todas em uma sala, niveladas, sem poder dizer o que deveria ser feito (risos). Essa, entre aspas, submissão às regras, isso incomoda a eles, sabe? Então eles mandam, determinam as pessoas que eles acham capazes de discutir e mandam pros encontros, mas estão sempre por trás. Não é que eles estejam se omitindo não, eles estão juntos, mas eles dão preferência às questões espirituais, as mais importantes, as do terreiro mesmo. Estão sempre a par das decisões políticas do terreiro, mas isso hoje é assunto mais de outros setores do terreiro, sabe?

Observa-se, nos termos acima colocados, que a distinção funcional entre cargos "religiosos" e "políticos" no interior dos terreiros teria a finalidade de responder de forma mais adequada a dois tipos de poder cada vez mais afastados contemporaneamente: um poder sagrado, controlado pela hierarquia tradicional, por valores etários (o "tempo de santo") e pelo carisma pessoal da liderança e um poder laico, participativo, horizontal, baseada em uma autoridade cada vez mais dialógica e escolarizada. Nesse sentido, os novos fóruns de interação com o Estado, democráticos e impessoais, tornam-se áreas improváveis para a ação das ialorixás e babalorixás que, como afirma o *ogã*, "não têm disciplina pra isso". O poder que eles detêm não se divide, possibilidade que soa hilária e absurda para o meu informante.

Tais mudanças estariam associadas a uma tendência geral à maior "democratização" da organização dos terreiros, no sentido de abrigar uma comunidade mais diferenciada, dotada de responsabilidades mais compartilhadas e até com setores profissionalizados, resultantes da recente fundação de sociedades civis, deslocamentos responsáveis pela descentralização do poder personalista típico da "fase heróica" do candomblé. Nessa dinâmica, as grandes mães-de-santo do passado, líderes carismáticos que participavam de cada meandro da vida dos terreiros que administravam, dão lugar a sacerdotes mais centrados nas questões "espirituais" da religião:

> Mas da modernidade a gente faz umas apropriações, né? A modernidade tá tirando aquilo "a mãe Menininha", é muito importante a mãe Menininha, que ajudou a construir o Gantois, como ia Simplícia, que ajudou a construir Oxumaré, mas acabou envolvendo ambientes maiores, em que se conversa além do babalorixá. Hoje falam pra você: "Ta fazendo pesquisa? Fale com Marcus, que é do terreiro de Oxumaré". Mas alguns anos atrás essa pessoa ia falar: "Eu vou te dar o telefone do Oxumaré, você vai tentar falar com o babalorixá, ele vai dizer a pessoa que vai te receber, essa pessoa vai marcar um dia pra te receber...", ou seja, tinha uma burocracia em que tudo tinha que passar pela figura principal, o sumo sacerdote. Hoje em dia a gente tenta filtrar, só chega no sumo sacerdote aquilo que tem que chegar nele. Então fez-se um caminho inverso. Antigamente não. Até a capacidade de articulação do próprio negro era mais dificultosa, não tinha uma intimidade maior com a educação. Se alguém fosse falar por mãe Menininha, ou pelo terreiro, poderia cometer uma gafe grande. Então mãe Menininha dizia: "Olha, sou eu que falo aqui!". Ficava muito no indivíduo mesmo, uma centralização ligada a essas pessoas por causa dos riscos que se corria. E a hierarquia interna muito dura mesmo. Hoje você vê umas pessoas aqui, como Aline, que veio conversar aqui comigo, ela é funcionária do terreiro, mas é filha-de-santo da casa, então ela trabalha no terreiro, recebe como funcionária do terreiro e ao mesmo tempo é filha-de-santo do terreiro, faz obrigação no terreiro, vai estar com uma roupa de obrigação trabalhando no terreiro, no passado você não podia nem imaginar isso. Por um lado é bom, porque os pais e mães-de-santo podem cuidar com mais atenção do cultivo do axé mesmo.

Por outro lado, e correspondendo a essa nova configuração interna, pude captar, ao longo das conversas com os seus representantes na esfera pública, uma releitura da tradição que, assim como aquela captada nas análises das demandas apresentadas no Seminário, teria a finalidade de destacar a existência ancestral de um fundamento político na *egbé*, a comunidade de terreiro:

> A gente também tem que ter cuidado com essa "novidade" do candomblé politizado. Pense no Ilê-Ayê. Quem é que tá por traz do Ilê-Ayê? Mãe Hilda, a mãe de Vovô, uma mãe-de-santo. Pense no Olodum? A saudosa mãe Alice, que tem quatro meses que faleceu, uma ialorixá. Aí você vai pensando que diversos focos de resistência estão todos ligados ao terreiro. Então eles falam: "Se eu corto esse canal de irrigação aqui, os caras não sabem nem mais qual é a origem, qual é a base nem nada". Assim fica mais fácil pra eles pegarem a pessoa no meio do caminho, sem nenhum tipo de suporte.

Desse modo, devo destacar que, diferente da fala iconoclasta de Jaciara, essa perspectiva reformista, que visa colocar "em perspectiva política" a tradição, mostrou-se como o discurso hegemônico das lideranças vinculadas às políticas do reconhecimento. Enquadrada nessa estratégia, a fala do meu informante ilustra o candomblé como um canal irrigador de uma série de instituições hoje estabelecidas do movimento negro, vínculo que serviria não apenas como um meio para se estender as implicações dos ataques evangélicos do âmbito religioso para o étnico e o racial, mas também como uma forma de neutralizar o caráter extraordinário que a opinião pública da cidade tem aferido à "recente" politização da religião.

Por essa lógica, se algum dia houve de fato um modo negro de fazer política, é porque sempre houve a religião de matriz africana. Ela seria uma espécie de depositário de poder negro, poder embasado em hábitos e visões de mundo muitas vezes representantes de um modo autóctone de ser "moderno", como ele mesmo destaca a seguir:

> É o terreiro que alavanca, que vai falar assim: "Ei, olhe o respeito a esse meio ambiente. Olhe você negro, que no 13 de maio de 1888 não tinha família, chegando aqui você encontrou um pai, uma mãe, um irmão, um filho, um avô, uma avó, você recriou a família que não tinha. No terreiro você recriou valores de respeitar as diferenças, no terreiro os idosos são fonte de sabedoria, não é pra estar em asilo. No terreiro a um homossexual você vai ter que pedir a benção, não é doente. No terreiro o deficiente físico vai ser comparado ao orixá Ossaim, que tem um poder muito grande". Ou seja, o terreiro é o que se tem de construção religiosa mais moderna, para se respeitar em uma sociedade tão diversa. E aí pessoas que falam: "Não use camisinha", e a AIDS matando, que vão falar que homossexual é doente reclama da gente... sabe? Uma sociedade que diz que mulher é inferior, e no terreiro a mulher manda, é ialorixá, é matriarca, tem que beijar a mão. Eu quero entender na verdade como é que tem tanta gente que não é de candomblé? Como é que as pessoas conseguem ser de religiões que fazem tanto mal ao eu, ao indivíduo, e ainda julgarem aos outros?

Além de sublinhar alguns aspectos comportamentais da religião, como a sua relação responsável com o meio ambiente e tolerante com as diferenças de gênero e sexualidade, traços cada vez mais adequados a uma "sociedade tão diversa", observa-se, nesta nova leitura da tradição, a constante textualização do terreiro como um espaço que transborda os limites da prática religiosa. Superando o campo da espiritualidade, esse espaço sagrado passa a configurar-se em um foco explícito de resistência, de inversão de valores e de cultivo de um *ethos* tido até mesmo como "revolucionário":

> A sociedade no geral atinge tudo que tenha poder de corrompê-la, tudo que tem o poder de mostrar que ela está errada, de meter o dedo e dizer: "Isso é mentira!". Então eles dizem "Vamos detonar esses caras, são um risco eminente, são revolucionários", e revolucionários têm que ser destruídos. Terreiro constrange, sabe?

> É o espaço onde o branco vai ter que entrar e vai ter que bater a cabeça pro babalorixá. É o único lugar que eu já vi na minha vida em que o branco político, médico, advogado vai ter que parar na frente daquele senhor que tava aqui, baixinho, humilde, que estudou até o segundo grau, [refere-se ao babalorixá da casa] e ele vai ter que baixar a cabeça, vai ter que bater a cabeça no chão e vai ter que beijar a mão. É o único em que o branco vai beijar a mão de um negro, e vai falar: "Você é superior a mim". E ainda um negro que não foi pra faculdade, que não é doutor. É a inversão dos valores, e o cara fala: "Pô, eu tô fodido com isso. O que é que eu faço? Eu vou ter que destruir esse troço, que é muito louco, não vai dar pra mim não". Aqui é o espaço de poder mesmo do povo negro e é por isso que tem que ter sempre gente fazendo essa resistência, essa luta. E acreditamos que, se por um lado, os neopentecostais acham que estão nos destruindo, eles precisam ser informados que eles também estão nos auxiliando, nos auxiliando a remodelar a nossa resistência, nos auxiliando a rever de que forma nós vamos fazer essa luta.

É esse mesmo movimento de extensão semântica das atividades que compõem a vida dos terreiros, sempre realizado enquanto atividade de "reconhecimento" e não de transformação material, que se percebe na estratégia de visibilização da organização social da *egbé* pelo mimetismo das funções estatais, principalmente aquelas associadas à assistência social. Confirmando as impressões deixadas anteriormente pela análise das reivindicações apresentadas no Seminário, foi freqüente em minha conversa com os representantes que lá estavam a defesa de uma "função social" secular nos terreiros, função finalmente desvelada aos olhos do Estado:

> Quando a gente fala que em 1922 tinha uma notícia de jornal de que o babalorixá foi preso porque ele queria curar pessoas, pode-se pensar: o terreiro já oferecia serviços de saúde, como oferece hoje. Serviços de cura, de saúde, tanto física quanto psicológica. Se ele faz isso e não cobra nada, é um serviço social! O terreiro fazia, como eu te falei, ações de empreendedorismo. Colocar as pessoas pra aprender a cortar um bicho, pra depois virar fateiro na feira. Então tava fazendo um empreendedorismo pra depois as pessoas ganharem dinheiro lá fora. O terreiro já garantia emprego e renda, já garantia saúde, já garantia educação, já fazia tudo isso. Só que o terreiro teve que obrigatoriamente se legalizar por causa de um novo momento histórico e também teve que criar uma série de normatizações para as ações que estava fazendo.

Uma vez definida a identidade política e assistencial dos terreiros, resta às lideranças a luta por torná-la viável do ponto de vista administrativo, o que significa dotá-la de existência legal, em suma, oficial:

> O fato do terreiro ser sociedade civil, primeiro é uma exigência do Estado, né? Não é que os terreiros só tenham começado a fazer política quando o Estado exigiu, mas ele teve que se legalizar dentro das normas estatais. O motivo das comunidades de terreiro se organizarem está também nessa acessibilidade, de se chegar até financiadoras, de conversar com o Estado, com o executivo, com o legislativo, com o

> judiciário de igual pra igual. É muito importante, porque hoje nós sentamos com o secretário de Estado e falamos: "Não, a nossa sociedade, a nossa comunidade, o nosso patrimônio exige que você tome medidas com relação a isso". No passado falavam "Sim, mas você é pessoa jurídica? Como é que eu vou poder repassar algum recurso pra você se você não tem CNPJ?" Facilitou esse tipo de diálogo, mas não que nós não tenhamos feito antes, é isso que eu quero deixar bem claro, pois pra algumas pessoas parece que a gente só faz isso agora. Não é de hoje.

É essa política de tradução de práticas e categorias tradicionais para um registro oficial que pude vislumbrar em uma série de entrevistas, quase todas guiadas pelo mesmo movimento performativo de "encontro de si":

> Minha mãe fazia um trabalho social inconsciente. A pessoa vinha fazer o ebó, não tinha comida ela fazia o ebó, não cobrava, dava o banho de erva, dava o chá e ainda dava alimentação. Por isso que hoje eu to criando o projeto Tobô Ginâ, que é o nome do orixá dela, pra trabalhar com as crianças, com a comunidade, resgatar o que é nosso, passar realmente a verdade da religião.

No início do capítulo, falávamos de um candomblé que teria o seu outro mais outro no "pacto da nação", situação que tenderia a empurrá-lo para o silêncio e para o segredo como estratégias de invisibilidade. Da oposição paralizante entre "oficial" e "real", passamos a vislumbrar, nas falas apresentadas ao longo deste capítulo, um candomblé que encontra justamente na mediação de uma nova gramática oficial, a das políticas do reconhecimento, um trampolim para uma nova visibilidade, mais explicitamente (e restritamente) "política".

Nessas novas circunstâncias históricas, a arena pública deixa de ser o campo do alheio e é elevada ao palco onde se daria o drama reivindicatório do encontro "real" do candomblé consigo mesmo, ou, nas palavras da minha informante, do encontro com "a verdade da religião".

> E o desrespeito frente a nossa ancestralidade. É isso que dói. É como se o fato de nós fossemos de um Brasil que não quer ver a gente, de um Brasil que não quer reconhecer a gente, a gente não fosse nada pra governo, pra ninguém. A gente quer entrar em uma escola, a diretora não deixa porque tá todo de branco em uma sexta-feira. A gente vai colocar um ebó ali no meio da rua vem o outro e não quer deixar. Então eu tô falando de direitos humanos, de artigos da constituição, o artigo 5. Ou seja, o que mais eles [os evangélicos] têm feito é desrespeitar a Constituição, é incitar o ódio religioso. O que mais nos tem doido é que não dá pra acreditar em "Estado de direito", quando na verdade esse Estado não funciona. Pra que ele funcione também, a gente viu que ele tem que reconhecer a gente do jeito que a gente é, e é essa questão que os ataques evangélicos trouxeram à tona, felizmente pra gente...

A declaração demonstra que estamos aqui diante de um processo triangular em que o espelho deformado da "intolerância religiosa" neopentecostal aparece freqüentemente como o vértice, o terceiro negativo, para a construção de novos vínculos entre o culto dos orixás e a sociedade nacional. Assim, através da sua captura discursiva pela "batalha espiritual", os terreiros de Salvador passam a questionar, reavaliar e reconfigurar, como nunca antes, a sua inserção pública a partir do *telos* da justiça e do reconhecimento. O seu "real", presença que antes deveria ser protegida e resguardada da influência perecível do oficial, é dissolvido e adiantado, passando a ter a função de objetivo, ou mesmo de utopia.

Sempre utilizado por seus outros como um espelho para que estes falassem de si, sejam eles o Estado, a política, a cultura popular ou as outras religiões, o candomblé deseja derradeiramente falar-se publicamente, controlar e politizar a sua circulação enquanto grupo-signo. No entanto, se tal superação do fosso "real"/"oficial" ocorrerá pelo aumento do valor de realidade do universo oficial ou pela oficialização daquilo que seria a realidade dos terreiros, ainda não podemos responder. O processo ainda caminha, ainda é obscuro, e é no seio das áreas ambíguas que se originam as distinções, quando se originam.

Deuses-espelho: ficções eficazes sobre o contraste do individualismo

I am silver and exact.
I have no preconceptions.
Whatever I see I swallow immediately
Just as it is, unmisted by love or dislike.
I am not cruel, only truthful-
The eye of the little god, four cornered.
Most of the time I meditate on the opposite wall.
It is pink, with speckles. I have looked at it so long
I think it is a part of my heart. But it flickers.
Faces and darkness separate us over and over.
Now I am a lake. A woman bends over me,
Searching my reaches for what she really is.
Then she turns to those liars, the candles or the moon.
I see her back, and reflect it faithfully.
She rewards me with tears and an agitation of hands.
I am important to her. She comes and goes.
Each morning it is her face that replaces the darkness.
In me she has drowned a young girl, and in me an old woman
Rises toward her day after day, like a terrible fish.

Silvia Plath ("Mirror")

Logo na introdução, e antes de adentrar de fato o universo de informações empíricas referentes à "guerra santa" em Salvador, tarefa a esta altura já concluída, declarei minha intenção de abordar este polêmico fenômeno do campo religioso brasileiro contemporâneo vislumbrando-o a partir de dois deslocamentos particulares. Por um lado, propus interpretar os eventos de conflito que o constituem a partir de uma análise dos seus efeitos, tentando assim captar de forma mais detalhada os movimentos identitários por ele suscitados nos grupos articulados por seu tenso âmbito de influências. Por outro lado, propus também reconstituir esses mesmos efeitos a partir de uma perspectiva interna, assumindo, desse modo, o fato de que os acontecimentos que constituem a "guerra santa" seriam, em última instância, eles mesmos de natureza interpretativa.

Ambos os deslocamentos, obviamente interdependentes, foram resultado de uma percepção que se evidenciou no momento em que tomei contato com o material bibliográfico até então escrito sobre os conflitos entre evangélicos pentecostais e os cultos afro-brasileiros no Brasil. No decorrer dessas leituras, percebi a insistência de uma lacuna, cuja ocupação poderia ser definida como o principal esforço que move o presente trabalho: a pouca ênfase na chamada interpretação nativa acerca do fenômeno. Neles são freqüentes propostas interpretativas que definiria, grosso modo, como mais "sociológicas" que "antropológicas", indicando com isso argumentos que acabam por prescindir do modo como os próprios agentes em questão se pensam e pensam o outro no decorrer do seu vinculamento histórico.

Crise na matriz católica e/ou sincrética, concorrência inter-religiosa, avanço conflituoso do individualismo dentre as classes menos favorecidas: essas são algumas das hipóteses comumente levantadas por trabalhos que tendem a resolver, às vezes apressadamente, o campo fenomênico da "guerra santa" em movimentos de ordem estrutural. Nisso tudo, a chamada "teoria nativa" me parecia ser desfavorecida.

Além disso, a "guerra santa" textualizada nestes escritos tendia a ser composta apenas por um dos lados que nela supostamente guerreiam: aquele dos evangélicos. Assim, o que a princípio era "guerra" passa a ser narrada, de fato, como uma espécie de "ofensiva evangélica", aceita com resignação pelo lado afro-brasileiro.

Contrariando a tendência anterior, o meu contato direto com a atualização desses conflitos na cidade de Salvador evidenciou de imediato que este vazio analítico acabara por obscurecer o campo extremamente fértil daquilo que defini como as "frentes" e as "especulações" dos próprios grupos que nesses conflitos se envolviam e que por eles eram envolvidos. Nesses termos, localizei na questão básica, mas persistente, que é "Quem guerreia?", a pergunta-guerra, apta a balizar meu olhar sobre a série de deslocamentos suscitados pelos conflitos sem ter que ancorá-los em um "elenco" previamente definido. Básica porque esta seria, em um trabalho convencional de pesquisa, a pergunta inicial da qual se parte para chegar à identificação mesma dos sujeitos que ajudam a compor o fenômeno. Persistente, principalmente pela dificuldade que encontrei em respondê-la integralmente, resistência que logo percebi não ser gratuita, vindo a apontar, na verdade, aquele que seria o pressuposto mais básico da minha análise subseqüente: a assunção do estatuto discursivo, antes de religioso ou mesmo político, dos embates com que travei contato em campo.

Assim, ao longo da minha estadia em Salvador, logo se tornou evidente que qualquer resposta possível para a pergunta-guerra que lá encontrasse passaria pelo crivo do problema do discurso, e muitas vezes nele ficaria presa, fazendo com que eu, observador externo, retornasse incessantemente ao ponto de que havia partido para interrogar a identidade dos grupos religiosos que através dela se mostravam.

Não por acaso, as principais armas de ataque, defesa e contra-ataque que encontrei em campo foram palavras, assim como objetos, imagens e gestos, todos compartilhando a condição primária de signos. Através do uso articulado desses suportes semióticos, pude ver serem desenhados, por neopentecostais e candomblecistas, padrões hermenêuticos discordantes, mas vinculados, tipos textuais implicados em motivações para a ação e inserções públicas específicas.

Coordenando esse entrelaçamento discursivo entre os grupos, destaquei, por sua vez, a ação de duas categorias gramaticais "nativas" que julguei fundamentais, e que encontrei em campo sempre articuladas na forma de enunciados de acusação: "demoníaco" e "intolerante". Os dois termos representam perspectivas, ou seja, respostas inteiras, apesar de não exaustivas, para a pergunta-guerra, que, apesar disto, mostraram-se extremamente eficazes em sua capacidade de circular e de produzir verdade.

"Demoníaco" é o modo religioso com que o neopentecostalismo textualizava e textualiza, em níveis local e nacional, os cultos afro-brasileiros, e foram alguns dos mecanismos particulares envolvidos nesse processo que tentei apresentar na primeira parte do livro. Por sua vez, "intolerante" é o modo político com que parte do candomblé de Salvador (a parte que aceita a guerra) textualiza e capitaliza a presença do inimigo, virando os seus ataques ao seu favor, como tentei descrever de modo mais detalhado no último capítulo da segunda parte. Ambos os termos foram tratados, portanto, como categorias de alteridade, responsáveis por tornar o inimigo intrínseco, ou seja, por articular o neopentecostalismo e setores do candomblé baiano em uma economia identitária tencionada, mas interdependente, que denominei "jogo de espelhos". Observada através das lentes da lógica acusatória que a guia internamente, pode-se dizer, portanto, que a "guerra santa" em Salvador é a guerra entre o demoníaco e o intolerante.

Percebe-se que a esta ótica, que intenta privilegiar as discordantes interpretações nativas, não interessa, ou interessa pouco, o debate meta-discursivo acerca da veracidade ou falsidade da natureza maléfica do candomblé, bastante simples,[128] assim como da natureza intolerante do neopentecostalismo, debate

128. Como já afirmara Câmara Cascudo (2002), em um texto específico sobre o tema, em que sublinha (assim como alguns outros autores clássicos que se posicionaram sobre o tema) que a qualidade desinteressadamente maléfica do demônio cristão seria inteiramente incompatível com o contexto africano: "(...) não há um Diabo legítimo, verdadeiro, típico, nas crenças da África Negra, pátria dos escravos vindos para o Brasil" (106). É evidente que eu, pessoa sem adesão religiosa e antropólogo, não encontrei no candomblé uma religião associada à idéia do demoníaco, figura que, mesmo quando presente nos cultos afro-brasileiros, tenderia a situar-se em suas vertentes mais cristianizadas, como a umbanda e, com maior ênfase, a quimbanda. No entanto, a veracidade e mesmo a verificabilidade do "demônio afro-brasileiro" para os neopentecostais mostrou-se também como um dado incontornável ao longo da minha pesquisa.

mais controverso, e que tocarei logo a seguir. A polaridade real/fictício, verdadeiro/falso, faz-se desnecessária quando o que está em jogo por meio da representação é a própria representação. Prender-me neste debate seria algo tão frutífero quanto estudar o fenômeno religioso a partir da questão: "Existe Deus?". Existindo ou não, é evidente que Deus faz, e faz muito, sendo gerados, ao longo da sua circulação discursiva, ou seja, da sua transferência significativa e da sua presentificação pontual, em suma, do adiamento da resposta para a dúvida anterior, efeitos bastante concretos, que servem como os rastros através dos quais poderíamos, *a posteriori*, até mesmo confirmar ou rejeitar a sua existência.

Pensada sob esse aspecto concreto, a religião, assim como a política – a outra esfera de intersecção da "guerra santa" –, evidencia o inevitável da sua natureza lingüística e comunicativa: ambas são, fundamentalmente, modos coletivos de transferir ausências.

I. Transferindo ausências: digressão teórica acerca de religião e política como atividades discursivas

Em um excelente artigo sobre comunicação animal, Benveniste (1966c) analisa o conjunto de atividades comunicativas das abelhas e lança a dúvida acerca da existência, dentre elas, de algo que possa ser definido como uma linguagem. De fato, o complexo sistema encontrado pelo lingüista sendo utilizado por estes insetos revela uma série de semelhanças imediatas com a linguagem humana:

> Esses procedimentos colocam em marcha um simbolismo verdadeiramente rudimentar, pelos quais os dados objetivos são transpostos em gestos formalizados, comportando elementos variáveis e de "significação" constante. Por outro lado, a situação e a função são aquelas da linguagem, no sentido que o sistema é válido no interior de uma comunidade dada e que cada membro desta comunidade é apto a empregá-lo ou a compreendê-lo nos mesmos termos (60).

Apoiado nos estudos do etólogo alemão Karl von Frisch, Benveniste descreve, ao longo do texto, como, através de um complexo padrão de trajetórias de vôo, uma abelha consegue transmitir para os outros membros da sua colméia a existência de alimento, informando ainda a direção e a distância em que ele se encontraria.

No entanto, é impossível deixar de destacar que haveria uma limitação fundamental, que faria destes procedimentos um simples "código de sinais" (62) e não propriamente uma linguagem: nele não ocorreria a transmissão de ausência. "A abelha não constrói uma mensagem a partir de uma mensagem" (61). A frase indica que uma abelha poderia até perceber o alimento e comunicar esse fato a uma outra que não o percebeu. Porém, essa mesma abelha que não o percebeu seria incapaz de transmitir a sua presença ausente para uma outra que, assim como ela, não teria tido contato direto com esse mesmo objeto.

Resulta desta incapacidade de transmitir ausência, ou seja, de adiar a questão "verdadeiro ou falso?", o fato de que, apesar desses insetos conseguirem transferir informação, dados, eles seriam incapazes de produzir e circular "dados lingüísticos", o que impossibilitaria a introdução de entidades e agenciamentos de natureza propriamente discursiva no seu universo de interação.

Confirmando essa mesma tese, Gilles Deleuze e Félix Guattari afirmam: "A linguagem não se contenta em ir de um primeiro a um segundo, de alguém que viu a alguém que não viu, mas vai necessariamente de um segundo a um terceiro, não tendo, nenhum deles, visto" (1995:14). O movimento central aqui não seria, então, comunicar o que se viu, mas transmitir aquilo que lhe foi comunicado, defendendo-se assim a existência de um vínculo originário entre a linguagem e o discurso indireto: "Todo discurso é indireto, e a translação própria da linguagem é o discurso indireto" (13). Nesses termos, a linguagem se sucederia em um circuito diacrônico formado no mínimo por três pessoas: alguém que viu algo e alguém que transmite esse algo sem vê-lo para outrem. Demonstra-se, por sua vez, a relação também íntima entre a linguagem e uma outra modalidade de comunicação e produção de verdade bastante presente nas informações que apresentei ao longo dos quatro capítulos anteriores: o rumor. A origem da linguagem não estaria no diálogo, muito menos em um diálogo que teria em vista um consenso baseado na verificabilidade dos seus enunciados, ou seja, na sua resolução no mundo. A origem da linguagem é (a origem do) rumor.

Logo, deixando de fundar a linguagem nas coisas, Deleuze e Guattari não apontam a necessidade de fundá-la em outra instância, mas de fazer com que ela se torne permeável a uma energia imanente e circulante de produção de "presença": o poder. Desse modo, desvia-se o discurso da relação descritiva e cognitiva com a referência somente sob a condição de que todo o seu campo semântico seja infiltrado e animado pelo poder. Essa natureza inerentemente política do discurso é defendia pelos pensadores franceses através da noção de "palavra de ordem", associada, sobretudo, à reprodução por redundância: "Os mandamentos do professor não são exteriores nem se acrescentam ao que ele nos ensina. Não provêm de significações primeiras, não são a conseqüência de informações: a ordem se apóia sempre, e desde o início, em ordens, por isso é redundância" (11).

Assim como o signo se apoiaria em outro signo, ou seja, assim como o discurso iria sempre de um segundo para um terceiro e não de um primeiro para um segundo, constituindo-se em comunicação antes de ser informação, a ordem apoiar-se-ia em outra ordem, antes de se fundamentar em uma autoridade "dada", definida como a sua referência externa. "A unidade elementar da linguagem – o enunciado – é a palavra de ordem" (12).[129]

Pensadas a partir deste enquadramento conceitual, percebe-se que "religião" e "política" passam a designar recortes ocasionais feitos sobre um corpo de condições lingüístico-discursivas fundamentais, deslocamento teórico que implicaria a quebra com a equação semântica convencional que entenderia que, assim como "discurso" seria enunciação de informação (e não o é), "religião" seria produção de relação com uma presença sobre-natural e "política" seria produção coletiva de efeitos no mundo.

Não por acaso, logo acima, pude demonstrar, apoiado nas reflexões de Benveniste, que do mesmo modo que a "religião", o "discurso" também se realiza enquanto comunicação do que não se viu, ou do que não se vê. Há sempre algo de miraculoso na atividade lingüística, como destaca Wittgenstein (1979), ao criticar o separatismo mentalista com que Frazer trata as informações vindas das "sociedades primitivas". Referindo-se a um dos conceitos centrais da ilustrada filosofia moderna e contemporânea, a noção de "espírito", "sprit", "geist", diz ele: "(...) costuma-se dar pouca importância ao fato de termos em nosso vocabulário culto a palavra 'alma', 'espírito'. Comparado com isso, o fato de não acreditarmos que nossa alma come e bebe é uma bagatela" (10e).

Continuando, e desta vez destacando o caráter fantasmagórico que rondaria todo e qualquer substantivo, afirma o filósofo:

> Nada é tão morto quanto "a morte", nada é tão bonito quanto "a beleza" ela mesma. Aqui, a imagem que usamos ao pensar a realidade é que "morte", ou ainda "beleza" é uma substância pura (concentrada), que é encontrada em objetos bonitos assim como um ingrediente é adicionado a uma mistura (idem).

A declaração sublinha com clareza o estatuto de "dado lingüístico" de uma série de entidades que compõem nossa existência cotidiana, demonstrando que estaríamos fadados a viver em meio aos traços incompletos de uma série de presenças substantivas ausentes, fantasmas produzidos *a posteriori*, que são disseminados e adiados de modo a ocupar uma asseguradora posição de *a priori*. Apropriando-me e generalizando a noção de *faitiche*, de Latour (2002), utilizada originalmente para destacar aspectos particulares do universo objetal das

129. Esclarecendo a noção de "palavra de ordem", afirmam os seus criadores: "Chamamos palavras de ordem não uma categoria particular de enunciados explícitos (por exemplo, no imperativo), mas a relação de qualquer palavra ou de qualquer enunciado com pressupostos implícitos, ou seja, com atos de fala que se realizam no enunciado, e que podem se realizar apenas nele. As palavras de ordem não remetem, então, somente aos comandos, mas a todos os atos que estão ligados aos enunciados por uma 'obrigação social'. Não existe enunciado que não apresente esse vínculo, direta ou indiretamente" (Deleuze & Guattari 1995:16).

ciências, diria que Wittgenstein pretende chamar a atenção dos seus leitores para uma espécie de fetichismo inerente às práticas sociais. Nessa perspectiva, habitaríamos um mundo de "feitos", construtos, que, em sua circulação comunicativa, tenderiam a apagar os rastros da sua construção, desse modo estabelecendo-se enquanto "fatos", elementos dados e estruturantes da realidade. Submetidas a esse aspecto miraculoso geral das práticas discursivas, todas as grandes partilhas, como real/construído, ciência/religião, natureza/cultura, tenderiam a se deixar dissolver pela condição sempre medial, ou "linguageira", do fenômeno humano: "Toda uma mitologia está depositada em nossa linguagem" (Wittgenstein 1979:10e).

Por outro lado, e agora posto em paralelo com a noção convencional de "política", o discurso também estaria intimamente associado à produção de efeitos, tanto no mundo quanto no outro ou nos outros que compõem a interlocução. De acordo com Michael Silverstein (1997), a dimensão pragmática das trocas lingüísticas tenderia a ser recalcada pela concepção hegemônica de linguagem no Ocidente, movida por uma espécie de falácia descritiva que, enfatizando a sua dimensão simbólica e referencialista, instauraria uma dicotomia enganadora entre comunicação e ação. A fala enuncia algo a alguém em determinado contexto ao mesmo tempo que reconfigura não somente os estados subjetivos dos sujeitos que através dela trocam, mas também este mesmo contexto que, em princípio, a estruturaria "de fora":

> Juntamente com os atos de referência ou descrição, a fala consiste em atos concomitantes de indexação, de produção das fronteiras da comunicação elas mesmas, sem descrevê-las necessariamente em um modo referencial: os papéis do falante, do ouvinte, da audiência etc; os atributos socialmente reconhecidos das pessoas; o tempo, lugar e ocasião da comunicação; as finalidades do evento de fala ele mesmo; e muitos outros fatores (Silverstein 1997:120).

Voltando a Deleuze e Guattari, pode-se dizer que este "fora" seria uma outra faceta do "dentro" da troca lingüística, uma dimensão cujo adiamento ou exteriorização seria função de um conjunto de variáveis pragmáticas que compõem a linguagem enquanto discurso: "Existem variáveis de expressão que colocam a língua em relação com o fora, mas precisamente porque elas são imanentes à língua" (1995:21). Ao longo do primeiro capítulo, introduzi algumas dessas variáveis, que passei a utilizar por todo o livro com a finalidade de analisar os atos comunicativos que configuram a "guerra santa": os dêiticos, como os demonstrativos e os pronomes pessoais (Benveniste 1966a), a "força ilocucionária" dos enunciados performativos (Austin 1975) e a distinção semiótica entre "símbolo", "ícone" e "índex" (Peirce 2000), todas elas envolvidas com o problema central de como fazer coisas com palavras, ou signos em geral.

Por conseguinte, no decorrer da minha argumentação, tentei assumir não somente o fato de que toda fala política conteria em si algo de performativo. Indo um pouco além, tomei como pressuposto o fato de que toda fala, justamente por ser potencialmente performativa, conteria em si um perene estatuto político, que se encontraria de modo privilegiado em determinadas variáveis, responsáveis por enraizar as ausências que a linguagem vincula no chão do "real", fazendo-as frutificar.[130]

Finalmente, e como um último cruzamento possível entre as três categorias aqui em questão, entendo que é possível assumir também que haja sempre algo de "político" na própria "religião", ambos comungando da qualidade de atividades primariamente discursivas, ou, retornando ao debate sobre a comunicação animal, de circuitos de "dados lingüísticos". Logo acima, quando cotejei as noções convencionais de "religião" e de "discurso", afirmei que, assim como o discurso, a religião comunicaria aquilo que não se vê. Nesse ponto, devo acrescentar que ela de fato comunica aquilo que não foi visto em causa, em origem, em presença estática, podendo vir a comunicar aquilo que essa mesma ausência gera, ou seja, aquilo que é visto em efeito, em relação, em movimento ou em presentificação.

Com esse argumento, pretendo descolar a religião da noção metafórica de "crença",[131] marcadamente durkheimiana, inserindo no universo da agência religiosa a idéia política e metonímica de "transformação em verdadeiro", apresentada na introdução como parte do debate acerca da verdade do jogo. Corroborando essa mesma faceta realizadora do discurso religioso, afirma Bruno Latour: "(...) a religião não fala a respeito de ou sobre coisas (...), mas de dentro de ou a partir de coisas, entidades, agências, situações, substâncias, relações, experiências" (2002:35).

Uma série de eventos descritos ao longo do livro demonstram esta qualidade concreta, produtiva, palpável, da atividade religiosa, destacada por Latour, que freqüentemente tende a romper os limites institucionais da própria "religião".

---

130. Como alerta Jacques Derrida: "(...) se um texto se dá sempre uma certa representação de suas próprias raízes, estas vivem apenas desta representação, isto é, de nunca tocarem o solo. O que destrói sem dúvida a sua *essência radical*, mas não a Necessidade de sua *função enraizante*" (1999:126, grifos do autor).

131. Como bem destaca Jean Pouillon, em sua análise do "eu acredito" ("*je crois*"), esse enunciado seria um índex verbal de distanciamento crítico, e não de adesão: "... fazer a existência de Deus um objeto de crença, declarar tal crença, é abrir a possibilidade da dúvida. Então, poder-se-ia dizer que somente um descrente (*unbeliever*) pode acreditar que o crente (*believer*) acredita na existência de Deus" (1982:2). Para o crente (não podemos escapar desta linguagem), Deus não é uma crença (um valor), mas um fato, que deve ser percebido em sua obviedade, ou seja, nos efeitos que a sua existência produz.

Ao longo das disputas que tive a oportunidade de narrar, pudemos ver serem apresentados mecanismos políticos de visibilização do outro e de si, em que aquilo que antes era interpretação toma corpo e verificabilidade, transfigurando-se em uma série de realizações concretas (políticas, religiosas etc.), mecanismos que me parecem ser, por fim, tanto as armas (meio) quanto o saldo (fim) desta guerra.

É curioso notar que um dos supostamente mais canônicos "sociólogos do social" (Latour 2005), Max Weber, caminha na mesma direção, indo inclusive além da simples constatação desta capacidade de "fazer ver" e de "fazer falar" do discurso religioso. Afirma ele, borrando, em suma, politizando, todos os limites:

> (...) não há ação social nem individual que não tenha seu deus especial e precise dele quando aspira à durabilidade garantida da relação associativa. Sempre que uma associação ou relação associativa se manifeste não como posição pessoal de um detentor de poder individual mas sim efetivamente como "associação", ela necessita de um deus particular (Weber 2000:286).

Weber problematiza com destreza o exclusivismo conceitual que rondaria os estudos do fenômeno religioso nas ciências sociais, desvelando aquele que seria o fundamento geral no qual se inseririam as atividades acima sublinhadas, mas não desveladas em seu mecanismo de ação, por Latour: a administração de vínculos, ou, em seus próprios termos, de "relações associativas".

Estaríamos aqui no âmbito de uma espécie de "função deus", anterior às partilhas institucionais, responsável pela sustentação de configurações coletivas e subjetivas (mas sempre plurais) específicas, através das quais são colocadas em ação estratégias associativas. Esses seriam deuses-espelho, semelhantes aos descrito por Plath na epígrafe desta conclusão ("um pequeno deus de quatro cantos"), espelhos que, apesar de se colocarem no mundo falando como um eu, como uma agência auto-centrada (que "não tem pré-concepções" e que "engole tudo imediatamente, do modo como as coisas são, sem a névoa do amor ou do ódio", um deus que "não é cruel, mas verdadeiro"), mostra-se de fato como um ente incompleto, sem luz própria, que na maior parte do tempo "medita (media?) no muro (do) oposto".

Retendo a generalidade da constatação weberiana, poderia dizer que, ao longo dos fenômenos que pude apresentar ao leitor, percebemos tanto a religião quanto a política se entrelaçando de forma quase indistinguível na condição discursiva geral de propositores de "deuses", de pontos reflexivos de autoridade que estruturariam as disputas pela visibilização de si e do outro. Não apenas velhos deuses da religião, como o Jesus Cristo, o Espírito Santo, Exu e os outros orixás, mas também novos deuses da política, como a "liberdade", a "autenticidade" ou a "etnicidade".

A existência desses deuses, por sua vez, estaria atrelada a algumas questões fundamentais que percebi guiarem estas disputas e que também se tornaram as minhas questões ao longo dos capítulos anteriores: Como se constrói textualmente um "demoníaco" ou um "intolerante"? Como se comunica a sua existência? Ou ainda: Como, neste processo de circulação discursiva, faz-se verificável a existência desses atores em casos particulares e vividos, dando-se aos seus textos textura, dando às suas ausências presença?

II. Individualismo e(m) conflito no Brasil contemporâneo

Fechadas as apresentações tanto das cenas da "guerra santa" quanto da perspectiva que enquadrou a sua textualização, tarefa encerrada logo acima, resta ainda um conjunto de questões, estas propriamente conclusivas, com as quais pretendo passar a lidar neste momento. Este será, conjuntamente, o lugar de uma espécie de guinada meta-teórica na minha forma de processar as interpretações nativas com as quais até então dialoguei, dando entrada em um universo discursivo exclusivamente antropológico.

Tal guinada, que implica uma saída do círculo das "frentes" e das "especulações" de neopentecostais e candomblecistas, não teria a finalidade exata de superar o âmbito de questões por eles suscitadas, mas, sobretudo, de tentar pensá-las enquanto uma totalidade, uma simultaneidade, que não se deixaria ver de forma clara a partir do calor das perspectivas particulares representadas por cada grupo. Nesses termos, a pergunta inicial que guiará essa tentativa de desenho de uma paisagem mais geral será: Quais vazios a presença agonística do outro preenche no interior das gramáticas discursivas colocados em jogo pela "guerra santa"? Subjacente a esta questão, que definiria ainda como de ordem etnográfica, veremos o desenrolar simultâneo de um problema mais abstrato, inspirado no debate aberto por Luís Eduardo Soares (1994), sem, no entanto, chegar a respostas que vão na mesma direção: Como ambos os grupos colocam em jogo os termos da matriz ideológica definida como o individualismo através das batalhas que compõem a "guerra santa"?

Neste artigo hoje clássico, Soares analisa os conflitos entre o pentecostalismo e os cultos afro-brasileiros tendo em vista destacar aquilo que ele define como as suas "dimensões democráticas". De acordo com este autor, através dos traços tortuosos da luta entre esses grupos religiosos, ambos fortemente entranhados nas classes populares brasileiras, estaria se desenhando um fenômeno inédito de crise de hegemonia na sociedade nacional. Esta crise se mostraria de forma mais evidente caso pensássemos as querelas entre pentecostais e afro-brasileiros como um movimento tenso de integração, realizado em oposição ao catolicismo, o representante religioso, cultural e político da ordem oficial em cujas margens eles estariam inseridos: "No plano da religiosidade, os brasileiros pobres começam a prescindir da direção católica da hegemonia tradicional que se exerce, fundamentalmente, no plano simbólico" (1994:213).

Abordada sob esta ótica, a "guerra santa" passa a indicar, portanto, a ocorrência de uma crise sofrida não pelos grupos que dela participam diretamente, mas acima de tudo pelo arranjo sócio-político que teria submetido secularmente ambos os inimigos (irmãos sociológicos) a um crivo valorativo alheio à sua realidade, e que assim teria impedido o desenvolvimento de alguma solidariedade interna a eles. Tal ruptura se deveria, em última instância, a um contexto histórico de elevação do abismo entre a ordem oficial e a realidade sociológica do país ao limite do suportável: "o barco está fazendo água e expelindo mais do que a taxa média tradicional de exclusão, apesar dos inegáveis e decisivos avanços institucionais" (1994:206).

Como resultantes desta crise de hegemonia, Soares destaca a destruição de antigas e a estabilização de novas referências simbólicas fundamentais para a nacionalidade: "Em lugar da linguagem católica ibérica, surgem, com força, paradigmas inspirados pela reforma e vocalizados por pastores egressos dos meios populares" (212). Assim, a religiosidade seria o palco para uma mudança valorativa no sentido do apagamento das áreas nebulosas e ambíguas dos valores tradicionais, privilegiadas pela dominação doce e amena do nosso personalismo. Esse deslocamento seria evidenciado pela suposta postura negativa dos pentecostais diante das fusões conciliatórias e dos hibridismos, típicos do modelo clássico (e agora em crise) do sincretismo religioso.

Desse modo, o crescimento pentecostal no Brasil aparece, para Soares, como uma resposta retrospectiva para o questionamento aberto por Velho (1995) acerca de quais seriam os novos "agentes de modernização" do Brasil. A articulação guerreira entre pentecostais e afro-brasileiros, face empírica de uma suposta substituição estrutural do "patrimonialismo e da verticalidade estamental" pelo "igualitarismo segmentar popular" (214), passa a ser pensada assim como um fenômeno de modernização movido por agências que passariam ao largo de forças mais convencionais, como o mercado ou o Estado.[132]

A) A "POSSE DE SI" E O SAL DE PRATA DO INDIVIDUALISMO

A descida ao chão etnográfico obviamente impõe alguns limites imediatos ao campo de reflexão extremamente abstrato descrito logo acima. Tal generalidade

---

132. A mesma associação é corroborada pela comparação que fecha o artigo de Soares, onde o avanço do pentecostalismo brasileiro é comparado ao revivalismo evangélico inglês do século XIX, que teria disseminado, na forma do Metodismo, uma espécie de "ética protestante do proletariado", adequada ao contexto histórico de forte industrialização do país.

tende, aliás, a fazer com que a tese de Soares manifeste-se muito mais como uma interessante proposta de pesquisa do que como uma apresentação de resultados.[133] Logo na abertura do artigo, após defender a necessidade de apoiar esta mesma reflexão em "material etnográfico sistematicamente elaborado" (1994:203), o antropólogo demonstra estar ciente disso, apontando uma das principais ausências que marcam a sua tese, a mesma que me esforcei por ocupar no presente trabalho:

> (...) seria necessário investigar as diferentes percepções que os participantes do conflito têm a respeito de si próprios, como agentes religiosos, e dos outros que agridem ou pecam, e devem ser contidos ou desmascarados ou purificados e convertidos, conforme o lado da disputa que se adote (1994:203).

Assim, se ao longo do livro pude observar a circulação da pergunta-guerra, essa pergunta que não tem resposta, mas que todos têm a sua versão, gostaria, neste momento, de propor a minha própria versão para o seu enigma. A modernização e, mais especificamente, o individualismo, me servirão aqui, portanto, como o sal de prata, o contraste fotográfico, que julgo ser capaz de revelar movimentos contraditórios e "casas vazias" ocupadas pela não-indiferença mútua que marca a relação entre os dois grupos em conflito. Esta talvez seja a face etnográfica

---

133. Observa-se que este artigo se encaixa perfeitamente na crítica inicial que fiz aos argumentos excessivamente sociológicos sobre o tema. Nele, a "guerra santa" torna-se, na verdade, uma "ofensiva", e é essa ofensiva que passa a ser pensada enquanto uma potência modernizadora, o argumento rendendo-se, apesar de algumas resistências pontuais, à equação de natureza weberiana hoje convencional (e que julgo problemática), onde moderno/ evangélico :: tradicional/ cultos afro-brasileiros. Outra discordância fundamental que tenho frente ao argumento de Soares relaciona-se à leitura sócio-econômica dos agentes, materializada na hipótese de que pentecostais e afro-brasileiros seriam "irmãos de Senzala". Por um lado, não creio que a cabeça da ofensiva evangélica em Salvador, a IURD, possa ser definida como uma igreja exclusivamente "popular", até por abarcar, como vimos, uma larga clientela que, apesar de não ser convertida, faria uso freqüente das suas práticas rituais, um segmento ignorado pelas leituras estatísticas da organização. Uma visita a qualquer um dos templos da Universal localizados em bairros de classe média (comuns na cidade) revela de imediato o largo fluxo de pessoas com maior renda e instrução na direção dos seus cultos, setores cujo universo fenomênico também se encontra contemplado pelo discurso lá defendido. Por outro lado, apesar de estarem obviamente enraizados nas faixas mais empobrecidas e marginalizadas da escala social brasileira, os cultos de matriz africana observam hoje uma tendência à crescente afluência de setores brancos de classe média para o seu âmbito de convivência, seja como clientes, seja como iniciados, passando por um processo visível de universalização. A tese sócio-econômica peca também porque ignora a necessidade de distinguir a clientela do "board of directors" dos grupos religiosos aqui em questão (Segato 2005). Tal cuidado impediria, por exemplo, que a constatação do caráter "popular" do público da IURD implicasse diretamente a assunção de que a sua lógica narrativa e a sua administração também o seriam. Essa advertência se mostraria simétrica e inversa, caso aplicada aos cultos afro-brasileiros, onde o debate sobre o "embranquecimento" da religião seria, de fato, dissociado da constatação da quantidade de brancos que freqüenta as suas cerimônias.

daquilo que Soares definiu como um dos resultados paradoxais deste fenômeno: a ocorrência de um "igualitarismo sem individualismo" (1993:211), configuração que prefiro abordar na forma de um individualismo colocado "em jogo" (Gadamer 1997) pelo campo do eventual.

Tentarei construir a minha versão perseguindo uma expressão que, em campo, pude ver sendo compartilhada pela fala dos dois grupos com que mantive contato, isto é, a textualização da "guerra santa" enquanto um meio para a sua redentora "tomada de posse de si".

De acordo com Louis Dumont (2000), um dos elementos fundamentais da ideologia do individualismo seria a sua pretensão de fundar a sociedade na "propriedade", em sentido gramatical, o que implicaria derivá-la do esforço de átomos individuais tanto pela "posse de si" (o universo da iluminista "liberdade individual" ou da romântica "autenticidade") quanto pela "posse das coisas" (o universo da "propriedade", em sentido econômico estrito): "Os homens são livres porque são proprietários de si mesmos, de seus corpos e de seus trabalhos" (62). A análise é bem-sucedida em demonstrar como a economia adquire a função de linguagem dominante na tarefa de mediação da relação sujeito/si mesmo, sujeito/mundo na modernidade, não devendo ser entendida como apenas uma esfera isolada da existência social moderna, restrita ao âmbito de influência do mercado, a sua suposta contrapartida institucional.

Nesses termos, Dumont encontra na "posse de si" uma força sintética que, partindo do âmbito individual, ou do campo volitivo do "mundo interior", teria a capacidade de, simultaneamente, fundar uma "natureza" e uma "sociedade" que passassem ao largo das considerações holistas da tradição.[134] Através da "posse de si" pode-se, portanto, estabelecer uma ordem humana autônoma (uma "sociedade", palco da subjetividade, distinta de uma "natureza", palco da objetividade),[135] além de fundar esta mesma ordem humana em uma interioridade subjetiva autônoma e universal, fonte sagrada dos pilares da vida coletiva, os mesmos que devem ser assegurados pela exterioridade institucional do Estado e dos "direitos fundamentais".[136]

---

134. Dumont (2000) defende que o caráter hierarquicamente superior do econômico sobre o político seria fruto de um processo histórico em que se migra modernamente de um universo holista, onde ocorre a primazia da relação entre os homens sobre a relação entre homens e coisas (mundo, natureza), para um universo individualista, onde ocorre a primazia da relação entre homens e coisas (através da propriedade) sobre a relação entre homens e homens.

135. Esse seria o corte cosmológico defendido pela oposição individualista entre "ser" e "dever ser", o primeiro correspondendo ao campo da ciência enquanto o segundo corresponderia ao da moralidade e da política.

136. O contratualismo e a noção kantiana de "imperativo categórico" parecem ser marcos históricos fundamentais desta ideologia no que ela toca a política e a ética.

Duas características da noção de "posse de si" me parecem torná-la um meio privilegiado para uma reflexão etnográfica acerca do individualismo. Primeiramente, a sua natureza dinâmica, que possibilita uma abordagem analítica que, em vez de supor o individualismo como um dado estrutural prévio aos acontecimentos, fruto de uma ruptura definitiva com uma configuração histórica anterior, tem nele um movimento constante de defesa de determinados princípios gramaticais contra o universo sempre desestruturador da história, fazendo do individualismo um campo aberto a deslocamentos e novas sínteses criativas. Tal característica me parece estar colocada de modo explícito pelo próprio Dumont (1985), apesar do modo excessivamente esquemático como ele mesmo e algum dos seus seguidores têm se apropriado destas noções, quando este concebe a relação entre individualismo e holismo como sendo de "englobamento", e não de superação: "(...) o individualismo é de um lado todo potente e de outro perpetuamente assombrado pelo seu contrário" (30).

Por outro lado, se a "posse de si" faz do individualismo um movimento, uma força dinâmica, em vez de um estado, pode-se dizer que ela também dota de direção este movimento. Trata-se de uma força analítica, que, indo sempre da confusão à distinção, reafirma limites, defende classificações e purifica zonas ambíguas. É justamente por ser analítico que o movimento de "posse de si" mostra-se extremamente útil para se pensar um caso etnográfico onde a alteridade acontece através de movimentos de fusão e distinção identitária, ambigüidade e conflito.

Apresento, a seguir, os dois modos distintos de aparecimento da noção de "posse de si" neste livro: dentre os neopentecostais, mais uma vez representados pela Igreja Universal, e dentre o candomblé. No que se refere ao primeiro grupo, veremos este movimento realizar-se como parte da sua narrativa religiosa, principalmente na resolução particular dada por ela ao problema do mal. No que tange o segundo grupo, este mesmo movimento aparecerá como parte de uma narrativa "laica", associado ao problema da emancipação política. Em ambos os percursos, veremos o individualismo atualizando-se discursivamente como um movimento dramático, ou mesmo trágico, de fuga da perseguição, neste caso, da "assombração", literal, metafórica ou metonímica de um outro que insiste em borrar os seus limites.

B) IGREJA UNIVERSAL E A UBIQÜIDADE DO MAL: CONSTRUINDO UM CRISTIANISMO DE/EM RISCO

Assistindo a uma "Sessão de Libertação", reunião da IURD comumente realizada nas sextas-feiras, tive contato com o "martelo da justiça", o "fetiche" celebrado àquela ocasião pelo culto. Após os cânticos, as ofertas e as pregações convencionais, um pequeno martelo, construído à maneira semelhante aos utilizados pelos juízes de direito, era distribuído aos fiéis presentes, de modo a ser ungido e consagrado, adquirindo assim um poder interventor na vida dos presentes. No alto do púlpito, com o tom desafiador que os caracteriza, o pastor que coordenava aquela sessão gritava alto aquele que seria o seu lema, assim como a postura geral nela prescrita: "Conquistar para não sermos conquistados. Dominar para que não sejamos dominados!". Esta atitude dava o tom de todo o ritual, sendo defendida insistentemente frente aos fiéis através de frases como: "Você nasceu pra vencer irmão, para dominar, não para ser dominado!".

Chama a atenção de imediato o exclusivismo das opções ali em jogo: ou dominar ou ser dominado, anulando-se qualquer possibilidade de uma posição neutra, de imediato absorvida pelo pólo "fraco" da oposição. Essa mesma configuração se vê explicitada na continuidade da fala do pastor em questão: "A idéia da reunião de hoje é a gente entender o que é 'justiça'. Eu vou falar o que é 'justiça', é tomar posse do que é seu. É conseguir aquilo a que você está destinado, e que você ainda não tem porque não deixam". Enquadrado por esta lógica discursiva, o "martelo da justiça" deveria ser batido nas carteiras de dinheiro e de trabalho vazias, nos corpos doentes e fracos, ou mesmo ser levado para casa, de modo a transmitir para os familiares e amigos dos participantes a força sagrada ativa e reivindicativa que se manifesta naquele contexto ritual, uma força que "toma posse".

Observamos, na cena acima resumida, mais uma atualização do macrodiscurso apresentado na primeira parte desta dissertação sob a insígnia de "batalha espiritual", uma espécie de contraponto necessário à postulação do neopentecostalismo de que estaríamos todos destinados à felicidade. Indiferente à administração da presença ou da escassez da graça, vimos, nos dois capítulos que compõem a primeira parte do livro, que a IURD opera uma estratégia discursiva que teria como foco principal a produção, disseminação e capitalização dos malefícios. A função da Universal seria, portanto, "retirar barreiras", antes de distinguir os salvos dos não-salvos, situação que entrona a sua demonologia como o elemento que justifica a própria existência da igreja enquanto instituição mediadora da relação entre o fiel e o sobrenatural.

Ao longo do primeiro capítulo, pude defender a função explicitamente expiatória ocupada por essa demonologia de teor afro-brasileiro nos rituais de cura, deslocando-se a narrativa cristã do registro internalizante da culpa e da "consciência endividada" (Nietzsche 1976) e encaminhando-a na direção daquilo que chamei de uma espécie de "hipertrofia ritual do evangelismo". Sob essa ótica, mais do que "converter" os não-salvos através da moralização e controle do comportamento, a finalidade central da religião seria "libertar", de modo pontual e recorrente, os enfeitiçados e possessos. É supondo a existência de um mal incontornável através do controle ético de si que a IURD postula o seu papel indispensável de instituição capaz de "fechar" o fiel para a ação mágica dos seus inimigos.[137]

Traduzindo de forma incessante as dores individuais em conflitos coletivos, a IURD acaba por postular que o mal é sempre aquilo que vem do outro, é "maldição", freqüentemente lançada, como uma espécie de "dádiva-veneno" (Mauss 1999), pela mediação mágica eficaz das religiões rivais. Constrói-se, nessas batalhas rituais, um discurso focado na alteridade, e operado através da dramatização das formas de produção de vínculos com o sobrenatural. Assim, o contrato saudável do dízimo, que mantém as partes distintas, e que é orientado pela IURD através do Espírito Santo, é contrastado com a troca predatória dos "trabalhos", que resultam na fusão ontológica, na "tomada de posse" da vida daqueles que se iludem ao tentar dialogar com os "encostos".

Abordei a "Frente de Libertação" da ofensiva neopentecostal como mais uma faceta da sua estratégia macro de sobrecodificação dualista das religiões rivais, que se realiza por sobre uma ponte metonímica erguida sobre a tradição espiritual brasileira. Tal ponte, responsável por articular um vasto repertório de entidades sobrenaturais em um campo de batalha unificado, incidiria especialmente sobre aqueles "elementos mínimos" da religiosidade popular destacados por Negrão: "A crença em Deus e nos espíritos, a manipulação destes últimos e das demais figuras sagradas intermediárias entre Aqueles e os homens, dentro de um contexto moral cristão, constituiriam, pois, os elementos mínimos presentes na religiosidade brasileira" (1997:72).

Um outro exemplo de abordagem metonímica do universo dos espíritos é fornecido por Carvalho (1999), em sua análise da comunidade do Vale do Amanhecer, e serve bem como contrapartida para uma melhor compreensão do caso neopentecostal. O repertório espiritual encontrado pelo autor é impressionante, agregando-se, em uma infinidade de "falanges" (asteca, maia, inca, egípcia, tibetana, chinesa, cristã), uma cosmologia radicalmente sintética, que agrega tradições históricas de todo o globo de modo explicitamente "kitsch", ou seja, não obedecendo a princípios classificatórios associados à coerência de forma ou conteúdo. Enquanto figura de ligação, destaca-se a idéia do "sétimo raio", responsável pela costura de vínculos hierárquicos entre esse amplo corpo de entidades. Referindo-se à sua líder espiritual maior, afirma Carvalho: "Tia Neiva deixou campo aberto para se acolher todos os espíritos possíveis, dentro de um grande paradigma imaginário por ela denominado Corrente Indiana do Espaço" (8). O Vale do Amanhecer fornece, portanto, um sistema de crenças em aberto, ou "em constante mutação" (9), onde se

---

137. Resgatando a centralidade da figura do diabo para a narrativa cristã sobre a alteridade, a IURD parece entender bem a função dinâmica imprescindível ocupada pelo mal na narrativa religiosa: "Se eu pudesse usar a definição que propus de oposição hierárquica, diria que o bem deve conter o mal inteiro sendo o seu contrário. Em outros termos, a verdadeira perfeição não é a falta do mal, mas a sua perfeita subordinação. Um mundo sem mal não seria 'bom'" (Dumont 1985:277).

oferece um "paradigma", ou seja, um campo de possibilidades gramaticais, quase irrestrito, com baixo grau de prescrição no que tange as apropriações sintagmáticas realizadas por seus fiéis. A idéia metonímica de acúmulo é, portanto, evidente.

É esse mesmo acúmulo metonímico de entidades espirituais que pude observar assistindo aos rituais de cura da IURD, além de poder discernir aquela que seria a principal força estimuladora desse movimento "horizontal": a assunção da eficácia mágico-religiosa dos sistemas de crença "inimigos". Por outro lado, foi possível também perceber a ação conjunta de um segundo movimento discursivo, bastante distinto do caso analisado por Carvalho: a ação, sobre esse extenso panteão, de uma sobrecodificação dualista rígida e pouco distributiva entre entidades "do mal" e "do bem". Através deste deslocamento, observa-se uma espécie de inflação do "mundo da esquerda" por parte da IURD, instauradora de uma narrativa sobre a pessoa que textualiza o âmbito da subjetividade como um múltiplo campo de batalhas, cercado de inimigos por todos os lados, entidades possessivas cuja existência apontaria para um único porto seguro possível, o Espírito Santo, restando aos indivíduos a iniciativa de costurar as suas alianças conforme os seus anseios.

Contextualizado por esta lógica, "livre arbítrio" significa sobretudo liberdade de vincular-se, ou seja, de dar-se a "terceiros" (Crapanzano 1992a) espirituais de modo a preservar ou não uma configuração interior estabilizada e autônoma. Nesses termos, a "autonomia individual" de modo algum indicaria a idéia individualista clássica de uma presença interior, um dado *a priori* acessado pela superação política e cognitiva dos véus da tradição, mas o resultado *a posteirori* de alianças contratuais, ou seja, não "possessivas" com outros que, apesar de espirituais, seriam bastante concretos e cotidianos em sua capacidade de sustentar ou desestabilizar a subjetividade humana.

De modo estranho, mas sintomático, o neopentecostalismo parece corroborar e se apropriar estrategicamente de uma concepção de pessoa trágica, ou seja, fadada à multiplicidade, assim como aquela descrita abaixo por Nietzsche, a partir da tradição filosófica:

> O eu não consiste na atitude de um único ser frente a várias entidades (instintos, pensamento etc.); pelo contrário, o eu é uma pluralidade de forças quase personificadas das quais ora esta ou aquela ocupa a frente do palco e toma o aspecto do eu; deste lugar, contempla as outras forças, como um sujeito contempla um objeto que lhe é exterior, um mundo exterior que o influencia e determina: o ponto da subjetividade é móvel (1938:185).

Antes de supor a unicidade do eu, a idéia é colocar essa unicidade como um fim, um tesouro de guerra, sempre buscado e ameaçado. Enquadrado por esta dinâmica, o individualismo consta como um objeto de desejo, uma isca, cujo constante adiamento não pára de alimentar a atitude ritual de "posse de si". A partir de então, configura-se uma espécie de "economia política da (des-)graça" que capitaliza esse ponto móvel da subjetividade através de uma lei geral de circulação, que pude acessar através da análise do drama ritual da pessoa na Igreja Universal: "Dar-se para quem pode retribuir e, assim, fechar-se para que pode tomá-la".[138]

Foi esse mesmo discurso, atualizado no ritual enquanto "meta-aprendizado" (Bateson 1958:293), que pude ver sendo disseminado publicamente através dos meios de comunicação de massa no segundo capítulo, adentrando o cotidiano dos telespectadores como uma presença maléfica rumorosa, que circula através de modos fundamentalmente "arcaicos" de explicação de infortúnios: a feitiçaria e o contágio. Assim, o sagrado contratual permanece dentro do templo, enquanto o mal possessivo contagia o cotidiano da cidade, conformando-o como um território inimigo. A eficácia maléfica do outro passa, assim, a ser indexada nas coisas, formando um circuito de transferência de tipo oposto e simétrico àquele constituído pelos contra-fetiches distribuídos nos cultos.

É justamente esse mal habitual que empurra os clientes para a prática ritual, operando-se no interior de uma oposição onde rito/purificação individualista :: cotidiano/poluição holista. Nesse sentido, a economia discursiva da IURD acerca do bem e do mal tende a enfatizar estrategicamente o segundo pólo, fato esclarecido pelo argumento weberiano acerca da importância do cotidiano para a questão do dualismo religioso:

> Na prática, porém, o que sempre importou e ainda importa é quem mais interfere nos interesses do indivíduo na vida cotidiana, se o deus teoricamente "supremo" ou os espíritos e demônios "inferiores". Se são os últimos, então a religiosidade cotidiana está determinada sobretudo pela relação com estes, independentemente de como se apresente o conceito oficial do deus da religião racionalizada (Weber 2000:289).

A tendência expansionista do mal prosaico e ubíquo defendido pela IURD invade mesmo o universo cotidiano daqueles "eleitos" pelo bem-estar material e social, fazendo do "estar bem" uma posição de eminente risco, como corrobora a fala de um pastor, recolhida por mim em um programa televisivo da IURD:

> Você que está em casa, tranqüilo, você acha que está bem, tudo certo com você e a sua família: emprego, saúde, harmonia. Mas você pode ter tido o seu nome enterrado em uma encruzilhada, queimado em uma mata por um pai de encosto... e nem sabe. É a inveja, ela nunca deixa a gente ficar em uma paz total. Você sentiu um calafrio quando eu disse isso?

---

138. É evidente a forma "horizontal" ou "igualitária", nos termos de Soares (1994), com que se dá a relação entre a IURD e os cultos afro-brasileiros. O candomblé e a IURD se apresentam, de acordo com a própria IURD, como dois modos de mediação das forças mágicas: um ciclo de trocas vicioso, anti-social, irracional, que quer sempre mais oposto a um ciclo de troca racionalizado, contratual e lógico.

Não há como escapar dessa equação extremamente fechada entre forças anti-sociais e transmissores materiais de infortúnios, como as comidas, os lugares, o sangue (no caso da transmissão hereditária dos encostos) e a manipulação de objetos na forma de "trabalhos". Entre enfeitiçados atuais e possíveis, não resta nenhum ponto duradouro de segurança ontológica, ou de perene "posse de si".

É interessante perceber como essa concepção trágica de individualismo deixa de comungar com a visão tida como classicamente "moderna" do mal cristão, que poderia ser sintetizada, apropriando-me do título de um livro de Joyce Salisbury (1994), pela concepção de "*the beast within*", ou seja, um mal vivido enquanto interioridade moral e consciência pecadora, geralmente associado à atitude fundamental de controle de si, máquina de subjetivação tão bem abordada pela obra de Foucault (1982-1985).

Em seu interessante livro sobre a história do diabo no Ocidente, Muchembled (2001) destaca uma tendência geral na passagem do contexto medieval para o moderno: "A imagem do diabo se transforma em profundidade, distanciando-se inelutavelmente da representação de um ser aterrorizante exterior à pessoa para tornar-se, cada vez mais, uma figura do Mal que cada um traz dentro de si" (238). O autor segue, demonstrando como a idéia de um "demônio interior" seria devedora do avanço de uma concepção dualista e hierárquica de pessoa, a mesma que, de acordo com Elias (1994), seria veiculada pelo "processo civilizador".[139]

A essa oposição entre a origem exterior ou interior do mal pode ser adicionada uma outra distinção, esta destacada por Louis Dumont, e que se refere ao tipo de vínculo existente entre o mal e o seu oposto: "Para uns, o mal é somente a falta ou a insuficiência do bem, o vício em seu limite ou o grau zero da virtude; para outros, o mal é um princípio independente endereçado ao seu oponente, como a vontade de Satã desafia aquela de Deus" (1985:277). Ao cruzarmos os dois critérios apresentados, observamos então uma tendência a se associarem o mal interior e gradativo, assim como o mal exterior e dicotômico, ambos os eixos colocados em paralelo entre si. Esses eixos distinguiriam as explicações de malefícios articuladas ao movimento subjetivo de responsabilização daquelas associadas à expiação (ou à des-responsabilização).

---

139. De forma sumária, pode-se dizer que a hipótese básica de Elias é a de que a formação do estado na Europa, realizada, a princípio, enquanto um lento processo de monopolização da violência, teria ocorrido de forma paralela ao estabelecimento de certo modo de subjetivação, responsável por uma economia pulsional adequada ao despontar de um novo modo de vida. A partir de tal processo, o corpo passa a existir como um tema para a moral e como uma realidade material para a ciência. Prescrevendo-se uma atitude vigilante da subjetividade frente ao seu invólucro material, a modernidade acirra a noção dualista de pessoa do cristianismo, bastante matizada pelo universo mágico medieval. O homem passa a dividir-se em dois âmbitos distintos e hierárquicos, o privado e o público, e observa a si mesmo através de um distanciamento crítico e disciplinador.

Ao longo da minha análise, percebi que a IURD tenderia a ocupar, e com forte ênfase, o segundo pólo, as suas especulações sobre os cultos afro-brasileiros baseando-se na gramática de um cristianismo "sem culpa", com uma temporalidade agonística e sacrificial, centrada mais na ruptura e no esquecimento ritual de si do que no cultivo da memória e do "mundo interior". A ruptura com as correntes históricas do protestantismo é evidente. Nelas, percebe-se um ascetismo ativo voltado tanto para o "si mesmo", palco do controle ético do comportamento, quanto para o "mundo", onde se produzem os sinais da graça através da weberiana ética do trabalho. Esse movimento de saída das coisas tendo em vista dobrá-las à vontade humana representaria a "face de Juno" do ascetismo protestante, em que renúncia e domínio do mundo se equacionariam.[140]

No caso do neopentecostalismo, o que se observa é o englobamento do outro-como-mal, instaurando-se, assim, uma espécie de monoteísmo guerreiro que, muitas vezes, revela-se quase como um dualismo, em estilo zoroastriano, onde o bem e o mal aparecem como forças distintas em fundamento. Neste caso, não se trata de um sujeito que se resolve no mundo (seja ele "interior" ou "exterior"), o palco da graça, tendo em vista negá-lo, mas que se resolve no outro, ou através do outro, contra uma des-graça potencial.

Essa guinada de um mal interiorizado, "civilizador", para uma narrativa tencionada acerca da alteridade, tem como correspondência a centralidade da idéia de risco para o discurso neopentecostal. Nesse sentido, vimos, ao longo do segundo capítulo, a multiplicação fantasmagórica desse outro maléfico na vida das pessoas através da configuração de um circuito metonímico de transferência incontornável do ponto de vista individual: "Só o fato de ir lá [em um terreiro], em estar na companhia de alguém de lá, em falar com alguém de lá, a pessoa já dá autorização para o encosto entrar, fica lançada por aquele mal e impedida de sair". Através da organização discursiva do "contato" como transmissor de risco, desvela-se não somente uma concepção de objeto com traços claramente holistas, articulado à interioridade subjetiva de modo maléfico (feitiço) e benéfico (contra-feitiço), mas também uma concepção "aberta" de subjetividade, que polui e subtrai a interioridade do outro através dos contatos sociais.[141]

---

140. Uma outra postura possível no que tange a renúncia do mundo, de acordo com Weber (2000), seria a fuga contemplativa, que, em vez de propiciar o desenvolvimento da ética do trabalho, animaria o universo das técnicas corporais.

141. O acontecimento do mal na narrativa neopentecostal, intimamente associado à idéia de risco, mostra-se bastante semelhante ao "sinistro", o "unheilich", freudiano: "(...) o sinistro é muitas vezes produzido facilmente pelo apagamento da distinção entre imaginação e realidade, como quando algo que havia sido até então considerado imaginário aparece diante de nós em realidade ou quando um símbolo adquire a função e o significado completo daquilo que ele simboliza (...)" (1963:50). Os dois compartilham a idéia do aparecimento de algo que sempre esteve lá. No caso neopentecostal, tratar-se-ia do aparecimento de um outro maléfico e holista no cotidiano do individualismo.

Tal relação interna com o inimigo tornaria a idéia de "intolerância" insuficiente, principalmente se compararmos o discurso no qual se embasa a violência real e simbólica dos neopentecostais e do seu campo de influência dentro do evangelismo com a definição apontada logo abaixo por Françoise Héritier:

> A intolerância é sempre, essencialmente, a expressão de uma vontade de assegurar a coesão daquilo que é considerado como que saído de Si, idêntico a Si, que destrói tudo que se opõe a essa proeminência absoluta. Não se trata jamais de um mero acidente de percurso: existe uma lógica na intolerância. Ela serve aos interesses que se julgam ameaçados (2000:24).

Tratando agora do termo não mais como uma categoria nativa, diria que dificilmente esta captura interpretativa dos cultos afro-brasileiros poderia ser definida como "intolerante", já que a idéia fundamental que pude reter dela foi a intenção de capitalizar a ameaça da alteridade, e não necessariamente a de afastar os fiéis definitivamente do seu campo de influências. As "pontes metonímicas" lançadas sobre o inimigo resultam em um vínculo quase existencial, como em uma espécie de parasitismo do sistema simbólico e da presença material do outro. Por outro lado, nunca é excessivo destacar que essa mesma relação não é de modo algum "tolerante", principalmente por não haver nela espaço para a atitude que Ricoeur (2000) definiria como a mais fundamental para o florescimento da tolerância: "compreender sem aderir" (21).

Adentrando o mundo de riscos que ela mesma cria, a IURD produz então o seu *evagelios* particular, a "boa nova" que a sua existência veicula, que seria a possibilidade de haver mecanismos de proteção contra este universo de terror. Diante desta paisagem, e inserida em um universo narrativo cercado por todos os lados pela eficácia mágica e pela possibilidade de descentramento que habita a presença ausente do outro, duas motivações para a ação parecem ser deduzidas: i) a libertação, uma blindagem ritual temporária, resultante da abertura de um ciclo virtuoso de trocas oposto ao ciclo possessivo dos "encostos"; e ii) a evangelização do inimigo, vivida enquanto "mudança de lado", um modo de fechar o ciclo vicioso dos feitiços impossibilitando a mediação desse poder possessivo.

Sempre ameaçado pelas assombrações da alteridade, restam essas duas opções de "posse de si" ao fiel da IURD. Na primeira opção, trata-se de "tomar posse de si dando-se para outro", para um Espírito Santo contratual e analítico, que se presentifica nos rituais. Já na segunda opção, atualizada nas invasões de terreiro e na luta pelo apagamento dos traços contagiosos dos cultos afro-brasileiros da cena pública, trata-se de "tomar posse de si tomando posse do outro", o outro que "toma posse" representado pelas religiões de possessão, atacando-se o mal no cerne da sua mediação humana.

C) O CANDOMBLÉ E O CONTROLE ÉT(N)ICO DE SI

Em uma das minhas visitas à FENACAB, a Federação Nacional dos Cultos Afro-Brasileiros, localizada no bairro do Pelourinho, tive contato com um surpreendente e sintomático cartaz na sua sala de espera, que reproduzo logo abaixo:

> A FENACAB comunica: As obrigações sem autorização desta Entidade não serão reconhecidas, sendo cobrada uma multa para oficializar o seu reconhecimento.
>
> A direção.

O aviso representa, com extraordinário poder de síntese, um importante campo de problemas avivado e dinamizado de modo especial no mundo dos candomblés de Salvador após a instalação da presença demonizadora dos neopentecostais na cidade. Tomando forma no seu interior estariam as questões suscitadas pelo crescente desejo de regulamentação por parte da religião, tendo em vista a gestão mais concatenada tanto da sua organização interna quanto da sua imagem pública. Questões relativas, portanto, ao debate macro acerca da representatividade, que neste caso se refere, sempre de modo transformador, tanto à relação interna entre os diferentes terreiros e nações quanto às ligações postuladas entre a sua (suposta) unidade (política, cultural, religiosa?) e a esfera pública em geral. Animando esse movimento, observa-se a disposição de setores do povo de santo a defender cada vez mais ostensivamente um maior "controle de si" da religião, tradicionalmente plural e pouco articulada.

A frase demonstra, conjuntamente, a série de paradoxos que se revelam ao longo desta tentativa de produção de canais de mediação embasados em uma autoridade política laica, como o é a FENACAB, sobre uma organização religiosa fundada em outros critérios de autoridade e poder, alheios a critérios meritocráticos e democráticos.[142] Tais paradoxos parecem ser visibilizados, ou mesmo encarnados, na própria grafia do cartaz, que desvela o estatuto ainda ambíguo dos agentes envolvidos neste processo. Quem reconhece as obrigações? Os Orixás, as "entidades"? Ou a "Entidade", a instituição, que aparece no documento com um forte tom molar e "monoteísta", em sua tarefa de sobrecodificar a teia móvel e complexa de vínculos existenciais que encerra a relação filho-de-santo/orixá? Observa-se, nessa tentativa

---

142. As tensões entre esses diferentes princípios organizacionais freqüentemente descambam em conflito, o que se observa no baixo grau de legitimidade da Federação perante os candomblecistas de Salvador. Uma vez, ao conversar sobre a FENACAB, tive contato com um desses choques, neste caso, entre a impessoalidade laica burocrática e o "tempo de santo" sagrado: "Teve uma velha, mãe-de-santo e tudo, de muitos anos. Ela não pagou a taxa. Acredita que reclamaram e multaram a senhora! Onde está a hierarquia? Eu não entendo aonde essa FENACAB que chegar...".

de instalar um "terceiro" formal nas "obrigações" (religiosas, sagradas), de modo a cercá-las por obrigações (jurídicas), mais uma atualização do processo que defini, ao longo do quarto capítulo, como o avanço gradual de valores oficiais dentre os terreiros, comunidades historicamente configuradas em torno de uma linguagem das margens, centrada nas estratégias de ocultamento.

Contrária a esse movimento tradicional centrípeto, realizado pelo constante adiamento de si do candomblé, observamos, ao longo de toda a "Parte 2", a configuração crescente de um contexto histórico e político que o interpela demandando a sua real identidade, cobrando a sua verdade. Questionada por mim sobre qual seria o principal impacto da ofensiva neopentecostal na vida dos terreiros da cidade, respondeu uma vez uma *ekédi*, após uma longa pausa para reflexão:

> O candomblé tem que parar de se esconder, sabe? Esses ataques dos pentecostais mostraram que a gente tem que mudar a ignorância que ainda existe no Brasil sobre os cultos de origem africana. Temos que ter mais iniciativa, mostrar a nossa cara, dizer que a gente não é e nem cultua o demônio. Parar de ser usado e mostrar o que a gente é, entendeu? Eu acho que é isso que a gente tira dos ataques dos evangélicos. Nesse sentido, eles chegaram até em boa hora, entendeu?

A fala descreve bem os efeitos desestruturadores propiciados pelo espelho deformado dos evangélicos sobre a economia identitária da religião dos orixás. Ela narra a entrada em cena do "inimigo que faltava", essa expressão tão recorrente ao longo da minha estadia em Salvador – expressão que, com evidente teor salvacionista, descreve a função utópica instaurada na gramática afro-brasileira pelas batalhas travadas contra esse outro intolerante, mas redentor, cujas particularidades, destacadas logo abaixo por Soares, estimulam de modo inédito o desejo de autonomia da religião.[143]

> O catolicismo acusava o afro-brasileiro de blasfemo e se associava ao Estado, que reprimia as manifestações desta religiosidade popular chocante para a sensibilidade forjada em moldes europeus. O pentecostalismo não tem poder de polícia, nem interfere no Estado; ameaça o "povo do santo" com as armas da palavra, das acusações e manifestações públicas. Por isso, também a estratégia reativa não pode ape-

[143]. Foi justamente a insistência no tema do "inimigo que faltava" que me dissuadiu a abandonar a idéia de analisar a "guerra santa" como um fenômeno de concorrência inter-religiosa (mesmo que essa seja a intenção neopentecostal), que teria em vista, em termos bourdianos, a simples luta pelo "monopólio" sobre uma determinada "clientela". A hipótese de uma guerra produtiva para ambos os grupos é corroborada também pelo crescimento estatístico tanto do pentecostalismo quanto do candomblé em âmbito nacional, como destaca Prandi (2005). Por outro lado, o mesmo autor destaca a existência de uma crise nos setores mais cristianizados dos cultos afro-brasileiros, como a umbanda e quimbanda, fenômeno que parece corroborar a tendência, já mencionada ao longo da segunda parte do livro, a uma desvalorização, no interior da própria matriz afro-brasileira, das linguagens sincréticas em detrimento de uma valorização dos critérios de autenticidade.

> nas reiterar a velha camuflagem sincrética. Requer disposição para um enfrentamento horizontal, de igual para igual. Até mesmo as parcas vantagens indiretas de ser vítima desaparecem (Soares 1994:212).

Cotejando o que vi em campo com a descrição apresentada logo acima, diria que a presença evangélica de fato acirra o desejo de conquista, em alguns setores do candomblé em Salvador (deve-se destacar esse caráter parcial), de uma derradeira "libertação" da religião, realizada através de estratégias semelhantes às destacadas por este autor para referir-se aos pentecostais: "as armas da palavra, das acusações e das manifestações públicas".[144] Por outro lado, essa presença também implica uma reconfiguração "triangular" dos vínculos entre o candomblé e o Estado, impulsionando assim a infiltração, em uma relação hoje "em aberto", graças à desregulamentação do controle policial da religião, do discurso das políticas da identidade, ou do "reconhecimento" (Taylor 1994). Logo, as particularidades dos novos inimigos acabam por fazer do velho inimigo oficial, aquele da cidadania e dos direitos, um possível parceiro e protetor, mas um parceiro que, como vimos, seria regido por critérios seletivos de visibilidade.

Sem ter a esfera pública exclusivamente como o seu "campo inimigo", sobre o qual ele teria que habitar velando-se metafórica ou metonimicamente, o candomblé hoje estaria livre para depender de "si mesmo", para dissociar-se das margens, como demonstra o debate contemporâneo acerca da "verdade" do sincretismo. Mas liberado para quê? Por um lado, para se auto-gerir. Por outro, e como parte inerentemente associada à primeira resposta, para "ser ele mesmo", evitando as mistificações e demonizações sem ter que apelar para máscaras identitárias. Nesses termos, os neopentecostais e o Estado aparecem como duas agências de interpelação da religião dos orixás, que através da guerra e da troca demandam a sua verdade como condição para a sua libertação.

A ilorixá Jaciara dos Santos, uma das figuras mais públicas deste "novo candomblé", que menciono extensamente no último capítulo, uma vez declarou a necessidade desse olhar regulatório e distintivo sobre o culto ao propor um "selo de qualidade", que indicaria o grau de autenticidade das práticas ali realizadas:

> A gente do candomblé tá perdendo isso, eu queria até ser presidente da Federação dos Cultos Afro, porque eu ia criar um selo de qualidade do terreiro, onde teria a história, a nação. O pessoal só poderia entrar naquele terreiro se existisse aquele selo: "religião de matriz africana", autêntica, os babalorixás e ialorixás são sacerdotes realmente, uma linguagem certa pra pessoa entender. Agora eu vejo em apartamento, uma mulher bota uma saia e diz que é mãe-de-santo! Não cultua o orixá à altura.

144. Neste trecho, onde Soares destaca as armas utilizadas pelos pentecostais na "guerra santa", observa-se certa tendência a ignorar as estratégias macro de ataque, como os meios de comunicação de massa, o que deixaria clara a assimetria deste conflito, tema pouco discutido no artigo em questão.

Por sua vez, um outro informante destaca com clareza o modo com que o avanço neopentecostal desencadeia essa espécie de "busca de si" por parte da religião, que fundamentaria tal desejo regulatório:

> Algumas pessoas saíram de fato do candomblé pra Universal, outros retornaram e outros não saíram. Eles estão tirando gente de todas as religiões, mostrando que se você for da IURD você vai ter poder. Saiu adepto do candomblé? Saiu, em uma grande quantidade. Do nosso terreiro não teve caso nenhum. Todos que passaram por aqui ficaram. Existe um fato hoje em dia, o fator de uma grande peneira, com um olhar meu, muito particular. Nessa peneira estão todos os candomblés dentro dela, está sendo peneirado. Aí, na verdade, o que passar nessa peneira são os que realmente não tinham como continuar e os que ficarem são os que tinham como continuar. Na verdade também eu sou do candomblé, mas eu noto muita coisa errada dentro das casas. Algumas casas têm procedimentos extremos, extremos. E isso fez também com que as pessoas não ficassem dentro da religião, não entendessem o que ela é.

Organizando essa "grande peneira", a que nos alerta o pai pequeno, pude observar o trabalho discursivo insistente de dois critérios centrais: a ética e a etnicidade, a última funcionando enquanto "grau de africanidade". Mesmo ao longo do terceiro capítulo, onde o candomblé se relaciona com a IURD de modo francamente horizontal, evidencia-se esse desejo de distinção em que o corte entre terreiros de "axé forte" e "axé fraco" faz-se visível através da distribuição desigual de adeptos convertidos pelo pentecostalismo. Axé forte é axé mais africano, mais ético e cuidadoso com a sua relação com o mercado de bens religiosos e, por isso, mais apto a manter os segredos, o controle sobre o princípio transbordante em cuja circulação se delimitaria, sempre com fluidez, a comunidade do povo de santo. Neste capítulo, pudemos observar o desejo de controle de si do candomblé vivido enquanto desejo de regulamentação do seu poder de agência e englobamento: o axé.

Já no quarto capítulo, saímos do universo radicalmente agregador e metonímico do axé para o território metafórico da representação política, observado pelo intenso debate em torno da circulação do candomblé-enquanto-signo na sociedade nacional. Nesse momento, o debate acerca do autocontrole da religião dá-se enquanto estratégias de auto-representação. Nele, desenrola-se a luta contra os conceitos alheios, contra as alter-caracterizações, utilizando-se o demônio evangélico como um caso particular de luta semântica ampla, que inclui formas mais amenas de inserção incorreta do grupo na nacionalidade, como "seita", "folclore" ou "cultura popular". Tal postura crítica e desconstrutiva incide, conjuntamente, e agora de forma propositiva, sobre o campo da auto-caracterização do grupo, onde o controle ético serve como meio para uma religião tida como mais "religiosa" do que festiva, enquanto a etnicidade serve como um meio para o grupo desenhar-se como um outro que dialoga sem se misturar com a sociedade nacional e com a matriz religiosa cristã, nela hegemônica.

No que se refere ao campo da ética, foi freqüente a associação entre o tema da ofensiva neopentecostal e a conformação de uma autocrítica, por parte de membros do povo de santo, a determinados desvios de conduta praticados por seus iguais, que dariam razão aos ataques evangélicos e à saída de membros do culto. Essas críticas foram focadas, sobretudo, em duas áreas.

A primeira delas refere-se ao uso do dinheiro na religião, como destaca a fala logo abaixo:

> Eu tenho uma menina que veio aqui desesperada e disse que tem um camarada na Barra, que tem um candomblé lá, e ela chegou lá pra uma consulta com ele, ele botou essa consulta, cobrou R$ 200,00 com trabalho com tudo. Ela pagou R$ 200,00 achando que a vida ia melhorar, quando ela voltou pra fazer a revisão, o cara disse que o Exu queria um banquete, e aí o que aconteceu. Ele disse que tava manifestado de Exu, e aí foi em cima dela, e ela com medo perguntou: "Esse banquete vai custar quanto?". E ele: "R$ 700,00. Você bota o banquete pra mim na rua!". Entendeu? Ela veio chorando, desesperada, porque ele tinha o nome e a foto dela, que ela tinha dado pra fazer o trabalho, e ficou com medo que ele fizesse alguma coisa com ela. Isso também não é um lado ruim pro candomblé? É! Dá margem a esse tipo de acusação da igreja. O nosso povo de santo normalmente não quer falar sobre isso, mas eu falo. Eu falo porque sou do candomblé, vou no candomblé dos outros e observo coisas por demais.

Outro tema recorrente foram as críticas referentes ao lugar da sexualidade no culto, desenhando-se uma espécie de olhar moralizador sobre as suas práticas rituais:

> Tem um candomblé aqui mesmo, no Beirú, que simplesmente o camarada fazia festa de Exu e depois ele estava, segundo ele, manifestado e de falo em pé! Então você observa que isso não seria uma procedência pra uma prática religiosa. Enquanto você vai nas casas tradicionais, com todo respeito às casas pequenas, não quero dizer que uma casa pequena não possa ser uma casa de respeito, de bom costumes, ela pode ter tudo isso agregado dentro dela. Mas eu vou no Opó Afonjá, não somente lá, já fui no Bate-Folha, já fui no Tumba Jussara, já fui no Tumbenci, já fui em outros terreiros, que são terreiros que guardam hoje em dia as suas origens, e você não encontra isso.

Esse mesmo movimento incide também sobre a presença aberta do homoerotismo dentre os seus adeptos, defendida freqüentemente como uma das características mais democráticas da organização social e cosmológica dos cultos afro-brasileiros:

> De você pegar determinado assuntos, determinadas coisas, botar na mão desse povo, e esse povo sair daí profanando. Como você vê que na Bahia se falava muito "mona", "a mona", nada contra os homossexuais, mas acho também que eles destruíram o candomblé. Seu Joãozinho da Goméia se vestiu de mulher, botou um colã, subiu em um palanque lá no Rio de Janeiro pra desfilar, uma traveca, eu chamo de traveca logo porque eu perco logo o respeito. Aí você vai ter o quê?

> Pessoas que estão dentro do candomblé no decorrer de um tempo que usam o candomblé pras coisas sexuais deles.

O julgamento negativo do pai-de-santo Joãozinho da Goméia parece revelar um dos aspectos desta tendência contemporânea "analítica" de setores do candomblé da cidade, que aqui se mostra preocupada com a defesa de uma religiosidade "séria", "limpa", livre de ambigüidades e blindada a possíveis leituras equivocadas. Joãozinho foi o grande mestre de uma estratégia de inserção do candomblé na cultura nacional, realizada entre os anos 40 e 60, junto com a sua mudança de Salvador para o Rio de Janeiro, e centrada na exploração da dimensão estética e festiva do culto, apelando muitas vezes para o diálogo com o fascínio popular sobre os seus elementos transgressores.[145] No contexto aqui em questão, observa-se uma espécie de crise no "ethos festivo" (Amaral 2002) do povo de santo, isolando-se a espiritualidade das dimensões "totais" da religião, o que tenderia a transformar Joãozinho em uma espécie de produtor e divulgador nacional de equívocos e confusões quanto ao candomblé.

> Eu me envergonho hoje não de ser do candomblé, coisa que eu nunca tive vergonha, me sinto hoje em dia envergonhado de ver certos elementos que se dizem pais e mães-de-santo, pra poder chegar e manipular o candomblé de modo a fazer uma coisa completamente diferente do que nós pudemos ver no passado. Candomblé é um lugar de você entrar religiosamente, sair religiosamente, a sua vida fica lá fora, aqui dentro só há vida espiritual, não há carnaval, essas coisas. Isso deu muita razão também pra que o povo de santo, alguns que se sentiram prejudicados, realmente arrumassem a sua sacola e fossem pra outra religião, porque não suportou talvez mais a intensidade das coisas negativas que a própria religião lhe ofereceu. Deixar as coisas lá fora, entrar no barracão com respeito e devoção, é isso que falta.

É dentro desta proposta de defesa crescente do "respeito e devoção" pelos orixás, através de uma maior regulamentação da religião, que se formula hoje em dia em Salvador um importante projeto, levado à frente pela FENACAB e já em finalização: o "Código Nacional de Ética e Disciplina Litúrgica da Religião Afro-Brasileira". O projeto justifica-se, logo em seu início, como um modo de não permitir que "o anseio de ganho material sobreleve à finalidade social e espiritual, aprimorando-se no culto dos princípios éticos e no domínio da ciência Religiosa, de modo a tornar-se merecedor da confiança da sociedade como um todo". Segue, através de artigos e capítulos, for-

145. De acordo com Lody e Silva: "O candomblé da Goméia vai à rua, aos clubes, às boates, à passarela, ao carnaval, aos festivais, aos eventos de exaltação afro-brasileira num momento histórico em que o terreiro ainda não possuía a (relativa) legitimidade que conquistaria somente nas últimas décadas do século XX. Joãozinho dá visibilidade ao candomblé com ações transgressoras em vários sentidos" (2002:174). Assim, a crítica a Joãozinho seria a crítica a uma inserção dos cultos afro na identidade nacional centrada na música popular, nas danças e nas roupas, estratégias apolíticas que colocariam o candomblé na nação, sem, no entanto, dar a ele lugar aos olhos do estado, dos direitos.

malizando a hierarquia do culto, os seus ritos e as nomenclaturas, definindo aquilo que faz vínculo ou não com os terreiros (ou seja, a diferença entre "cliente" e "filho-de-santo"), definindo deveres do sacerdote e normalizando a prestação de serviços por parte deste. Alguns pontos que já foram citados estão aqui também explicitados, como o controle dos segredos, no Art. 5: "É inviolável os segredos do axé tais como: iniciação, bori, rituais e orikis"; assim como a restrição da sexualidade ao foro íntimo, no Art. 7: "A sexualidade dos Sacerdotes e dos cargos do art. 2, ficam restritos a sua particularidade, devendo a todos o respeito ao lugar sagrado do Templo (...)".

Outro elemento instituído pelo Código é o próprio lugar da FENACAB enquanto mediadora e representante dos terreiros. O órgão é definido no art. 20 como a "detentora dos valores religiosos, tomando atitudes cabíveis quando estes forem: vilipendiados, violados, profanados, atacados moralmente ou usados de jeito sórdido". O documento segue, sob esse aspecto, listando as definições daqueles que seriam os "valores religiosos" do culto, acima citados, uma infinidade de signos materiais e imateriais que compõem o universo espiritual dessas religiões, cuja circulação e polissemia passam a ser controladas e fiscalizadas pela Federação de modo a circunscrevê-las a um universo "religioso", incluindo-se aí também as polêmicas peças de vestuários utilizadas pelas baianas de acarajé. O código define, como seção final, as infrações e sanções disciplinares, além das obrigações implicadas na condição de sócio.

A aplicação de um código de ética a uma religião antes descrita como "a-ética", ou seja, associada preponderantemente à adaptação ao mundo através das narrativas míticas e das negociações rituais, em detrimento da aplicação de códigos prescritivos de conduta, parece revelar um paradoxo, que definiria como "o paradoxo da tomada de posse de si de uma religião de possessão". Assim, no interior do culto, o orixá segue dizendo: o "eu é outro, é tensão", "a cabeça é uma guerra", "'identidade' é aquilo que se dá, que se recebe, que se toma, que se devolve, assim como 'humanidade', 'divindade' ou 'natureza'" (os três pontos do suposto "triângulo", que é aqui logo dissolvido). Enquanto isso, fora do terreiro, outras "entidades", como os neopentecostais, o Estado e o movimento negro, batem na porta, e interpelam o candomblé com as armas da guerra e da troca, acompanhadas sempre pela pergunta: quem é você? Assim, o candomblé especula sobre onde estaria o seu "si mesmo", e o faz através de uma caçada conceitual por centros discursivos, por "deuses", no sentido weberiano acima definido: Onde está o axé? Onde está a etnia? Onde está a ética? Em suma, em que espelho ancorar uma reflexividade "verdadeira" para o culto? Dividido entre a "religião" e a "política", "dentro" e "fora", "casa" e "rua",[146] o candomblé ouve duas vozes, e recebe dois estímulos a partir dos quais revê as suas estratégias de inserção.

---

146. Pode-se dizer que o candomblé tradicional é todo "casa", *abassá*, material e simbolicamente, a "rua" contando como o mundo do outro. É interessante perceber certa aversão, por parte de mães-de-santo consagradas, de sair às ruas, mostrando-se geralmente mulheres reclusas, "da casa".

Apoiando-se em um processo ainda em movimento, qualquer conclusão soaria logo precipitada. Contudo, ao longo do último capítulo, pude ver delinear-se uma resolução possível dada a este aparente impasse. Nele, vimos o avanço de uma divisão, no corpo da comunidade do culto, entre sintagmas "políticos" e "religiosos" justapostos, corte resultante da crise na política personalista e carismática de alianças com o Estado, definida como "a política dos antigos". Essa tentativa de adequação pôde ser expressa pela divisão entre cargos rodantes cada vez mais "religiosos", em sentido estrito, e cargos não-rodantes cada vez mais "políticos", também em sentido estrito, ocupados por jovens muitas vezes associados ao movimento negro, defensores de uma fala democrática e cidadã. Aqui, e mais uma vez, o paradoxo é transformado em acordo, o que lembra a necessidade de nunca se descuidar diante da capacidade de síntese quase ilimitada das estratégias discursivas tradicionais dos cultos afro-brasileiros, principalmente aquelas articuladas em torno do que Segato define como a "dupla voz" desses grupos:

> Aludo aqui ao fato de que, repetindo o discurso hegemônico e totalizador do dominador, o subalterno – neste caso o afro-brasileiro –, introduz a marca da sua posição diferenciada na nomenclatura utilizada, e o faz duplicando sua voz. Em um mesmo enunciado manifesta que reconhece e se inclina frente à presença do mundo circundante, totalizado e hegemonizado pela moral dominante, mas uma escuta sensível e atenta revela que esse enunciado esconde e vela uma voz que, ao acatar esse léxico, introduz nele a sua corrosiva marca de dúvida e de insubordinação (2003b:244).

A aptidão que tem o candomblé de adiar a sua presença, através de operações discursivas delicadas tendo em vista o ocultamento e o desvelamento de si, insiste em colocar seus outros, incluindo aí o antropólogo, diante do inevitável da dúvida. Desse modo, no caso citado, o estímulo duplo (paradoxal?) instalado pela idéia de "reconhecimento" é resolvido pela invenção de uma "máscara moderna", devolvendo-se o suposto impasse com intensidade ainda maior.

Assim, se o antropólogo questiona, do seu lado: Como articular uma concepção trágica de pessoa com a noção política de "autenticidade"? O candomblé responde, do outro, lançando uma questão ainda mais complexa: Pode ser a "autenticidade" apenas uma máscara a mais? A máscara paradoxal da ausência de máscara? Entre modernização e "modernidade-como-máscara", ou entre estímulos duplos e duplas vozes, os graus de adesão parecem variar muito.[147] Diante deste terreno ainda em aberto, creio que ao menos as novas e velhas tensões associadas à inserção do candomblé nos novos e velhos discursos hegemônicos atualizados em Salvador tenham sido aqui adequadamente colocadas.

---

147. É interessante destacar, como mais um possível indício desses graus variáveis de intensidade de aceitação real do *ethos* modernizador no candomblé o fato de quase nenhum político associado ao Movimento Contra a Intolerância Religiosa, dentre eles a sua maior liderança, a vereadora Olívia Santana, ter tido sucesso nas últimas eleições estaduais e federais.

III. A não-indiferença mútua e as duas vias do englobamento

Nos dois movimentos de "posse de si" anteriormente descritos, pudemos ver o campo de possibilidades sociológicas aberto pela não-indiferença, ou seja, pela demarcação ou pela tentativa de demarcação de limites entre o eu e o outro tendo em vista construir-se ou reconstruir-se especularmente. Tal fato, que pôde posteriormente estabelecer-se como o cerne deste trabalho, impôs-se de forma explícita quando passei a ter contato em campo com o olhar surpreendentemente "positivo" com que setores do candomblé local lidavam com o avanço neopentecostal sobre os seus costumes e visão de mundo. Antes de destacar temas aparentemente evidentes, e que conformavam o meu primeiro olhar sobre o assunto, como o caráter agressivo, inconstitucional e radicalmente assimétrico desses ataques, percebi dentre o povo de santo uma sentimento geral de que o bônus da "guerra santa", principalmente a capacidade inédita de mobilização e visibilização política em torno da religião, tenderia a ser maior que o seu ônus, a perda de alguns filhos de santo de terreiros tidos como "fracos", indivíduos que demonstravam, na verdade, não terem sido em nenhum momento merecedores de fato da dádiva do axé.

A ofensiva evangélica implicaria até mesmo o estabelecimento de um tipo particular de respeito ao culto dos orixás, um respeito não observado na in-diferença católica, fundada em estratégias como a folclorização das suas práticas ou o sincretismo como forma de ancorar simbolicamente, ou seja, não eficazmente, o outro como um outro eu. Esse seria o respeito que se dá a um inimigo poderoso, mesmo quando pensado, equivocadamente, como um inimigo maleficamente poderoso. Assim, o candomblé de Salvador parecia gritar aos meus ouvidos que, mesmo quando violenta e combativa, a não-indiferença seria sempre melhor que a in-diferença.

Talvez guiados por esta visão de mundo, que chamaria de "agonística", os inimigos que se interpelaram na "guerra santa" que pude textualizar não intentaram negar o encontro com o outro através de um fechamento radical da reflexividade e da sua contrapartida discursiva, a polissemia. Pelo contrário, demonstraram um desejo estratégico de englobar o outro em suas próprias questões, fazendo dele uma posição essencial a elas, mesmo que esse abraço inicial fosse seguido por uma acintosa expulsão. Afinal de contas, e como destaca Velho (2002): "a satanização do outro não é necessariamente de um outro externo, mas de um outro interno". Ou ainda: "satanização não só, porém, no sentido de que o outro, afinal, já esteja na praça central, mas também de que esse outro esteja, efetivamente, no sentido mais íntimo, dentro mesmo de nós"[148] (168).

148. Com essa distinção, o autor defende a validade da diferença entre "alteridade", que se refere ao outro externo, e "outridade", que se refere a um outro interno (Velho 2002:169). Pensada

Ao abraçar o "demônio afro-brasileiro" como o seu outro interno, resgatando-o da in-diferença católica e fazendo dele o objeto de um movimento expiatório perpétuo, a IURD consegue sair discursivamente de algumas aporias colocadas pelo individualismo, principalmente aquelas associadas aos contrastes existentes entre os seus aspectos ascéticos e hedônicos. Pois se esta ideologia promete, através da "posse de si", da verdade subjetiva, o acesso à liberdade e à derradeira fruição do mundo enquanto tal, ele freqüentemente condiciona essa mesma liberdade a um pesado movimento de interiorização endividada do átomo social, observada na idéia de responsabilidade e de vigilância de si como mecanismos de sustentação do todo moderno. Marshall Sahlins (2004) parece definir adequadamente esta tensão, destacando, contra os partidários do inexorável "processo de racionalização", como o capitalismo e o utilitarismo estariam fadados a um movimento de consumo e auto-abnegação que, de fato, mostra-se profundamente paradoxal: "Qualquer um que defina a vida como a busca da felicidade é, na realidade, cronicamente infeliz" (165).[149]

Essa mesma duplicidade é percebida por Gilles Lipovetsky (1994), quando este observa que "a modernidade inaugural apresenta-se em duas faces: de um lado, a idolatria do imperativo moral, do outro, a sua deslegtimimação radical; a sacralização laica do dever teve como contrapartida a dessacralização da consciência virtuosa" (34). O filósofo segue, destacando que uma análise histórica da modernidade desvelaria as diferentes ênfases colocadas sobre cada um desses pólos ao longo do tempo. Sob essa ótica, até meados do século XX, "a cultura do dever canalizou para estreitos limites a cultura dos direitos subjetivos, a exigência individualista da felicidade foi julgada pelas obrigações da moral social, familiar e sexual" (49). No entanto, viveríamos, desde então, um "período pós-moralista das democracias" (55) em que a cultura do dever, do sacrifício individualista de si, teria sofrido uma guinada na direção do esquecimento de si como virtude, enquadrada por uma "moral indolor" (55) pouco prescritiva e construída pragmaticamente a partir da correção dos exageros da ação (um "não-fazer", em vez de um "tu-deves").

Os excessos da IURD parecem exemplificar bem a atualização desse mesmo processo de avanço da dimensão hedônica do individualismo sobre a sua faceta ascética, que aqui se mostra radicalizada a ponto de entrar muitas vezes em choque com princípios básicos da matriz democrática e liberal, como a "liberdade de crença" e a "tolerância".

---

sob esses termos, diria que a "guerra santa" que narrei tentou privilegiar a ótica da outridade, antes que da alteridade.

149. Sahlins parece aqui supor um vínculo interno entre o individualismo e o niilismo. Seria a luta por "autonomia individual" ou "liberdade" apenas mais uma face do nietzscheano "desejo de nada"?

Por outro lado, e agora me apoiando nas reflexões de Sanchis (2001), a força do fenômeno IURD, o sucesso estrondoso de um discurso que democratiza a graça e capitaliza os malefícios, pode também ser pensado como reflexo de uma tendência do campo religioso contemporâneo a realizar uma "volta a uma mentalidade primitiva" (40).[150] Esse "primitivismo", pensado aqui em sentido durkheimiano, ou seja, como "afloramento do fundamental", e não como "atraso", poderia ser observado em uma série de traços do discurso neopentecostal. Primeiramente, a sua ênfase evidente na efervescência ritual em detrimento da problemática ético-valorativa. Conseqüentemente, e como condição da primeira, a revalorização da narrativa sacrifical (excessivamente "simbolizada" pelo catolicismo), atualizada em seus cultos tanto pela via propiciatória, percebida na elevação do dinheiro a signo ritual, quanto pela via expiatória, percebida nos canais de transmissão de culpa que são a possessão e a feitiçaria. Por fim, e como deslocamento discursivo macro subjacente aos dois últimos pontos, o fato desses cultos apontarem uma crise geral nos modos "simbólicos" de mediação, em sentido peirceano, ou seja, significações que tocariam o mundo de modo arbitrário e intelectualista, levando-se assim ao paroxismo os mecanismos indexicais de eficácia significativa, tanto do outro quanto de si mesmo.[151]

Portanto, ao englobar metonimicamente os cultos afro-brasileiros, o neopentecostalismo parece absorver parte do seu estilo interpretativo, tecendo então uma estranha síntese, uma "tragédia do individualismo", ou um "cristianismo de guerra". Como afirma Birman (1996), neste caso, estaríamos em pleno campo das "passagens", ou, nos termos por mim colocados, nem no individualismo, nem no holismo, mas na capitalização do próprio movimento definido por Dumont (1985) como "englobamento". Assim, o outro ameaçador dos cultos de possessão aparece também como o outro libertador, o lugar onde se expia, com o perdão da ironia, o "bode" do individualismo. Por fim, resta a pergunta, dada a insistência do tema na fala nativa: Libertar-se de quê, ou de quem? Dos espíritos maléficos? Talvez, mas não somente. De acordo coma as minhas observações, a idéia aqui é libertar-se, sobretudo, da faceta do individualismo que tende a fazer dele uma espécie de "ditadura do si mesmo".

Do outro lado do espelho evangélico, percebe-se, por sua vez, que essa captura textual também dinamiza fortemente o universo próprio de questões em que se sustenta a reflexividade dos cultos afro-brasileiros. E se o neopentecostalismo vê nesse englobamento a possibilidade de escapar das aporias do individualismo, o candomblé parece encontrar aí a chance de adentrar nesse campo de tensões de modo mais aprofundado. Os ataques forneceram, pensados sob a

150. A mesma idéia de uma "modernidade involutiva" é encontrada em Mafessoli (1998).

151. Por outro lado, é essa mesma relação simbolizada que fundamentaria a atual in-diferença católica pelo candomblé.

ótica afro-brasileira, também uma possibilidade de fuga, mas, desta vez, de fuga do universo tautológico e adaptativo da tradição dos orixás, produzindo-se, a partir das particularidades do seu novo opositor, um *telos* utópico apto a provocar uma saída de si da religião na direção de uma possível inserção política mais ostensiva na esfera pública local.

Tal fenômeno, realizado através de um interessante processo de identificação na negação, denominado por mim, apoiado nas reflexões de Oro (2003a, 2003b), "mimetismo negativo", mostrou-se de modo mais explícito quando apontei, em determinados setores do candomblé de Salvador, o desejo de ocupar áreas de ação típicas das igrejas neopentecostais, como a comunicação de massa e a política partidária. A crescente e auto-representada exposição pública da religião seria um dos efeitos do processo contemporâneo de controle "ét(n)ico" de si do candomblé, que visaria resgatar tudo aquilo que, partindo da matriz histórico-cultural que o sustenta, teria se disseminado pela sociedade nacional, vindo a perder contato com aqueles que de fato seriam os detentores dos direitos sobre a sua circulação.

Coordenando esse projeto como uma espécie de equivalente geral, observa-se a estabilização do critério de "autenticidade", esta que, segundo Taylor (1991), seria a face romântica do individualismo, critério cuja função seria a extensão do seu campo gramatical de modo a contemplar os coletivos situados nas margens da própria modernidade. Com a defesa da autenticidade, indica-se, portanto, o anseio, por parte de setores que defini como "modernizadores" do candomblé, de apontar para a religião a necessidade de um encontro pleno consigo mesmo, realizado pelo intermédio de uma identidade menos mítica e mais ética e política.

A partir desse estado de coisas, observa-se que, se há avanço modernizador ou individualista ao longo da "guerra santa", ele existe, no caso de Salvador, de modo mais evidente no lado dos cultos afro-brasileiros e, assim mesmo, como destaquei logo atrás, não sem uma série de acordos com a sua tradição de ocultamento de si. Tais acordos, por sua vez, produzem gradações ainda pouco percebidas por olhos estrangeiros, mostrando-se como um campo de estudos ainda em aberto.

Desse modo, é bastante provável que Soares esteja certo em aferir, a partir do avanço evangélico no país, que "quebraram o velho pacto" (1994:212) da nação. Contudo, não consigo ver claramente, no bojo do chamado neopentecostalismo, o seu setor dominante, a costura de um pacto alternativo, mas sim a substituição deste modelo molar de alianças e/ou direitos por uma "economia sacrificial", uma micropolítica que dissolve, em dramas cotidianos, qualquer pacto possível. A quebra da hegemonia católica, sempre apoiada em bases estatais, indica de fato a ruptura com "terceiros" consensuais, que estabilizariam nossos dramas individuais e coletivos tanto na forma de "nação" quanto na forma de "Deus" ou mesmo "divindades". A contemporaneidade da magia e da feitiçaria no Brasil, a felicidade

(Austin 1975) desses discursos tidos como arcaicos em textualizar o campo de fenômenos que compõe o dia-a-dia de uma grande cidade brasileira, um dos temas mais recorrentes nos conflitos da "guerra santa", revela um mundo de contratos rápidos e revogáveis e não de acordos criteriosos e duradouros. Diante deste universo estrangeiro, restam as ilhas narrativas fragmentadas que são a igreja ou o terreiro, cuja adesão interna forneceria as âncoras ontológicas ou que permitiriam ao menos negociar com essa nação-como-um-outro.

Convidado somente agora para essa festa, justamente quando ela já aponta o seu fim, o candomblé, por sua vez, parece observar tudo ainda à distância, manifestando em algumas de suas frentes um crescente desejo de entrar no pacto, o mesmo pacto que, cada vez mais, é posto em cheque. Segue então experimentando com o que lhe apresentam, como sempre o fez, dialogando agora não mais com os santos do catolicismo, mas com os "projetos", as "sociedades civis", as linguagens do direito, da etnicidade e da raça, com a paciência e a ironia de quem sabe que aquela que sempre foi a sua moeda de troca, a partir da qual ele se velou e se desvelou várias vezes, foi recentemente instituída como câmbio oficial: o espelho da identidade.

Girando e experimentando em torno da órbita discursiva do individualismo, transferindo as ausências significativas que ela mesma produz, a "guerra santa" espalhou e espalha os vestígios do seu acontecimento pela (ainda?) "Cidade dos Orixás". E se os conflitos religiosos e políticos que interpretei, eles mesmos interpretaram, tal situação de modo algum indicou que as batalhas que pude narrar tenham sido inócuas, ou imaginárias, mas, sobretudo, que os sujeitos que delas participaram (ou que nelas participaram) ali se perderam, ao responder a efeitos que eles mesmos geraram, mas que não puderam e não podem controlar.

BIBLIOGRAFIA

ALMEIDA, Ronaldo de. A Guerra das possessões. In: ORO, A., CORTEN, A., DOZON, A. (org.). *Igreja Universal do Reino de Deus*: os novos conquistadores da fé. São Paulo: Paulinas, 2003.

AMARAL, Rita de Cássia. *Povo de santo, povo de festa*: o estilo de vida dos adeptos do candomblé paulista. São Paulo: FFLCH/USP. Dissertação de Mestrado, 1992.

ASAD, Talal. The construction of religion as an anthropological category. In: *Genealogies of Religion*: discipline and reasons of power in Christianity and Islam. John Hopkins University Press, 1993.

AUSTIN, John. *How to do things with words*. Cambridge: Harvard University Press, 1975.

BARBOSA, Luiz S. A federação baiana do culto afro-brasileiro. In: *Encontro de nações-de-candomblé*. Salvador: Ianamá/CEAO/CED, 1984.

BARTHES, Roland. Saussure, o signo, a democracia. In: *A aventura semiológica*. São Paulo: Martins Fontes, 2001.

BASTIDE, Roger. *Imagens do Nordeste místico em branco e preto*. Rio de Janeiro: Cruzeiro, 1945.

_______________. *As religiões africanas no Brasil*: contribuições a uma sociologia das interpenetrações de civilizações, 2v. São Paulo: EDUSP, 1971.

_______________. *Estudos afro-brasileiros*. São Paulo: Perspectiva, 1973.

_______________. *O candomblé da Bahia*: rito nagô. São Paulo: Companhia das Letras, 2001.

BATAILLE, Georges. *Teoria de la religion*. Madrid: Taurus, 1981.

BATESON, Gregory. *Naven*: the culture of the Iatmul people of New Guinea as revealed through a study of the "naven" ceremonial. San Francisco: Stanford University Press, 1958.

BENVENISTE, Émile. Structure des relations de personne dans le verbe. In: *Problèmes de linguistique générale*, v.1. Paris: Gallimard, 1966a.

_______________. Les niveaux de l'analyse linguistique. In: *Problèmes de linguistique générale*, v.1. Paris: Gallimard, 1966b.

_______________. Communication animale et langage humain. In: *Problèmes de linguistique générale*, v.1. Paris: Gallimard, 1966c.

BIRMAN, Patrícia. Cultos de possessão e pentecostalismo no Brasil: passagens. *Religião e Sociedade* 17(1/2), 1996.

_______________ (org.). *Males e malefícios no discurso neopentecostal*: o mal à brasileira. Rio de Janeiro: EDUERJ, 1997.

_______________. Conexões políticas e bricolagens religiosas: questões sobre o pentecostalismo a partir de alguns contrapontos. In: SANCHIS. P (org.). *Fiéis e Cidadãos*: percursos do sincretismo no Brasil. Rio de Janeiro: EDUERJ, 2001.

BITTENCOURT, José. As seitas no contexto do protestantismo histórico. *Cadernos do ISER* 21, 1989.

BRAGA, Júlio. Candomblé da Bahia: repressão e resistência. *Revista USP*. Dossiê Brasil/África 18, 1993.

CARVALHO, José Jorge de. *Violência e caos na experiência religiosa*. Brasília: Série Antropologia 74, 1988.

__________________. *Características do fenômeno religioso na sociedade contemporânea*. Brasília: Série Antropologia 114, 1991.

__________________. *Um espaço público encantado*: pluralidade religiosa e modernidade no Brasil. Brasília: Série Antropologia 249, 1999.

__________________. *A religião como sistema simbólico*: uma atualização teórica. Série Antropologia 285, 2000.

CASCUDO, Luís da Câmara. *A cozinha africana no Brasil*. Luanda: Mus Angola, 1936.

__________________. *Superstições e costumes*: pesquisas e notas de etnografia brasileira. Rio de Janeiro: Antunes, 1958.

__________________. Ausência do diabo africano. In: *Made in Africa*: pesquisas e notas. São Paulo: Global, 2002.

CLASTRES, Pierre. *Arqueologia da violência*: pesquisas de antropologia política. São Paulo: Cosac & Naify, 2004.

CLIFFORD, James. Sobre a autoridade etnográfica. In: *A experiência etnográfica*: antropologia e literatura do século XX. Rio de Janeiro: Editora UFRJ, 1998.

CONSORTE, Josildeth Gomes. Em torno de um Manifesto de Ialorixás Baianas contra o Sincretismo. In: CAROSO, C & BACELAR, J. (org.). *Faces da tradição afro-brasileira*: religiosidade, sincretismo, anti-sincretismo, reafricanização, práticas terapêuticas, etnobotânica e comida. Salvador: CEAO, 2006.

CRAPANZANO, Vincent. The self, the third and the desire. In: *Hermes' Dillema and Hamelet's desire*: on the epistemology of interpretation. Cambridge: Harvard University Press, 1992a.

__________________. On self characterization. In: *Hermes' Dillema and Hamelet's desire*: on the epistemology of interpretation. Cambridge: Harvard University Press, 1992b.

__________________. *Serving the word*: literalism in America from the pulpit to the bench. New York: The New Press, 2000.

DELEUZE, Gilles GUATTARI, Félix. 20 de Novembro de 1923 – Postulados da Lingüística. *Mil Platôs*: capitalismo e esquizofrenia. Rio de Janeiro: Editora 34, 1995.

DERRIDA, Jacques. A estrutura, o signo e o jogo no discurso das ciências humanas. In: DONATO, E (org.). *A controvérsia estruturalista*: as linguagens da crítica e as ciências do homem. São Paulo: Cultrix, 1972.

__________________. *Positions*. Chicago: Paperback, 1982.

__________________. *Gramatologia*. São Paulo: Perspectiva, 1999.

DIAS, Jussara Cristina Rêgo. *Territórios do candomblé*: desterritorialização dos terreiros na região metropolitana de Salvador. Dissertação de Mestrado em Geografia: UFBA, 2003.

DILTHEY, Wilhelm. Dilthey: selected writings. RICKMAN, H.P. (ed.). London: Cambridge University Press, 1976.

DOUGLAS, Mary. *Pureza e Perigo*. São Paulo: Perspectiva, 1976.

DUARTE, Everaldo. Religiosidade no cotidiano baiano: o Dique do Tororó. In: MARTINS, C. & LODY, R. (orgs.). *Faraimará, o caçador traz alegria*: Mãe Stella, 60 anos de iniciação. Rio de Janeiro: Pallas, 2000.

DUMONT, Louis. *Essais sur l'individualisme*: une perspective anthropologique sur l'idéologie moderne. Paris: Éditions de Seuil, 1985.

______________. *Homo Hierarquicus*: o sistema das castas e as suas implicações. São Paulo: EDUSP, 1997.

______________. *Homo Aequalis*: gênese e plenitude da ideologia econômica. Bauru: EDUSC, 2000.

DURKHEIM, Émile. *As formas elementares da vida religiosa*: o sistema totêmico na Austrália. São Paulo: Martins Fontes, 1996.

ELIAS, Norbert. *O processo civilizador*: uma história dos costumes , vol 1. Rio de Janeiro: Jorge Zahar, 1994.

EVANS-PRITCHARD, E.E. *Bruxaria, oráculos e magia entre os Azande*. Rio de Janeiro: Jorge Zahar, 2005.

FABIAN, Johannes. *Moments of freedom*: anthropology and popular culture. Charlottesville, London: University Press of Virginia, 1998.

FAORO, Raymundo. *Os donos do poder*: formação do patronato político brasileiro. São Paulo: EDUSP, 1975.

FLUSSER, Vilém. *Ficções Filosóficas*. São Paulo: EDUSP, 1998.

FONSECA, Alexandre. Igreja Universal: um império midiático. In: ORO, A., CORTEN, A., DOZON, A. (org.). *Igreja Universal do Reino de Deus*: os novos conquistadores da fé. São Paulo: Paulinas, 2003.

FOUCAULT, Michel. *Historia da sexualidade*. Rio de Janeiro: Graal. 3v, 1982-85.

________________. *A ordem do discurso*: aula inaugural no College de France, pronunciada em 2 de dezembro de 1970. São Paulo: Loyola, 2000.

________________. The subject and power. In: DREYFUS, H.; RABINOW, P. *Michel Foucault: beyond structruralism and hermeneutics*. Chicago: University of Chicago Press, 1983.

FRAZER, Sir James G. *The golden bough*: a study in magic and religion. Wordsworth Editions Limited: Great Britain, 1993.

FRESTON, Paul. Breve histórico do pentecostalismo brasileiro. In: ANTONIAZZI, A. e MARRIZ, C. (orgs.). *Nem anjos nem demônios*: interpretações sociológicas do pentecostalismo. Petrópolis: Vozes, 1994.

FREUD, Sigmund. The 'uncanny'. In: RIEFF, P. (ed.). *Studies in parapsychology*. New York: Collier Books, 1963.

GADAMER, Hans-Georg. The problem of Historical Consciousness. In: RABINOW, P. & SULLIVAN, W (org.). *Interpretative Social Science*: a Reader. Los Angeles: University of California Press, 1980.

____________________. *Verdade e Método I*: traços fundamentais de uma hermenêutica filosófica. Petrópolis: Vozes, 1997.

GAUCHET, Marcel. *Le désenchantement du monde*: une histoire politique de la religion.

Paris: Gallimard, 1985.

GEERTZ, Clifford. A religião como sistema cultural. In: *A interpretação das culturas*. Rio de Janeiro: LTC, 1989.

GESCHIERE, Peter. *The modernity of witchcraft*: politics and the occult in postcolonial Africa. Charlottesville: University Press of Virginia, 1997.

GIUMBELLI, Emerson. *O fim da religião*: dilemas da liberdade religiosa no Brasil e na França. São Paulo: Attar Editorial, 2002.

______________________. O 'chute da santa'. In: BIRMAN, P. (org.). *Religião e espaço público*. São Paulo: Attar Editorial, 2003.

GOLDMAN, Márcio. A construção ritual da pessoa: a possessão no Candomblé. *Religião e Sociedade*, 12(1), 1985.

GOMES, Wilson. Nem anjos nem demônios. In: ANTONIAZZI, A. & MARIZ. C. (orgs.). *Nem anjos nem demônios*: interpretações sociológicas do pentecostalismo. Petrópolis: Vozes, 1994.

GUIMARÃES, Eduardo Alfredo Morais. Religião popular, festa e o sagrado. Dissertação de Mestrado em Antropologia, UFBA, 1994.

HÉRITIER, Françoise. O eu, o outro e a intolerância. In: BARRET-DUCROCQ, F. (dir.). *A intolerância*: Foro internacional sobre a Intolerância, Unesco, 27 de março de 1997, La Sorbonne, 28 de março de 1997. Rio de Janeiro: Bertrand Brasil, 2000.

HERRENSCHMIDT, Olivier. Sacrifice: symbolic or effective? In: *Between belief and transgression*: structuralist essays in religion, history and myth. Chicago: University of Chicago Press, 1982.

HUNTER, James D. *Evangelicalism*: the coming generation. Chicago: University of Chicago Press, 1987.

JAKOBSON, Roman. *Closing statement*: Linguistics and poetics. Selected Writings, v.2. New York: Mouton, 1971.

________________. Dois aspectos da linguagem e dois tipos de afasia. In: *Lingüística e comunicação*. São Paulo: Cultrix, 1987a.

________________. A concepção de significação gramatical segundo Boas. *Lingüística e comunicação*. São Paulo: Cultrix, 1987b.

LACAN, Jacques. Du non-sens, et de la structure de Dieu. In: *Le Seminaire de Jacques Lacan*, v.3: Les psychoses. Paris : Ed Du Seuil, 1991a.

_______________. Métaphore et métonymie (I) : 'Sa gerbe n'était point avare, ni haineuse'. In: *Le Seminaire de Jacques Lacan*, v.3: Les psychoses. Paris : Ed Du Seuil, 1991b.

LATOUR, Bruno. *Reassembling the social*: an introduction to Actor-Network-Theory. Oxford University Press, 2005.

________________. *Reflexão sobre o culto moderno dos deuses fe(i)tiches*. Bauru: EDUSC, 2002.

LEACH, Edmund. *Sistema políticos da alta Birmânia*: um estudo da estrutura social kachin. São Paulo, Edusp, 1996.

________________. *Animal categories and verbal abuse*. The essential Edmund Leach. New York: Yale Univ. Press, 2000.

LEMINSKI, Paulo. *Catatau*: um romance-idéia. Curitiba: Travessa dos Editores, 2004.

LENOIR, Frédéric. *Les métamorphoses de dieu*: la nouvelle spiritualité occidentale. Paris:

PLON, 2003.

LÉVI-STRAUSS, Claude. *O Totemismo Hoje*. Seleção de Textos. São Paulo, Ed. Abril Cultural, 1976.

________________________. *O pensamento selvagem*. Campinas: Papirus, 1997.

LIMA, Vivaldo da Costa. O conceito de 'nação' nos candomblés da Bahia. *Afro-Asia* 12, 1976.

LIPOVETSKY, Gilles. *O crepúsculo do dever*: a ética indolor dos novos tempos democráticos. Lisboa: Dom Quixote, 1994.

LODY, Raul. Patrimônio imaterial: a democratização da memória. *Revista Palmares*, setembro, 2005.

LODY, Raul & SILVA, Vagner Gonçalves da. Joãozinho da Goméia: o lúdico e o sagrado na exaltação ao candomblé. In: SILVA, V.G. (org.). *Caminhos da alma*: memória afro-brasileira. São Paulo: Summus, 2002.

LÜHNING, Angela. "Acabe com esse santo, Pedrito vem aí...": mito e realidade da perseguição policial ao candomblé baiano entre 1920 e 1942. *Revista USP*, (28), 1995.

MACEDO, Edir. *Orixás, caboclos e guias:* deuses ou demônios? Rio de Janeiro: Editora Gráfica Universal Ltda., 2005.

____________. *A libertação da teologia*. Rio de Janeiro: Editora Gráfica Universal Ltda., 2005b.

MAFFESOLI, Michel. *O tempo das tribos*. Rio de Janeiro: Forense Universitária, 1998.

MAFRA, Clara. Na posse da palavra: religião, conversão religiosa e liberdade pessoal em dois contextos nacionais. Rio de Janeiro: Tese de doutorado, PPGAS Museu Nacional, UFRJ, 1999.

MARIANO, Ricardo. Os neopentecostais e a teologia da prosperidade. *Novos Estudos*, São Paulo, n.44, 1996.

__________________. *Neopentecostais*: sociologia do novo pentecostalismo no Brasil. São Paulo: Loyola, 1999.

MAUSS, Marcel. Ensaio sobre a natureza e a função do sacrifício. *Ensaios de Sociologia*. São Paulo: Perspectiva, 1999a.

_____________. Gift, gift. *Ensaios de Sociologia*. São Paulo: Perspectiva, 1999b.

_____________. Uma categoria do espírito humano: a noção de pessoa, a de "eu". *Sociologia e Antropologia*. São Paulo: Cosac & Naify, 2003a.

_____________. Ensaio sobre a dádiva: forma e razão da troca nas sociedades arcaicas. *Sociologia e Antropologia*. São Paulo: Cosac & Naify, 2003b.

MARIZ, Cecília. O demônio e os pentecostais no Brasil. In: BIRMAN, P. (org.). *O mal à brasileira*. Rio de Janeiro: EDUERJ, 1997.

MARY, André. Le pentecôstisme brésilien en terre africaine: l'Universel abstrait du Royaume de Dieu. *Cahiers d'études africaines*, 167, 2002.

McGUIRE, Meredith. *Healing in Christian groups*: ritual healing in suburban America. New Brunswick, NJ: Rutgers Univ. Press, 1988.

MUCHEMBLED, Robert. *Uma história do diabo*: séculos XII-XX. Rio de Janeiro: Bom Texto, 2001.

NEGRÃO, Lísias Nogueira. Refazendo antigas e urdindo novas tramas. *Religião e Sociedade*, 18(2), 1997.

NIETZSCHE, Friederich W. *Œuvres Phostumes*. Paris: Mercure de France, 1939.

________________________. *Genealogia da Moral*. Lisboa: Guimarães & C. Editores, 1976.

______________________. *Aurora*: reflexões sobre os preconceitos morais. São Paulo: Companhia das Letras, 2004.

ONAWALE, Lande. (org.). *O vento*: poemas. Salvador: EDUFBA, 2003.

ORO, Ari Pedro. Neopentecostais e Afro-Brasileiros: quem ganhará esta guerra? Guerra Santa, *Debates do NER*, Ano 1, n.1, 1997.

____________. A política da Igreja Universal e seus reflexos nos campos religioso e político brasileiros. *Revista Brasileira de Ciências Sociais*, 18(53), 2003a.

____________. Igreja Universal: um poder político. In: ORO, A., CORTEN, A., DOZON, A. (orgs.). *Igreja Universal do Reino de Deus*: os novos conquistadores da fé. São Paulo: Paulinas, 2003b.

ORO, Ari Pedro; CORTEN, André & DOZON, Jean-Pierre (orgs.). *Igreja Universal do Reino de Deus*: os novos conquistadores da fé. São Paulo: Paulinas, 2003.

PEIRCE, Charles S. *Philosophical Writings of Peirce*. New York: Dover Public, 1955.

______________. Ícone, índice e símbolo. *Semiótica*. São Paulo: Perspectiva, 2000.

POUILLON, Jean. Remarks on the verb 'to believe'. In: IZARD, M. & SMITH, P. (orgs.). *Between belief and transgression*: structuralist essays in religion, history and myth. Chicago: University of Chicago Press, 1982.

PRANDI, Reginaldo. *Herdeiras do axé*: sociologia das religiões afro-brasileiras. São Paulo: Huicitec, 1996.

PRANDI, Reginaldo (org.). *Mitologia dos Orixás*. São Paulo: Companhia das Letras, 2001.

_______________. *Segredos guardados*: orixás na alma brasileira. São Paulo: Companhia das Letras, 2005.

_______________. Referências sociais das religiões afro-brasileiras: sincretismo, branqueamento, africanização. In. CAROSO, C & BACELAR, J. (orgs.). *Faces da tradição afro-brasileira*: religiosidade, sincretismo, anti-sincretismo, reafricanização, práticas terapêuticas, etnobotânica e comida. Salvador: CEAO, 2006.

RAMOS, Artur. *O negro brasileiro*. Recife: Fundação Joaquim Nabuco/Editora Massangana, 1988.

REINHARDT, Bruno & PEREZ, Léa. Da 'Lição de Escritura'. *Horizontes Antropológicos/* UFRGS, 22 (10), 2004.

REINHARDT, Bruno. A dádiva da teoria: epistemologia e reciprocidade no circuito do 'dado' antropológico. *Campos Revista de Antropologia Social/UFPR*, 7 (1), 2006.

RICOEUR, Paul. *The symbolism of evil*. Boston : Beacoc Press, 1967.

____________. *Temps et recit*. Paris: Ed Du Seuil, 1983.

____________. Individu et identité personelle. In : VEYNE, P. (org.). *Sur l'individu*. Éditions du Seuil: Paris, 1987.

____________. *A metáfora viva*. São Paulo: Loyola, 2000 [1975].

____________. Etapa atual do pensamento sobre a intolerância. In: *A intolerância*: Foro internacional sobre a Intolerância, Unesco, 27 de março de 1997, La Sorbonne, 28 de março de 1997. (BARRET-DUCROCQ, F. (dir.). Rio de Janeiro: Bertrand Brasil, 2000.

RODRIGUES, Nina. *Os africanos no Brasil*. São Paulo: Editora Nacional, 1935.

SALISBURY, Joyce. *The beast within*: animals in the Middle Ages. New York-London: Routledge, 1994.

SANCHIS, Pierre. O repto pentecostal à cultura católico-brasileira. In: ANTONIAZZI, A. e MARRIZ, C. (org.). *Nem anjos nem demônios*: interpretações sociológicas do pentecostalismo. Petrópolis: Vozes, 1994.

______________. Religiões, religião... alguns problemas do sincretismo no campo religioso brasileiro. In: SANCHIS. P (org.). *Fiéis e cidadãos*: percursos do sincretismo no Brasil. Rio de Janeiro: EDUERJ, 2001.

SANTOS, Carolina Junqueira dos. *A ordem secreta das coisas*: René Magritte e o jogo do visível. Dissertação de Mestrado em Belas Artes: UFMG, 2006.

SANTOS, Jocélio Teles dos. Menininha do Gantois: a sacralização do poder. In: SILVA, V.G. (org.). *Caminhos da alma*: memória afro-brasileira. São Paulo: Summus, 2002.

SANTOS, Juana Elbein dos. *Os Nagô e a morte*: Pàde, Àsèsè e o culto Égun na Bahia. Petrópolis: Vozes, 1986.

SAUSSURE, Ferdinand de. *Cours de linguistique generale*. Paris: Payot, 1972.

SEGATO, Rita. *Ciudadania*: por qué no?: estado y sociedad em el Brasil a la luz de um discurso religioso afro-brasileiro. Brasília: Série Antropologia 132, 1992.

______________. *Santos e Daimones*: o politeísmo afro-brasileiro e a tradição arquetipal. Brasília: Editora Universidade de Brasília, 1995.

______________. La célula violenta que Lacan no vio: um diálogo (tenso) entre la antropologia y el psicoanálises. In: *Las estructuras elementares de la violencia*: ensayos sobre género entre la antropología, el psicoanálisis y los derechos humanos. Bernal: Universidad Nacional de Quilmes, 2003a.

______________. Género, política e hibridismo en la transnacionalización de la cultura yoruba. In: *Las estructuras elementares de la violencia*: ensayos sobre género entre la antropología, el psicoanálisis y los derechos humanos. Bernal: Universidad Nacional de Quilmes, 2003b.

______________. Introduction: religions in transition: changing religious adhesions in a merging world. In: ALVARSSON, J-A & SEGATO, R. (eds.) *Religions in transition*: mobility, merging and globalization in the emergence of contemporary religious adhesions. Uppsala: Uppsala Studies in Cultural Anthropology, n.37, 2003c.

______________. Candomblé and Catholicism: coexistence and discrepancy of two religious repertoires. In: ALVARSSON, J-A & SEGATO, R. (eds.) *Religions in transition*: mobility, merging and globalization in the emergence of contemporary religious adhesions. Uppsala: Uppsala Studies in Cultural Anthropology, n.37, 2003d.

______________. *La faccionalización de la república y el paisaje religioso como índice de una nueva territorialidad*. Brasília: Série Antropologia 376, 2005.

SERRA, Ordep. O candomblé e a intolerância religiosa. In: OLIVEIRA, R. (org.). *Candomblé*: diálogos fraternos contra a intolerância religiosa. Rio de Janeiro: DP&A, 2003.

SHALINS, Marshall. A tristeza da doçura: a antropologia nativa da cosmologia ocidental. *Contra Capa* , Belo Horizonte, Rio de Janeiro: UFMG, 2004.

SILVA, Vagner Gonçalves da. Reafricanização e sincretismo: interpretações acadêmicas e experiências religiosas. In: CAROSO, C & BACELAR, J. (org.). *Faces da tradição afro-brasileira*: religiosidade, sincretismo, anti-sincretismo, reafricanização, práticas terapêuticas, etnobotânica e comida. Salvador: CEAO, 2006.

________________________. "Neopentecostalismo e religiões afro-brasileiras: dimensões sócio-estruturais das relações entre estes campos em conflito". Anais da Sétima Reunião de Antropologia do Mercosul. Porto Alegre. 2007.

SILVEIRA, Renato da. *Jêje-nagô, Yorubá-Tapa, Aon Efan, Ijexá*: processo de constituição do Candomblé da Barroquinha, 1764-1851. Cultura Vozes, 6 (10), 2000.

SIMMEL, George. O dinheiro na cultura moderna. In: SOUZA, J. & Oelze. B (org.). *Simmel e a modernidade*. Brasília. Editora Universidade de Brasília, 2005.

SILVERSTEIN, Michael. Language as part of the culture. In: TAX, S. e FREEMAN, L (orgs.). *Horizons of Anthropology*. Chicago: Aldine Publishing Company, 1997.

SOARES, Luís Eduardo. Dimensões democráticas do conflito religioso no Brasil: a guerra dos pentecostais contra o afro-brasileiro. In: *Os dois corpos do presidente e outros ensaios*. Rio de Janeiro: Relume-Dumará, 1994.

SOARES, Mariza de Carvalho. Guerra Santa no país do sincretismo. In: LANDIN, L. (org.). *Sinais dos tempos*: diversidade religiosa no Brasil. Rio de Janeiro: Instituto de Estudos da Religião, 1990.

SOUZA, Beatriz Muiz. *A experiência da salvação*: pentecostais em São Paulo. São Paulo: Duas Cidades, 1969.

SOUZA, Marcelo Lopes de. O território: sobre espaço e poder, autonomia e desenvolvimento, In: CASTRO I, E. et al. (orgs.). *Geografia*: conceitos e temas. Rio de Janeiro: Bertrand Brasil, 1995.

TAMBIAH, Stanley. A performative approach to ritual. *Culture, Thought and Social Action*. Cambridge: Harvard University Press, 1985a.

______________. The magical power of words. *Culture, Thought and Social Action*. Cambridge: Harvard University Press, 1985b.

______________. Form and meaning of magical acts. *Culture, Thought and Social Action*. Cambridge: Harvard University Press, 1985c.

TAYLOR, Charles. The person. In: COLLINS, S. & CARRITHERS, M. & LUKES S. (ed.). *The category of the person*: anthropology, philosophy, history. Cambridge: Cambridge University Press, 1985.

______________. *The ethics of authenticity*. Cambridge: Harvard University Press, 1991.

______________. The potitics of recognition. In: GUTMANN, A. (ed.). *Multiculturalism*. Princeton: Princeton University Press, 1994.

TURNER, Victor. *The forest of symbols*. Ithaca: Cornell Univ. Press, 1967.

VELHO, Otávio. Novos sujeitos sociais. *Besta-Fera: recriação do mundo*: ensaios críticos de antropologia. Rio de Janeiro: Relume-Dumará, 1995.

______________. Choque de civilizações, satanização do outro e chances de um diálogo universal: segunda exposição. In: FRIDMAN, L.C. (org.). *Política e cultura*: século XXI. Rio de Janeiro: Dumará, 2002.

VERGER, Pierre. *Orixás*: deuses iorubas na África e no novo mundo. São Paulo: Corrupio, 1997.

______________. *Notas sobre o culto aos orixás e voduns*. São Paulo: EDUSP, 1999.

WEBER, Max. Sociologia da religião: tipos de relações comunitárias religiosas. *Economia e Sociedade*. Brasília: Editora da UNB, 2000.

WITTGENSTEIN, Ludwig. *Remarks on Frazer's Golden Bough*. New Jersey: Humanities Pres Inc, 1979.

Este livro foi composto em Scala, texto 10,5/13,8; Nexus Mix nos títulos e impresso pela gráfica Palas Athena em papel chamoix book 80 gr. para a Attar Editorial em setembro de 2007.